ANNE MCCULLAGH RENNIE | Glühendes Land

Das Buch

Kyle Harris ist siebzehn Jahre alt, als ihre Familie von einem kleinen Wintersportort im Süden Australiens auf eine Insel vor der Nordostküste des Landes zieht. Für das Mädchen ist dies kein leichter Schritt: Sie muss nicht nur ihre Jugendliebe Danno O'Keefe zurücklassen, sondern auch ihren Traum von einer Ski-Karriere aufgeben. Nach dem Schulabschluss kehrt Kyle zusammen mit ihrer Schwester Gwyn ihrer geliebten Heimat Australien den Rücken, um ihren Traum schließlich doch verwirklichen zu können: Sie wird Skilehrerin in den USA. Doch ihre Schwester kommt auf tragische Weise ums Leben, und plötzlich rückt ihre Leidenschaft für das Skifahren in den Hintergrund. Als sie durch Zufall Danno wiederbegegnet, beginnt Kyle ihren Traum von Freiheit und Unabhängigkeit zu hinterfragen. Denn in ihrem Innersten weiß sie: Sie kann ihre Gefühle für ihre Jugendliebe und auch das weite Land ihrer Kindheit nicht vergessen. Doch erst ein schicksalhaftes Ereignis, das sie erneut von Danno zu trennen droht, zwingt Kyle zu der Entscheidung, wohin ihr Herz wirklich gehört …

Die Autorin

Anne McCullagh Rennie, geborene Britin, studierte Gesang, Violine und Klavier in London und Wien und arbeitete als Konzertmanagerin, bevor sie ihren zukünftigen Ehemann kennenlernte und ihm in seine Heimat Australien folgte. Erst hier entdeckte sie das Schreiben für sich. Ihre Romane wurden nicht nur in ihrer Heimat Australien, sondern auch international große Bestseller. Im Diana Verlag erschien zuletzt *Wohin der Wind uns trägt*.

ANNE MCCULLAGH
RENNIE

Glühendes Land

Roman

Deutsch von Karin Dufner

Diana Verlag

Dieser Roman erschien unter dem Originaltitel
When The Snow Gums Dance

MIX
Papier aus verantwortungsvollen Quellen
FSC® C014496
FSC
www.fsc.org

Verlagsgruppe Random House FSC-DEU-0100
Das für dieses Buch verwendete
FSC®-zertifizierte Papier *Holmen Book Cream*
liefert Holmen Paper, Hallstavik, Schweden.

Vollständige Taschenbuchneuausgabe 03/2012

Published by Arrangement with Anne McCullagh Rennie
Dieses Werk wurde vermittelt durch die Literarische Agentur
Thomas Schlück GmbH, 30827 Garbsen

Umschlaggestaltung | t.mutzenbach design, München
Umschlagmotiv | © Peter Hendrie / Photographer's Choice / gettyimages
Satz | Leingärtner, Nabburg
Druck und Bindung | GGP Media GmbH, Pößneck

Printed in Germany 2012
978-3-453-35649-8

www.diana-verlag.de

Für Jim, Patsy und Ellie, in Liebe

Danksagung

Wie immer, wenn ich einen Roman schreibe, bin ich einer ganzen Reihe von Menschen zu Dank verpflichtet. Ich danke Ihnen/euch wieder einmal für all die Geduld und das Verständnis sowie die Bereitschaft, Ihr/euer Wissen mit mir zu teilen. Insbesondere möchte ich mich bei den folgenden Personen bedanken: Dr. Gordon Foulde, Dr. Paul Preisz, Dr. Martin Duffy, Trish Hendry von der Notaufnahme des St. Vincent's Hospital, Darlinghurst, Sydney, Dr. Ian Cameron, Professor für Rehabilitationsmedizin am Royal Rehabilitation Centre, Sydney, Therese Hannah, Researcherin für *All Saints*, Channel 7, meinen Freunden vom Whistler Resort, Kanada, Heavenly Inn, Lake Tahoe, USA, und Perisher Valley, Australien, John Menyhart für unseren wundervollen Aufenthalt in Smiggin Hole, Australien, James Nichols von Community Aid Abroad, der australischen Auslandsnothilfe, dem staatlichen medizinischen Notdienst NSW, Australian Volunteers International und meinem Neffen Clinton Duncan.

Danke auch an Jody Lee und das Team bei Simon & Schuster. Außerdem tief empfundenen Dank an meine liebe Freundin und Agentin Selwa Anthony für ihr breit gefächertes Wissen und ihre zahlreichen Ideen und dafür, dass sie mir immer mit Rat und Tat zur Seite steht. Weiterhin an Julia Stiles, die meine Romane so behutsam wie möglich redigiert.

Der größte Dank gilt jedoch meinem wundervollen Ehemann Jim und meinen beiden reizenden Töchtern Patsy und Ellie. Ohne eure grenzenlose Geduld, eure Ermutigungen und euren Sinn für Humor wäre dieses Buch nie geschrieben worden. Danke, Jim, auch dafür, dass du mich in die Freuden des Skifahrens eingeweiht hast.

Die Legende vom Schnee-Eukalyptus

Die Legende besagt, dass zwei Menschen, die sich unter einem Schnee-Eukalyptusbaum küssen und sich unter seinen mit Schnee beladenen Ästen in den Armen liegen, eine Liebe erleben werden, die stärker und leidenschaftlicher ist als alles andere auf der Welt. Diese Liebe kann angesichts widriger Umstände aber in Sekundenschnelle erkalten wie die kristallklaren Eiszapfen, die an den Zweigen des Schnee-Eukalyptus hängen, oder in der Frühlingswärme schmelzen. Unter einem Schnee-Eukalyptus geküsst zu werden verheißt eine Liebe in ihrer reinsten und schmerzlichsten Form zugleich. Nur durch unbeschreibliche Opfer werden die Liebenden gemeinsam ihren Frieden finden.

TEIL EINS

1

Die siebzehnjährige Kylie Harris wusste genau, dass die Zeit eigentlich nicht mehr für eine weitere Abfahrt reichte, bevor an diesem klarkalten Wintermorgen der Schulbus kam. Außerdem würde ihre Mutter ihr sicher verbieten, morgen am Lyrebird Cup teilzunehmen – einem Skirennen, das Kylie unbedingt gewinnen wollte –, wenn sie hörte, dass ihre Tochter zu den Jahresabschlussprüfungen zu spät gekommen war. Doch Kylie konnte einfach nicht anders. Dreimal war sie nun schon an Murphy's Turn, der letzten scharfen Kurve der Strecke, gestürzt. Sie musste einfach noch üben.

Gerade lugte die Sonne über die schneebedeckten Gipfel von Victorias Snowy Mountains, als Kylie, mit Skiern, Stöcken und Schultasche bewaffnet, aus dem Umkleideraum der Sunburst Lodge schlich. Zitternd schloss sie den Reißverschluss ihrer lila und weiß gemusterten Skijacke, eines Erbstücks ihrer älteren Schwester Gwyneth. Dann zupfte sie die eng anliegende schwarze Skihose zurecht, auf die sie sechs Monate lang gespart hatte und die ihre Mutter viel zu gewagt fand, und machte sich mit leise knirschenden Schritten auf den Weg die Straße hinunter. Mit schuldbewusst klopfendem Herzen schnallte sie die Skier an, schlüpfte in ihre Handschuhe, stülpte das Stirnband über ihren wilden, leuchtend roten Lockenschopf und schulterte die Schultasche. Dann vergewisserte sie sich mit einem raschen Blick rückwärts, dass alle im Haus noch schliefen, griff nach ihren Skistöcken und machte sich auf den Weg zum Sessellift, der sie den Koala Bowl hinauf zur Piste bringen würde.

Mit zwei Jahren hatte Kylie zum ersten Mal auf Skiern gestanden, doch ihre wahre Leidenschaft für diesen Sport hatte sich erst gezeigt, als Geoff und Susan Harris vor acht Jahren die Sunburst Lodge im Herzen des Skigebiets Lyrebird Falls gekauft hatten. Angefeuert von ihren Eltern, beide selbst gute Skifahrer, hatte sie ihr Naturtalent entdeckt und rasch die ersten Preise gewonnen. Der prestigeträchtige Lyrebird Cup war die einzige Trophäe ihrer Altersklasse, die Kylie noch nicht im Regal stehen hatte.

Dieses Jahr war ihre letzte Gelegenheit, sich an diesem Wettkampf zu beteiligen, und sie war überzeugt, dass dieser international anerkannte Preis ihr die Türen zu den besten ausländischen Skikaderschmieden öffnen würde. Sobald sie genug Geld für das Flugticket gespart hatte, wollte sie sich bewerben. Für die begeisterungsfähige Kylie, die keine falsche Scheu kannte, bedeutete der Lyrebird Cup den ersten Schritt hin zur Verwirklichung ihres Traums, einmal als Skilehrerin die Reichen und Berühmten zu unterrichten.

Als Kylie den Sessellift erreichte, hatte sie sich erfolgreich eingeredet, dass es ihr gelingen würde, ihren Dad um den Finger zu wickeln, falls es wirklich zum Schlimmsten kam und sie den Bus verpasste. Sie hatte nicht nur die Abenteuerlust und die Furchtlosigkeit auf der Piste von ihm geerbt, sondern wusste auch, wie stolz er auf ihre Leistungen im Skisport war. Dad verstand, wie viel es ihr bedeutete, den Lyrebird Cup zu gewinnen. Außerdem hatte sie von ihm gelernt, dass man im Leben manchmal auch ein Risiko eingehen musste. Und heute war eben so ein Tag.

In letzter Zeit war ihre Mutter ohnehin viel zu sehr mit den Vorbereitungen für Gwyneths Hochzeit beschäftigt, um zu bemerken, was Kylie trieb. Gestern Abend zum Beispiel war über nichts anderes gesprochen worden. Während ihr Dad überlegte, wo man die vielen Autos der Gäste unterbringen sollte, hatten Gwyn und Susan die Feier so lange in sämtlichen langweiligen Einzelheiten durchgekaut, bis Kylie am liebsten losgeschrien hätte, denn Spaß und Romantik würden bei dieser Hochzeit offenbar auf der Strecke bleiben.

Aber sie hatte geschwiegen, weil sie ihrer Schwester den großen Tag nicht verderben wollte. Zudem hatte sie gehofft, dass es über der Erörterung der Hochzeitspläne sehr spät werden würde. Wenn am nächsten Morgen alle tief und fest schliefen, würde nämlich niemand bemerken, dass sie sich vor der Schule aus dem Haus schlich. Als sie sich vorhin am Schlafzimmer ihrer Eltern vorbeigepirscht hatte, war kein Mucks zu hören gewesen.

Tom Wickham, der Skiliftmechaniker, war schon auf den Beinen, um die Lifts wie jeden Tag auf Eisablagerungen und technische Probleme zu untersuchen. Er begrüßte Kylie mit einem fröhlichen Grinsen.

»Ein bisschen früh, um die Milchkannen einzusammeln«, meinte er lachend.

»Ich weiß. Ich habe nur gehofft ... Bitte, Tom, darf ich jetzt gleich rauffahren? Ich möchte noch einmal auf der Slalomstrecke trainieren und weiß wegen der Prüfungen nicht, ob ich es heute Nachmittag noch schaffe.« Sie schenkte ihm einen schmachtenden Blick aus grünen Augen.

Tom überlegte. Er wusste, wie verzweifelt Kylie den Lyrebird Cup gewinnen wollte.

»Also los«, erwiderte er schmunzelnd.

Er gab seinen Kollegen oben am Gipfel per Funk Bescheid und drückte dann auf einen Knopf, sodass sich die Gondeln langsam in Bewegung setzten.

»Sei aber vorsichtig da oben. Die Piste ist ziemlich vereist.«

»Du bist der Größte!«, rief Kylie lächelnd aus.

Rasch nahm sie ihre Schultasche ab und reichte sie Tom mit dankbarer Miene. Dann glitt sie auf Skiern durch die Schranke und nahm im Sessellift Platz.

»Das werde ich dir nie vergessen«, sagte sie, während sie den Sicherheitsbügel vorlegte.

Kylies schlechtes Gewissen war wie weggeblasen, und Begeisterung ergriff sie, als der Sessellift sie rasch den Berghang hinauftrug. Der Weg zum Gipfel dauerte zehn Minuten.

Wenn sie sofort losfuhr, würde sie die Abfahrt zweimal zurücklegen können und den Schulbus trotzdem noch erwischen. Wie immer von Ehrfurcht ergriffen, ließ sie die Schönheit der schneebedeckten Berge auf sich wirken.

Unter ihr kam die große Bergstation von Lyrebird Falls in Sicht. Die Skiständer waren noch leer, die Gebäude lagen schweigend da. Auf der anderen Seite erkannte sie die verkrüppelten Eukalyptusbäume, die, in zarten Dunst gehüllt und die gefrorenen Äste von einer dünnen Schneeschicht überzuckert, die breiten Pisten säumten. Sie warfen lange blaue Schattenfinger über die jungfräulichen Pisten, wo nur hin und wieder ein Felsbrocken durch die Schneedecke ragte. Unten am Hang standen Schneekanonen bereit, um auf Knopfdruck Schneefontänen zu produzieren.

Kylies Augen funkelten vor Vorfreude, als der Sessellift den Gipfel erreichte. Hier war der Schnee in die rosigen Strahlen der ersten Morgensonne getaucht, und der Zauber von Lyrebird Falls war überall zu spüren: das Schweigen, die Einsamkeit, die frische Brise, die ihr die Wangen rötete, und die Herausforderung, welche die Piste für sie bedeutete.

Nachdem Kylie ihre Skibrille aufgesetzt hatte, glitt sie hinüber zum Koala Bowl, wo die Slalomstrecke begann. Die Piste war windgeschützt, wurde den größten Teil des Tages über von der Sonne beschienen und bedeutete gleichzeitig ein Vergnügen und eine Herausforderung, da sich hier häufig Eisplatten bildeten, wenn der angetaute Schnee nachts wieder gefror. Heute war die Piste ausgesprochen gut gepflegt, allerdings nach der kalten Nacht mit einer gefrorenen Kruste bedeckt und von vereisten Stellen durchzogen.

Ein junger Mann, der die lila und grüne Uniform der Pistenmitarbeiter trug, war gerade dabei, Slalomstangen einzustecken, und winkte Kylie zu. Sie erwiderte den Gruß und fuhr hinüber zum Start, einem aufgeschütteten Schneehügel. Oben am steilen Hang stehend, blickte sie den Berg hinunter, und ihr Herz begann zu schlagen. Dann stellte sie die

Stoppuhr ein und fuhr los. Mit gebeugten Knien und parallel stehenden Skiern raste sie im Zickzackkurs den Hang hinab und hinterließ dabei die erste Spur des Tages im Schnee. Sie wurde schneller, grub beim Fahren die Kanten in den Hang und genoss den Rausch von Rhythmus und Geschwindigkeit.

Die ersten beiden Kurven bedeuteten keine Schwierigkeit, und der Schnee lag knirschend und fest unter ihren Skiern. Bei der nächsten Kurve jedoch hätte sie fast das Gleichgewicht verloren, da die Skier auf einer Eisplatte ins Rutschen gerieten. Erschrocken nahm sie die nächste Kurve ein wenig langsamer, legte dann eine steile, aber ziemlich einfache Strecke auf einem breiteren Stück Piste zurück, überwand mühelos die folgende Kurve und steuerte dann auf Murphy's Turn zu.

Kylie zwang sich zur Ruhe, als sie ihre Strategie noch einmal in Gedanken durchging, das Gewicht verlagerte und die Knie tiefer beugte. Fast hatte sie es geschafft. Ihr Herz klopfte vor Begeisterung, und all ihre Aufmerksamkeit galt der Strecke. Diesmal würde es klappen! Gerade als sie schon dachte, die heikle Kurve überwunden zu haben, spürte sie, wie ihr der äußere Ski wegrutschte und sie das Gleichgewicht verlor. Kylie kippte zur Seite, schlitterte über die vereiste Fläche und verlor den linken Ski. In beängstigender Geschwindigkeit rutschte sie bergab. Verzweifelt versuchte sie, sich an den Aufschüttungen am Pistenrand festzuhalten. Doch ihre behandschuhten Hände griffen ins Leere, als sie schneller und schneller die Piste hinabglitt. Auch der zweite Ski wurde ihr vom Stiefel gerissen, und die Skistöcke rissen ihr im Fallen von den Handgelenken.

Kylie wurde von Panik ergriffen; sie konnte nichts tun, um ihrer rasenden Fahrt Einhalt zu gebieten. Eine schiere Ewigkeit purzelte sie den Berg hinunter. Dann endlich wurde der Schnee weicher. Gerade war ihr klar geworden, dass sie nun doch nicht würde sterben müssen, als sie in einen gewaltigen

Schneehaufen geschleudert wurde und den Stamm eines hohen Eukalyptusbaums nur knapp verfehlte. Ein stechender Schmerz fuhr ihr durchs rechte Knie.

Eine Weile lag sie, reglos und zitternd vor Erleichterung, da. Sie versuchte vorsichtig aufzustehen, musste sich aber wegen der Schmerzen sofort wieder unfreiwillig hinsetzen. Sie rieb sich das Knie und unternahm einen zweiten Anlauf. Diesmal tat es nicht ganz so weh. Kylie drängte die Tränen der Wut und Enttäuschung zurück und klopfte sich den Schnee von der Jacke. Dann blickte sie den Hang hinauf. Ihre Skier und Stöcke waren als dunkle Flecke auf der Piste zu erkennen.

Langsam und unter Schmerzen trottete sie den Berg hinauf, um ihre Ausrüstung einzusammeln, und wischte sich dabei immer wieder die Tränen weg. Wenn sie morgen auch so miserabel fuhr, brauchte sie gar nicht erst anzutreten – sofern sie überhaupt fahren konnte! Sie hätte sich ohrfeigen können, als sie wieder die Skier umschnallte und nach den Stöcken griff. Nach dem Sturz steckte ihr der Schreck noch in den Gliedern.

Noch nie hatte Kylie sich so hilflos gefühlt; ihr Selbstbewusstsein hatte einen herben Schlag erlitten. Vorsichtig fuhr sie zwischen den Bäumen hindurch zurück zum Sessellift. Sie fragte sich, ob sie die Strecke überhaupt ein zweites Mal fahren wollte. Wenigstens ließen die Schmerzen in ihrem Knie allmählich nach. Als sie bemerkte, dass die Zeit allmählich knapp wurde, beschleunigte sie und fuhr weiter, das Gewicht auf das unversehrte Knie verlagert. Die Bäume warfen bläuliche Schatten in den Schnee und die sand- und orangefarbene Rinde der knorrigen Äste schien ihr zuzuwinken.

Gerade setzte sie zur letzten Abfahrt an, als ein anderer Skifahrer, eine Schneewolke aufwirbelnd, von der Seite herangeschossen kam. Fast wäre er ihr über die Skier gefahren, und Kylie staubte der Schnee ins Gesicht.

»Pass doch auf, du Idiot!«, schrie sie und wich ihm aus.

»Wie geht es der Königin der Berge denn heute?«, erwiderte eine Stimme.

Kylies Herz setzte einen Schlag aus. Sie drehte sich um und blickte in die warmen blauen Augen von Danno O'Keefe, dem dreiundzwanzigjährigen Sohn von Norman und Molly. Die O'Keefes besaßen die größte Pension in Lyrebird Falls, zwei weitere, gut gelegene Lokale im Tal und außerdem noch ein florierendes Hotel in einem beliebten Badeort im Süden.

»Wolltest du mich umfahren, Danno?«, schimpfte Kylie und errötete. Sie hoffte inständig, dass er ihren Sturz von vorhin nicht beobachtet hatte.

»Das war nur die Rache«, gab Danno zurück, womit er auf einen Zwischenfall vor zwei Tagen anspielte, als Kylie in ihn und eine Gruppe von Freunden hineingefahren war, die vor einem der Sessellifte Schlange standen.

Kylie errötete noch heftiger.

»Das war doch keine Absicht. Außerdem war es als Kunststück ziemlich beachtlich«, entgegnete sie.

Das Herz klopfte ihr immer noch bis zum Hals, und sie wünschte, sie hätte sich in Dannos Gegenwart nicht immer wie ein kleines Mädchen gefühlt.

»Ich würde an deiner Stelle heute einen Bogen um mich machen. Es hat mich nämlich gerade draußen auf der Slalomstrecke zerlegt.«

Als sie ihn ansah, war sie zwischen dem Wunsch, in seiner Nähe zu bleiben, und dem Wissen, dass sie sich beeilen musste, um den Schulbus zu erwischen, hin und her gerissen.

»Ich habe noch Zeit für eine Abfahrt. Kommst du mit?«, fragte sie und bereute schon im nächsten Moment ihre Voreiligkeit. Schließlich sollte Danno – in ihren Augen der bestaussehende Mann der Gegend – nicht Zeuge werden, wie sie sich erneut blamierte.

»Ich würde gern, aber eigentlich werde ich auf der anderen Seite des Berges erwartet«, antwortete Danno. »Wer zuerst am Sessellift ist!« – »Die Wette gilt!«

Kylie raste den Hang hinunter. Der Fahrtwind und Dannos Gegenwart erfüllten sie mit wilder Freude. Sie hörte dicht hinter sich, wie seine Skier über die Eiskruste schabten. Fest entschlossen, sich nicht einholen zu lassen, beugte sie die Knie, ohne auf die Schmerzen zu achten, und setzte die rasche Talfahrt fort. Als sie in raschen Schwüngen über die Bodenwellen preschte, konnte sie fast seinen Atem im Ohr hören.

Im nächsten Moment sah sie aus dem Augenwinkel, wie er an ihr vorbeizischte. Das wirkliche Rennen begann, und sie sausten Kopf an Kopf dahin. Einmal gewann der eine, dann wieder der andere einen geringen Vorsprung. Tief vornübergebeugt, suchte Kylie sich die steilsten Stellen aus, um noch schneller zu werden.

Die Talstation des Sessellifts kam in Sicht. In letzter Sekunde schwang Kylie nach rechts, wobei sie fast mit dem Ski an einem hervorstehenden Felsen hängen blieb, duckte sich unter einigen überhängenden Zweigen durch und flitzte durch ein kleines Wäldchen. Als sie, überzeugt, das Rennen gewonnen zu haben, auf der anderen Seite herauskam, hatte Danno zu ihrer Überraschung das Ziel fast erreicht. Lachend vor Begeisterung und ganz im Geschwindigkeitsrausch versunken, legte Kylie den Rest der Strecke zurück, schwang herum und blieb dicht vor Danno stehen, sodass der Schnee hochspritzte.

»Das war Spitze!«, rief sie aus. Ihre Wangen waren gerötet, ihre grünen Augen funkelten.

»Nicht schlecht. Wenn du so weitermachst, wirst du morgen ganz bestimmt die Königin der Berge«, erwiderte Danno, dessen Gesicht ebenso gerötet war.

Kylie streckte ihm die Zunge heraus und versetzte ihm einen Schubs.

»Hey, das war ernst gemeint!«, rief Danno, der beinahe das Gleichgewicht verloren hätte.

Kurz trafen sich ihre Blicke, und ein ernster Ausdruck trat

in seine Augen. Er fragte sich, ob sich wohl jeder in ihrer Gegenwart so wohl fühlte, wie er es tat. Er sah auf die Uhr. »Jetzt muss ich aber los, bevor ich gefeuert werde. Bis morgen.« Er winkte ihr zu und war verschwunden.

Kylie blickte ihm nach, wie er auf seinen Skiern davonfuhr, und bemerkte plötzlich, dass ihr die Beine zitterten. Mehr denn je fest dazu entschlossen, sich nicht vom Berg kleinkriegen zu lassen, betrachtete sie lächelnd die menschenleere Piste.

Inzwischen erwachte der Berg. Leute schlenderten umher. Der Sessellift brachte Lebensmittel hinauf zu den Restaurants am Hang, und Pistenraupen, beladen mit orangefarbenen Transportcontainern, sausten über den Schnee. Tom war nirgendwo zu sehen, doch der Mann am Lift kannte Kylie und ließ sie, auf einer Palette mit Brot sitzend, mitfahren. Nachdem sie es sich bequem gemacht hatte, versuchte sie, nur ans Skifahren zu denken. Doch Danno wollte ihr einfach nicht aus dem Kopf.

Danno war in der fünften Klasse gewesen, als die damals erst neunjährige Kylie nach Lyrebird Falls gekommen war. Deswegen hatten sich ihre Wege erst vor zwei Sommern zum ersten Mal gekreuzt. Kylie hatte einen Spaziergang gemacht, während er damit beschäftigt gewesen war, umgestürzte Baumstümpfe und abgefallene Äste zu Brennholz zu zerhacken. Nie würde sie den Blick aus seinen mittsommernachtsblauen Augen vergessen, der sich kurz auf sie gerichtet hatte – genauso wie heute. Zu ihrer Überraschung hatte sie ein angenehmes Prickeln überlaufen, und ihr war ganz flau im Magen geworden. Als er sie angrinste, hätte sie alles für ihn getan.

Noch gut erinnerte sie sich daran, wie schön es gewesen war, auf einem alten Baumstumpf zu sitzen und ihm zuzusehen, wie er die Axt schwang. Die Muskeln seiner nackten Brust spielten, als er die dicken Holzscheite zerkleinerte. Während sie ihm geholfen hatte, das Holz auf seinen Pick-up zu laden, hatte er sie gelobt, was für eine gute Skifahrerin sie sei.

Für Kylie glich dieser Nachmittag einem Rendezvous. Eigentlich hatte sie immer auf diejenigen unter ihren Schulfreundinnen herabgesehen, die sich in ältere Jungen verliebten, doch nach diesem einen Blick war es um sie geschehen gewesen.

Noch immer hätte sie vor Scham im Boden versinken können, wenn sie daran dachte, wie sie in jenem Sommer und Herbst jede Gelegenheit ergriffen hatte, um sich an Dannos Fersen zu heften. Sie hatte sich erboten, ihm Erledigungen abzunehmen, und dabei die ganze Zeit gehofft, er würde auch nur einen winzigen Funken Interesse an ihr zeigen. Überzeugt, dass ihre Gefühle für ihn ihr im Gesicht geschrieben standen, war Kylie erstaunt, dass ihre Freundinnen nicht nur darauf verzichteten, sie damit aufzuziehen, sondern ihre Schwärmerei überhaupt nicht zu bemerken schienen.

Der Schock kam, als Danno schließlich mit Gwyneth ausging, der zierlichen, blonden, spießigen Gwyneth, die immer wieder unverschämt gut aussehende Männer anzog. Kylie war sicher, an gebrochenem Herzen und Eifersucht sterben zu müssen, doch zu ihrer großen Erleichterung war schon nach drei Monaten Schluss zwischen den beiden gewesen. Währenddessen traf Kylie sich mit einem anderen Jungen, der dem Alter nach besser zu ihr passte. Allerdings ließ die Anziehungskraft, die Danno auf sie ausübte, einfach nicht nach, sosehr Kylie sich auch Mühe gab, einfach nicht mehr an ihn zu denken.

Erstaunlicherweise hatte die Liebesbeziehung zwischen Gwyn und Danno Kylies Verhältnis zu ihrer Schwester nicht trüben können. Erstens standen sie sich ohnehin nicht sehr nah, und zweitens war Kylie Realistin genug, um zu wissen, dass Danno sie nie in die engere Wahl gezogen hatte. Niemals hatte er ihr Grund zu der Annahme gegeben, dass er mehr in ihr sah als eine gute Skifahrerin und Gwyns kleine

Schwester. Vermutlich hätte er sie ohne ihr Talent auf der Piste gar nicht wahrgenommen.

Danno hatte ein Lächeln, das die Welt erhellte. Außerdem konnte er inzwischen eine ganze Reihe von Exfreundinnen vorweisen, mit denen er nach der Trennung zumeist ein kumpelhaftes Verhältnis pflegte. Ein geflügeltes Wort im Tal besagte, dass ein Mädchen entweder Dannos aktuelle Flamme war oder zum Fanclub seiner Verflossenen gehörte.

»Mit mir nicht, mein Junge«, murmelte Kylie entschlossen, als sie oben am Gipfel ankam.

Sie versuchte, Danno aus ihren Gedanken zu verbannen, und sagte sich, dass sie es schon schaffen würde, wenn sie den Slalom diesmal langsamer anging. Das Knie zwickte nur noch hin und wieder. Kylie überquerte ihre alte Spur, und ihr war beim Gedanken, die Strecke noch einmal zu fahren, schon weit weniger mulmig.

Dem Zauber der gefrorenen Welt rings um sich erlegen, blickte sie sich um. Eukalyptusbäume wölbten sich über ihr. Das Sonnenlicht strömte gefiltert durch ihre Blätter und tanzte auf dem Schnee zu ihren Wurzeln. Kylie spähte hinauf zu zwei knorrigen alten Bäumen, die in den Himmel ragten, sodass sich ihre Äste sanft berührten. Versunken in das tiefe Schweigen, lauschte sie der Stille. Dann ließ sie die behandschuhte Hand sanft über die seidig schimmernde Rinde eines dicken Astes gleiten und dachte an die Legende vom Schnee-Eukalyptus, die ihre Großmutter ihr einmal erzählt hatte, als sie noch ein kleines Mädchen gewesen war.

Natürlich waren solche Geschichten, wenn man ihrer Mutter glauben konnte, blanker Unsinn. Und trotzdem malte Kylie sich aus, wie es wohl war, unter den Ästen dieser alten Bäume geküsst zu werden. Geliebt zu werden und diese Liebe so leidenschaftlich zu erwidern, dass man bereit war, alles für einen Menschen zu tun ... Ein Schauder durchlief sie, während sie sich vorstellte, wie es wohl sein mochte, Danno zu küssen. Der Gedanke schnürte ihr die Kehle zu.

»Bäume tanzen nicht«, sagte sie streng und riss sich, peinlich berührt von ihrer eigenen Sentimentalität, aus ihren Tagträumen. Sie vergeudete wertvolle Zeit, obwohl sie doch eigentlich trainieren sollte. Dennoch blieb die Sehnsucht, als sie hinaus ins Sonnenlicht und in Richtung Piste fuhr.

Nach einem schnellen Start setzte Kylie die Abfahrt in gemächlicherem Tempo fort, nahm die Kurven langsamer und hielt dabei stets Ausschau nach Eisplatten. Sie bremste ab, wo sie vorher beschleunigt hätte, denn das Wichtigste war, ohne Sturz die Ziellinie zu überqueren. Inzwischen begann das Eis allmählich in der Sonne zu tauen, und mit jeder Kurve wuchs Kylies Zuversicht.

Mühelos überwand sie die breite Piste und schaffte auch Murphy's Turn ohne Zwischenfall. Obwohl sie bei ihrer Ankunft an der Ziellinie am ganzen Leibe zitterte, war sie froh, sich selbst bewiesen zu haben, dass sie die Abfahrt problemlos meistern konnte. Allerdings bereitete ihr der Lyrebird Cup weiterhin Kopfzerbrechen. Ihr Knie meldete sich schmerzhaft, und ihre Zeit war eine Katastrophe gewesen.

Kylie hastete zum Sessellift, nahm rasch die Skier ab, schlüpfte eilig aus den Skisachen und zog den Schulpullover über das Trikot. Nachdem sie ihre Ausrüstung wie üblich in der Werkstatt abgestellt hatte, rannte sie zum Parkplatz, so schnell ihr Knie es gestattete.

Der letzte Bus fuhr gerade ab. Winkend und rufend lief sie ihm nach und schaffte es in letzter Minute, an Bord zu springen. Hochrot im Gesicht, ihre Tasche umklammernd und mit wild zerzaustem Haar, ließ sie sich mit einem erleichterten Aufseufzen auf ihren Platz fallen. Plötzlich war ihr schrecklich heiß.

2

Am Samstagmorgen war es sonnig und kalt. Gegen zehn Uhr zogen tief hängende Schneewolken über die Berggipfel heran, und der Wind frischte auf. Wegen der ungewöhnlichen Wärme am Vortag war der Schnee angetaut und hatte sich vielerorts in Matsch verwandelt. Über Nacht war er wieder gefroren und bildete nun eine harte, verkrustete Fläche. Die Pisten waren an manchen Stellen gefährlich, denn häufig bedeckten Eisplatten die dünne Schneeschicht, unter der sich hin und wieder Felsbrocken verbargen. Die Slalomstrecke bedeutete heute eine sicher noch größere Herausforderung als am Tag zuvor.

Im warmen Umkleideraum der Pension zog Kylie die Skisachen an. Ihr Knie brannte von der Sportsalbe, die sie einmassiert hatte, und außerdem hatte sie Schmetterlinge im Bauch. Als sie vor das Gebäude trat, wehte ihr zu ihrem Entsetzen ein eisiger Wind ins Gesicht. Das waren absolut nicht die Bedingungen, die sie sich für dieses Rennen gewünscht hatte. Dennoch war sie wenigstens in der Lage, daran teilzunehmen.

Nach einem heißen Bad, einer Dosis Sportsalbe und einer geruhsamen Nacht schmerzte ihr Knie heute schon viel weniger als gestern. Den Kopf gegen den Wind gesenkt, machte Kylie sich auf den Weg, um sich auf einem flachen Hang ein bisschen aufzuwärmen. Sie war froh, draußen im Freien und so den Spannungen im Haus entronnen zu sein.

Der Tag von Gwyns Hochzeit näherte sich mit beängstigender Geschwindigkeit, und ihre Mutter hatte für nichts anderes mehr Augen. Außerdem hatte sie, wie Kylie vermutete, inzwischen erfahren, dass sie gestern zwanzig Minuten zu spät zur ersten Prüfung gekommen war, auch wenn sie kein Wort darüber verlor.

Der Startschuss zum Lyrebird Cup sollte um zwölf Uhr mittags fallen. Um elf Uhr hatten sich die fünfzig Teilnehmer, die aus dem gesamten Bezirk stammten, im eisigen Wind versammelt und warteten mit blaugefrorenen Gesichtern, bis sie an der Reihe waren. Ihre Startnummern flatterten im Wind.

Kylie trug die Nummer 48. Sie spürte den Blick von Dave Jenson auf sich, dem einzigen Teilnehmer, den sie als ernsthafte Konkurrenz empfand. Dave war ein gefährlicher und nicht aus der Ruhe zu bringender Gegner und hatte den Lyrebird Cup die letzten drei Jahre in Folge gewonnen, obwohl er Kylie in anderen Jugendwettbewerben bereits unterlegen war. Auch ein verrenktes Knie in der letzten Saison hatte ihn nicht aufhalten können.

Fröhlich winkte Kylie ihm zu, um ihre eigene Nervosität zu verbergen. Das Rumoren in ihrem Magen steigerte sich, während sie sich bemühte, nicht auf die innere Stimme zu hören, die ihr zurief, besser umzukehren und davonzulaufen, anstatt sich mit einem pochenden Knie auf dieses Rennen einzulassen, die Erinnerung an den gestrigen Sturz noch so frisch im Gedächtnis. Sie hielt sich stattdessen entschlossen vor Augen, dass sie es schaffen würde, während die übrigen Teilnehmer, einer nach dem anderen, die Piste hinunterrasten.

»Wie geht es dir, Kleines? Was macht das Knie?«

Kylie zuckte zusammen, als ihr Vater, ein Walkie-Talkie in der Hand, auf sie zukam.

»Gut«, log sie tapfer und lächelte ihn an. »Schön, dass du gekommen bist, Dad.«

»Hast du geglaubt, ich lasse mir dieses Ereignis entgehen? Deine Mum wollte eigentlich auch hier sein, aber dann gab es ein Problem wegen der Reservierungen.« Geoff tätschelte ihr den Arm.

Während er in sein Funkgerät sprach, bemerkte er, wie ein

enttäuschter Ausdruck über Kylies Gesicht huschte, als er ihre Mutter erwähnte. Er wünschte, Susan hätte versucht, sich die Zeit zu nehmen und den Streit wegen Kylies Teilnahme am Rennen zu vergessen. So überreizt war sie wegen Gwyn und dieser albernen Hochzeit, dass sie außer sich geraten war, als sie von Kylies Zuspätkommen zur Prüfung erfuhr. Geoff hatte seine ganzen Überredungskünste aufbringen müssen, um zu verhindern, dass sie ihrer Tochter verbot, überhaupt anzutreten. Obwohl Geoff froh war, sich durchgesetzt zu haben, fand er, dass man sich diese Debatte auch hätte sparen können.

In den letzten Monaten war es ohnehin zu vielen Meinungsverschiedenheiten zwischen ihnen gekommen, und zwar meistens wegen der Sunburst Lodge. Geoff liebte das Haus ebenso wie Kylie, wusste jedoch, dass es ein finanzielles Risiko gewesen war, es zu kaufen. Inzwischen schmolzen die finanziellen Rücklagen der Familie in beängstigender Geschwindigkeit dahin. Und da Gwyns Hochzeit weitere Kosten verursachen würde, fragte Geoff sich inzwischen, wie sie die Schulden je abtragen sollten.

»Nein, das würde ich mir nie entgehen lassen«, wiederholte er und zwang sich, seine Aufmerksamkeit wieder seiner Tochter zu schenken. »Mach sie alle fertig, Kleines. Du schaffst es.«

Nachdem er Kylie noch einmal liebevoll zugelächelt hatte, kehrte er an seinen Posten an der Rennstrecke zurück.

Kylie bückte sich, um zum letzten Mal ihren Skistiefel zu überprüfen. Sie wünschte sich, sie hätte seine Zuversicht teilen können. Als sie sich wieder aufrichtete, nahm das verkrampfte Gefühl in ihrem Magen zu. Um das Maß vollzumachen, wurde die Nummer 44 mit Verdacht auf Schlüsselbeinbruch in einem Rettungsschlitten abtransportiert. Außerdem hatte es zu schneien begonnen.

Die Sicht nahm rapide ab, und die Veranstalter spielten mit dem Gedanken, das Rennen abzubrechen. Als die Nummer

45 von der Startrampe ging, bekam Kylie weiche Knie, und ihr ohnehin schon wackeliges Selbstbewusstsein schwand vollends. Sie rückte ihre Skibrille zurecht und hätte sich fast den Kopf an Danno O'Keefes Klemmbrett gestoßen.

»Entschuldige«, stammelte sie und blickte auf. Warum musste sie nur jedes Mal rot anlaufen, wenn sie ihm begegnete?

»Nummer 48, Kylie Harris. Ach, da bist du ja!«, neckte er sie und inspizierte sein Klemmbrett auf Beschädigungen. »Viel Glück«, fügte er leise hinzu. »Und pass auf die fiesen vereisten Stellen auf.«

Kylie nickte steif und versuchte, sich auf das Rennen zu konzentrieren. Mit zitternden Fingern umklammerte sie ihre Stöcke, während Danno ihren Namen auf seiner Liste ankreuzte. Ihr Mund war ganz trocken. Als die Nummer 46 den Hang hinunterraste, ging sie zum Start. Die Piste wirkte auf einmal unbeschreiblich steil, und der Starthügel hatte sich seit gestern bestimmt einen guten Meter erhöht. Die Nummer 47 trat vor und war sofort den Blicken entschwunden. Kylie hörte das Blut in ihren Ohren brausen. Und dann war sie an der Reihe. Der Starter rief »Los!«.

Kylie machte einen Satz auf die Piste, lenkte ihre Skier an den Stangen vorbei und nahm das Rennen gegen die Uhr auf. Beinahe hätte sie das zweite Stangenpaar verpasst und dadurch wertvolle Sekunden verloren. Die Sicht wurde immer schlechter. Inzwischen peitschte der Schnee gegen ihre Schutzbrille, sodass sie bei der dritten Kurve nur noch eine weiße Masse vor Augen hatte. Kylie hatte keine Ahnung, wohin sie fuhr. Die verdankte es nur den grell orangefarbenen Stangen und der Tatsache, dass sie die Piste gut kannte, dass sie nicht die Orientierung verlor. Der starke Gegenwind bremste sie, und ihre Fingerspitzen in den Handschuhen waren steif vor Kälte. Vornübergebeugt fuhr sie weiter. Da sie ihr unversehrtes Bein stärker belastete, hatte sie Schwierigkeiten, das Gleichgewicht zu halten.

Plötzlich rutschte ihr der Ski weg, sodass sie gezwungen war, ihr ganzes Gewicht auf das verletzte Knie zu verlagern. Kylie biss die Zähne zusammen und unterdrückte die Schmerzen, als sie geradewegs auf Murphy's Turn zusteuerte. Wegen ihrer Angst vor einem erneuten Sturz verlangsamte sie das Tempo und war überzeugt, wertvolle Sekunden an Dave Jenson verloren zu haben, während sie weiter durch den Schnee flitzte.

Im nächsten Moment befand sie sich im Windschatten des Berges, der Gegenwind hörte auf, und ein paar Sekunden lang ging sie völlig im magischen Rhythmus des Skifahrens auf. Am liebsten hätte sie laut aufgelacht. War sie eigentlich von allen guten Geistern verlassen, bei diesem Wetter, unter solchen Bedingungen und während eines Schneesturms einen Berg hinunterzusausen? Ach, zum Teufel. Das Rennen war ohnehin verloren, also konnte sie es wenigstens genießen!

Wieder auf der Spur und die Skier parallel gestellt, beschleunigte sie, schwang im Rhythmus, bewegte Hüften und Knie ohne nachzudenken und fühlte sich, als wären die Bretter eine Verlängerung ihres Körpers. Die gefürchtete Kurve war überwunden, bevor sie selbst es bemerkte. In der Zielgeraden fuhr sie Schuss, raste über die kleinen Bodenwellen, die ihre Vorgänger hinterlassen hatten, sprang hoch, vollführte eine Scherenbewegung mit ihren Skiern und beendete das Ganze mit einer formvollendeten Landung.

Die Zuschauer, die tapfer den Elementen getrotzt hatten, begrüßten sie mit Jubelrufen. An der Ziellinie bremste Kylie ab, verließ schwer atmend und rasch den eingezäunten Bereich und nahm die Skier ab.

»Das war ja ein tolles Kunststück!«, gratulierte eine Freundin.

Kylie nickte. Trotz des eindeutig verlorenen Rennens hatte sie sich auf Skiern schon lange nicht mehr so wohl gefühlt. Sie drehte sich um und wurde Zeugin, wie die Nummer 49 kurz vor der Ziellinie einen spektakulären Sturz hinlegte. Der

Mut verließ sie, als sie den selbstbewussten Dave Jenson auf dem letzten Hang beobachtete.

»Arroganter Mistkerl«, murmelte sie.

So gerne hätte sie ihn besiegt, auch um ihrem Vater eine Freude zu machen. Der zweite Platz genügte ihr einfach nicht. Und zu allem Überfluss hatte es – nun, da es ihr nichts mehr nützte – wieder zu schneien aufgehört, und die Sichtverhältnisse besserten sich.

Da alle sich vordrängten, um die Ergebnisse in Erfahrung zu bringen, verstand Kylie ihren eigenen Namen zunächst nicht. Im nächsten Moment jedoch hörte sie ungläubig und erstaunt, wie sie zur Siegerin des Lyrebird Cup erklärt wurde. Auf unerklärliche Weise hatte sie es geschafft, das Rennen zu gewinnen, und zwar mit einer halben Sekunde Vorsprung. Nachdem sie lockerer geworden war und nicht mehr ständig an den Sieg gedacht hatte, hatte sie die verlorene Zeit offenbar aufgeholt.

Über das ganze Gesicht strahlend, ließ sie sich von Norman O'Keefe den großen Silberpokal überreichen und hielt ihn hoch über den Kopf, damit alle Umstehenden ihn deutlich sehen konnten. Die Zuschauer jubelten, und Kylie spürte einen Kloß im Hals, als sie den stolzen Blick ihres Vaters bemerkte.

Das schmerzende Knie war vergessen. Sie wusste, diesen Moment würde sie für immer im Gedächtnis behalten.

Als sie vom Podium trat, drückte ihr Vater sie fest an sich.

»Prima gemacht, Kleines. Ich wusste immer, dass du das Zeug dazu hast.«

Kylie erwiderte die Umarmung und stellte erstaunt fest, dass ihr Vater Tränen in den Augen hatte. Und dabei weinte er sonst nie.

»Dad!«, rief sie, und dann kamen auch ihr die Tränen.

»Ich wollte unbedingt gewinnen, um dir eine Freude zu machen«, murmelte sie, das Gesicht an seine Jacke geschmiegt.

»Na ja, und das hast du auch geschafft«, erwiderte Geoff knapp, um seine Gefühle zu verbergen.

Danno kam auf sie zu.

»Glückwunsch. Offenbar bist du jetzt wirklich die Königin der Berge.» Aufrichtige Bewunderung stand in seinen Augen.

»Offenbar«, wiederholte sie, immer noch mit den Tränen kämpfend.

»Du hast es dir verdient. Was macht das Knie?«

»Woher weißt du das?«, fragte sie überrascht.

»Weil ich gestern bei unserem Wettrennen den Eindruck hatte, dass du die eine Seite stärker belastest. Habe ich Recht?«

Kylie nickte.

»Ich bin, kurz bevor du kamst, am Murphy's Turn gestürzt. Ich dachte schon, es wäre aus mit dem Rennen und ich müsste meine Anmeldung zurückziehen.«

»Eine ganz tolle kleine Skifahrerin ist sie«, unterbrach Geoff und strahlte Kylie an.

»Das ist sie wirklich, Sir«, stimmte Danno zu.

Um ihre Verwirrung zu verbergen, versetzte Kylie ihrem Vater einen spielerischen Schubs und grinste Danno an.

»Jetzt gehe ich am besten nach Hause zu deiner Mutter«, meinte Geoff. »Trink nicht zu viel Limonade.«

Noch einmal fiel Kylie ihm um den Hals und küsste ihn auf die Wange.

»Danke, dass du gekommen bist, Dad.«

»Er ist sehr stolz auf dich«, stellte Danno fest, als Geoff davoneilte.

»Ich weiß«, sagte Kylie. Sie war überglücklich.

Im nächsten Moment wurde sie von ihren Freundinnen und vielen Fremden umringt, die ihr gratulieren wollten. Inzwischen hatte es wieder zu schneien begonnen, und dichte, weiche Flocken landeten auf ihren Haaren und Wimpern. Schöner, lockerer Pulverschnee. Als Kylie sich nach Danno umsah, war dieser verschwunden. Sie unterdrückte den Anflug von Enttäuschung und ließ sich ins Lyrebird Restaurant schleppen, wo sie sich fröhlich lachend in die Feierlichkeiten stürzte.

Alle prosteten Kylie laut mit Bier und Champagner zu, und sie genoss ihren Triumph. Selbst Dave Jenson kam auf sie zu, um sie zu beglückwünschen. Ein wenig beschwipst und ihren kostbaren Pokal umklammernd, machte sie sich schließlich auf den Heimweg, um sich für die abendlichen Festivitäten umzuziehen.

Übersprudelnd vor Begeisterung, schleuderte Kylie ihre Skisachen in die Ecke und eilte barfuß ins Wohnzimmer. Doch schon im nächsten Moment blieb sie ruckartig stehen, als hätte ihr jemand einen Eimer kaltes Wasser übergeschüttet: Ihre Mutter saß mit kreidebleichem Gesicht da und wiegte eine schluchzende Gwyn in den Armen.

»Wie war es, Liebes?«, fragte Susan mit einem gezwungenen Lächeln.

Dann bemerkte sie den Pokal.

»Ach, du hast gewonnen. Gut gemacht!«

Aber selbst in ihren eigenen Ohren klang das ziemlich gekünstelt.

»Was ist denn passiert?«, fragte Kylie, stellte die Trophäe weg und lief auf Mutter und Schwester zu.

»Deine Schwester …«, begann Susan, wischte die Tränen weg, die ihr die Wangen hinunterliefen, und drückte Gwyn fester an sich.

Gwyn hob den Kopf. Ihr Gesicht war fleckig, ihr Haar zerzaust. Kylie starrte sie entgeistert an. Gwyn war doch sonst immer so ordentlich und gepflegt und ließ sich ihre Gefühle nie anmerken.

»Es ist vorbei«, schluchzte sie. »Die Hochzeit fällt aus.«

Mit zuckenden Schultern vergrub sie das Gesicht wieder an der Brust ihrer Mutter. Doch zwei Sekunden später hob sie wieder den Kopf, und ihre Augen blitzten zornig.

»Er hat eine Affäre. Welcher Mensch fängt einen Monat vor der Hochzeit eine Affäre mit der besten Freundin seiner Verlobten an? Wie kann man nur so gemein sein?«

Gwyn bekam Schluckauf, als sie von weiteren Schluchzern geschüttelt wurde.

Susan, die Lippen finster zusammengepresst, drückte ihre weinende Tochter an sich. Schließlich machte sie sich los und zwang Gwyn, sich aufzurichten.

»Liebes, du musst jetzt ganz tapfer sein. Sei froh, dass du schon vor der Hochzeit dahintergekommen bist und nicht erst danach.«

Mit einem lauten Aufseufzen tupfte sie Gwyn die Augen ab. Musste in dieser Familie denn immer ein Problem das andere jagen? Dass Kylie den Pokal gewonnen hatte, war der einzige Lichtblick in dieser Woche. Und sie, Susan, hatte nicht nur durch Abwesenheit geglänzt, sondern den Triumph in ihrer Wut über die fast versäumte Prüfung sogar beinahe verhindert. Nun bereute sie es bitterlich, nicht beim Rennen gewesen zu sein.

»Hast du deinen Namen eingravieren lassen, Liebes?«, fragte sie, stand auf und wendete sich kurz von Gwyn ab, um die Trophäe zu besichtigen.

»Ja«, antwortete Kylie leise.

»Ich glaube, ich nehme ein Bad«, meinte Gwyn und zog die Nase hoch.

Dann wischte sie sich die kornblumenblauen Augen, die groß in ihrem hübschen zarten Gesichtchen leuchteten. Sie war zierlich, hatte kurzes, gewelltes blondes Haar und sah sogar in ihrem Unglück wunderschön aus. Ihr hellblauer, figurbetont geschnittener Pullover passte zu ihrer Augenfarbe, und die enge Jeans brachte ihre Schlankheit ausgezeichnet zur Geltung. Auf einmal fühlte Kylie sich dick und hässlich.

»Ich weiß nicht«, seufzte Susan, nachdem Gwyn hinausgegangen war. Dann drehte sie sich zu Kylie um. »Erzähl mir von dem Rennen.«

Kylie nützte die Gelegenheit, endlich ungestört von ihrem Sieg berichten zu können, und schilderte ihrer Mutter aufgeregt sämtliche Einzelheiten. Zu guter Letzt gab sie sogar verlegen zu, zu spät zur Prüfung gekommen zu sein.

»Das hast du gewusst, richtig?«, fragte sie.

Susan nickte. Schließlich entging ihr in dieser Familie kaum etwas. Allerdings war sie froh, Kylie nicht den Triumph verdorben zu haben, denn das Mädchen strahlte wirklich vor Begeisterung.

»Warum versuchst du nicht, deine Schwester ein bisschen aufzuheitern? Vielleicht lenkt es sie ja ab, wenn du sie heute Abend zur Feier mitnimmst.«

Nachdem Kylie aus dem Zimmer gehüpft war, betrachtete Susan noch einmal den Pokal. Sie beneidete ihre Tochter um ihre Sorglosigkeit und kam sich schäbig vor, weil es ihr einfach nicht gelingen wollte, sich von Herzen mit ihr zu freuen. Während sie die Finger über die eingravierten Namen gleiten ließ, dachte sie an die viele Arbeit, die es bedeutete, die Hochzeit abzusagen.

Sie fragte sich, wie sie nur so leichtsinnig hatte sein können, sich von Geoff zum Kauf der Sunburst Lodge überreden zu lassen. Seit acht Jahren bereitete die Pension nichts als Schwierigkeiten, und Susan war am Ende ihrer Kräfte angelangt.

Kylie trat in Gwyns Zimmer, setzte sich an den hübschen Frisiertisch ihrer Schwester und fing an, mit der Puderquaste herumzuspielen und die ordentlich aufgereihten Lippenstifte in einem Kreis aufzustellen. Gwyn lag bäuchlings auf dem Bett, ohne sich zu rühren. Als ihr schließlich klar wurde, dass ihre Schwester vorhatte zu bleiben, setzte sie sich auf.

»Ich bin froh, dass zwischen euch Schluss ist«, meinte Kylie und sah Gwyn geradewegs ins Gesicht. »Paul ist ein langweiliger, klein karierter und geiziger Spießer und hat eine Frau wie dich nicht verdient.«

Gwyn wurde erst rot und dann leichenblass. »Tja, das ist er, Gwynny. Außerdem ist er ein fieser Mistkerl.«

Sie schlenderte zum Fenster und blickte in den leise rieselnden Schnee hinaus. Morgen würde er weiche zehn bis zwölf Zentimeter tief liegen, optimale Skibedingungen also.

»Wann habt ihr das letzte Mal richtig Spaß miteinander gehabt? Du arbeitest in dieser öden Bank und tust so, als gefiele es dir. Ansonsten sitzt du mit Paul zu Hause und redest über nichts anderes als über Geld und über Banken. Nie unternehmt ihr etwas Interessantes ...«

»Sprich seinen Namen nicht aus«, schluchzte Gwyn und fing wieder an zu weinen. »Wie kannst du so hässliche und gemeine Dinge über ihn sagen?«

»Gwynny, ich habe dich lieb, aber ... Bist du ... warst du glücklich, bevor es passiert ist?«

Sie legte den Arm um ihre Schwester.

»Weißt du noch, wie wir damals auf den Berg gestiegen sind und darüber geredet haben, was für Männer wir einmal heiraten wollen? Du hast dir einen edlen Ritter in einer schimmernden Rüstung gewünscht, ich mir einen, bei dem die Rüstung schon ein bisschen Rost ansetzt.« Kylie lachte auf.

Damals waren sie neun und zwölf Jahre alt gewesen und hatten zusammen Ketten aus Gänseblümchen geflochten. An diesem Tag hatte Kylie ihre Schwester endlich einmal lachen sehen, was sonst nur selten vorkam. Und danach, im Laufe der Jahre, hatten sie sich immer mehr voneinander entfernt.

Kylie sprach weiter, um ihre Schwester von ihrer Trauer abzulenken, und lud sie zu der Feier ein.

»Vielleicht gefällt es dir sogar«, meinte sie abschließend.

Es kam ihr seltsam und irgendwie unpassend vor, dass sie plötzlich die Überlegene war. Offenbar empfand Gwyn es genauso, denn sie wischte sich die Augen ab, ging zum Frisiertisch und begann, sich zu kämmen.

»Danke, dass du so lieb zu mir bist, doch ich muss das Problem selbst lösen. Ich schaffe es schon und möchte dir den Tag nicht verderben. Ich weiß, wie viel es dir bedeutet, den Lyrebird Cup gewonnen zu haben. Es wäre nur lästig für dich, wenn ich mitkäme. Aber trotzdem danke.« Sie stellte die Lippenstifte wieder in Reih und Glied auf.

Kylie beobachtete, wie Gwyn sich allmählich von dem Schrecken erholte, und fragte sich, warum ein Mann nur so dumm sein konnte, ihr den Laufpass zu geben.

»V.P. – vor Paul – hast du dir die halbe männliche Bevölkerung im Tal vom Hals halten müssen. Komm mit, Gwynny. Lass dir von diesem Schwachkopf nicht die Laune verderben.«

»Nein, es geht mir wirklich schon wieder besser.« Mit einem gezwungenen Lächeln scheuchte Gwyn Kylie zur Tür hinaus.

Als Kylie zwanzig Minuten später das Haus verließ, hallte ihr noch die Mahnung ihrer Mutter in den Ohren, bis Mitternacht zurück zu sein.

Es wurde bereits heftig gefeiert, und der Lärm hallte in die Nacht hinaus. Jeder wollte mit der Siegerin tanzen oder die Königin der Berge auf einen Drink einladen. Nach der emotional aufgewühlten Stimmung zu Hause war die Ausgelassenheit genau, was Kylie brauchte, und sie stürzte sich erleichtert ins Getümmel. Sie flirtete, was das Zeug hielt, trank Champagner und tanzte mit den meisten der anwesenden jungen Männer. Sie legte gerade mit Glen eine Sohle aufs Parkett, einem Jungen, mit dem sie in den letzten Monaten ein paar Mal ausgegangen war, da erschien zu ihrem Erstaunen plötzlich Danno auf der Tanzfläche, um die Siegerin des Tages abzuklatschen. Mit einem entschuldigenden Lächeln in Richtung Glen ließ Kylie sich von Danno wegziehen. Im Getümmel wurden sie zusammengedrängt und Kylie spürte, wie sie wieder heftig errötete.

Da die laute Musik ein Gespräch unmöglich machte, gab

Kylie das Reden bald auf und genoss, lockerer geworden vom Champagner, den Tanz.

Selbst im zuckenden Licht sah Danno hinreißend aus. Kein Wunder, dass alle Mädchen verrückt nach ihm waren. Beim Tanzen fragte sich Kylie, was für ein Mensch er wohl in Wirklichkeit sein mochte. Natürlich kannte sie alle Gerüchte über seinen Frauenverschleiß und wusste, dass sein Leben bereits als Juniorchef der Hotels seines Vaters in Lyrebird Falls und am Meer verplant war. Doch sie bemerkte immer wieder einen nachdenklichen, vielleicht sogar wehmütigen Ausdruck in seinen Augen, wenn er sich unbeobachtet glaubte. Sie hatte den Verdacht, dass sich hinter der Fassade des Playboys – als der Danno offenbar gern gesehen werden wollte – viel mehr verbarg.

»Hast du Lust auf etwas Schnelleres?«, schrie Danno ihr ins Ohr, als die Musik wechselte und ein flotterer Rhythmus erklang.

»Klar«, erwiderte Kylie.

Danno wirbelte sie herum, schob sie weg, zog sie wieder an sich und drehte sie anschließend erneut in dem schnellen neuen Tanz, der momentan rasch das Land eroberte. Mit leuchtenden Augen ahmte Kylie jeden von Dannos Tanzschritten nach, und allmählich legte sich ihre innere Anspannung. Sie musste kaum nachdenken, so gut führte er sie. Obwohl sie wusste, dass dieser Tanz nur ein harmloser Spaß war, genoss sie es gewaltig. Plötzlich bemerkte sie, dass die anderen Gäste sie beobachteten. Sie warf den Kopf zurück und tanzte noch leidenschaftlicher, wobei sich ein spitzbübisches Grinsen auf ihrem Gesicht ausbreitete. Was machte es schon, dass Danno ein berüchtigter Playboy war? Schließlich war es nicht verboten, sich einen Abend lang so richtig zu amüsieren!

Nach einer Weile verstummte die Musik. Sofort ließ Danno Kylie los, und alle applaudierten. Atemlos lächelte sie Danno an und verbeugte sich vor dem Publikum, während jemand eine andere CD auflegte. Dannos Hand lag noch immer auf ihrem Rücken.

»Applaus für die Königin der Berge!«, rief er, und alle jubelten.

Kylie lächelte Danno zu und zögerte – unsicher, wie sie sich nun verhalten sollte. Mit seinem sonnengebräunten Gesicht und dem dichten schwarzen Haaren sah er einfach hinreißend aus. Wie sehr wünschte sie sich, dass er in ihr nicht nur den Kumpel sähe.

Sie standen mitten auf der Tanzfläche und plauderten mit einigen seiner Freunde, die sich inzwischen versammelt hatten. Ein langsames Lied ertönte, und Danno nahm Kylie wieder in die Arme. Sie wiegten sich ganz im Einklang mit der Musik.

Kylie klopfte das Herz bis zum Hals. Immer dichter zog Danno sie an sich, bis sie eng aneinander geschmiegt tanzten und nur noch wenige Zentimeter ihre Wangen trennten. Sie spürte die Hitze seines Körpers, und eine brennende Sehnsucht stieg in ihr hoch. Als seine Wange ihre streifte, bekam sie weiche Knie.

Doch schon im nächsten Moment wurde sie jäh aus ihrer Hochstimmung gerissen, denn Sophie Wickham, Dannos neueste Flamme, tippte ihr auf die Schulter. Kylie fühlte sich in flagranti ertappt und errötete heftig.

»Tut mir Leid, dass ich nicht früher kommen konnte, Danno. Ich möchte das Fest nicht stören, aber wir müssen los.« Sie sah Danno ins Gesicht.

»Sophie! Ich wusste gar nicht, dass es schon so spät ist. Entschuldige, ich muss gehen«, stammelte Danno an Kylie gewandt und blickte gleichzeitig auf die Uhr. »Tut mir echt Leid. Bis vielleicht auf ein andermal. Danke, es war wirklich nett. Nochmals herzlichen Glückwunsch, Königin der Berge!«

Er beugte sich vor und hauchte ihr einen raschen Kuss auf die Wange.

»Es hat mir Spaß gemacht, mit dir zu tanzen«, flüsterte er, und Kylie fragte sich, ob sie sich den Anflug von Sehnsucht in seinem Blick nur eingebildet hatte.

Die Situation war Kylie auf einmal entsetzlich peinlich. Alle wussten, dass Danno eine Nummer zu groß für sie war. Das Ganze, sogar der Kuss, war einfach nur ein Spiel gewesen. Und sie selbst war, wie er es selbst ausgedrückt hatte, nur die Siegerin für heute Nacht. Glen packte sie am Arm.

»Da der Großkotz jetzt weg ist, legst du dein verzücktes Grinsen besser ab, damit wir weitertanzen können.«

Kylie schüttelte die leichte Benommenheit ab und grinste Glen zu. Er war ein netter, unkomplizierter Junge und küsste gut. Sie beschloss, nicht mehr an Danno zu denken, und verbrachte den restlichen Abend an Glen geschmiegt. Seinen Gutenachtkuss in der eisigen Nachtluft erwiderte sie leidenschaftlich.

Fünf Minuten nach Mitternacht schlich sie sich in die Sunburst Lodge und ging zu Bett. Sie fühlte sich richtig gut. In ihrem beschwipsten Zustand hatte sie mit Glen verabredet, am nächsten Morgen mit ihm die Abfahrt auf der Milchpiste zu machen.

3

Am Mittag wurde Kylie von der hellen Wintersonne geweckt. Als sie im Pyjama schlaftrunken hinunterkam, steckte ihr die Nacht noch in den Knochen. Ihre Eltern und Gwyn, die wie gestern bleich und verhärmt wirkte, saßen bei einem späten Frühstück am Küchentisch.

»Wie geht es unserer Königin der Berge denn heute?«, fragte Geoff, ein wenig zu leutselig, und trank einen großen Schluck von seinem eisgekühlten Bier.

»Ich glaube, ich werde heute zum ersten Mal im Leben das Skifahren sausen lassen«, entgegnete Kylie lachend, während sie im Schrank nach dem Müsli kramte. Die Hand nach der Schachtel ausgestreckt, drehte sie sich herum.

»Habe ich etwas verpasst?«, fragte sie, plötzlich die angespannte Stimmung im Raum bemerkend.

Susan stand auf, um noch Milch aus dem Kühlschrank zu holen. Gwyn nahm die Zeitschrift, in der sie geblättert hatte, von Kylies Platz.

»Wir müssen uns alle unterhalten«, begann Geoff bemüht gelassen.

Kylie griff nach Milch und Zucker. Ihr wurde immer mulmiger.

»Wir verkaufen das Haus und ziehen aus Lyrebird Falls weg«, platzte Gwyn heraus, die die Anspannung nicht mehr ertragen konnte.

Verständnislos starrte Kylie erst Gwyn und dann ihre Eltern an und glaubte zunächst, sich verhört zu haben. Dann fing sie an zu lachen.

»Das ist doch wohl ein Witz. Oder meint ihr das etwa ernst? Dad? Mum?«

»Erklär du es ihr, Geoff«, forderte Susan ihren Mann widerstrebend auf.

Ein Wutanfall von Kylie hatte ihr an diesem Tag gerade noch gefehlt. Sie und Geoff waren die halbe Nacht wach gewesen und hatten das Thema ausführlich besprochen. Es gab keine andere Lösung.

»Ich denke, ihr beide wisst, welche Sorgen eure Mutter und ich uns machen, weil die Reservierungen in den letzten Jahren zurückgegangen sind. Unser Geld hat nicht für die geplanten Umbauten gereicht, und deshalb haben wir beschlossen, uns nicht noch mehr Schulden aufzubürden und das Haus zu verkaufen. Auf diese Weise wären wir eine Menge Probleme mit einem Schlag los, und wir alle wären zufriedener. Man hat mir einen Posten als Leiter einer Ferienanlage auf Dunk Island oben bei Cairns angeboten, und ich habe entschieden anzunehmen. Sobald wir unseren Hausstand hier aufgelöst haben, ziehen wir um.« Er sah seine Töchter eine nach der anderen an.

Gwyns Blick war gleichgültig. Doch zu seinem Bedauern musste er feststellen, dass Kylie ihn weiter ungläubig anstarrte.

»Soll das heißen, ihr wollt unser Zuhause verkaufen und für immer wegziehen?«, rief sie entsetzt aus.

»›Für immer‹ klingt vielleicht ein bisschen melodramatisch«, wandte Susan rasch ein.

»Aber genau darauf läuft es doch hinaus«, gab Kylie zurück und ließ den Löffel klappernd in die Müslischüssel fallen.

Sie war wütend auf ihre Mutter, die einfach Entscheidungen von dieser Tragweite traf, ohne sie mit ihr abzusprechen.

»Habt ihr Gwyn von diesem Entschluss erzählt?«

»Kann sein, dass ich etwas erwähnt habe. Gwyn und ich bereden viele Dinge miteinander. Hör zu, Kylie, bevor du dich weiter aufregst, musst du wissen, dass dein Vater und ich uns alles gründlich überlegt haben. Uns ist klar, wie sehr du den Schnee liebst, aber im Leben läuft eben nicht alles nach Wunsch. Für unsere Familie ist es nun einmal das Beste, wenn wir diese Chance nutzen.«

»Ach, das freut mich aber, dass ihr die *ganze* Familie in eure Planung einbezogen habt! Ich zähle ja offenbar nicht dazu.« Kylie schob die Schale weg und erhob sich.

»Natürlich tust du das. Setz dich und spiel dich nicht so auf«, schalt Susan und warf Geoff einen verzweifelten Blick zu.

Kylie drehte sich zu ihrer Mutter um.

»Nein, tue ich anscheinend nicht. Denn sonst hättet ihr mit mir darüber gesprochen! Und verdreh nicht so die Augen, als würde ich nur stören. Es interessiert dich ohnehin nicht, was ich will. Das war schon immer so. Du warst dagegen, dass ich beim Lyrebird Cup antrete. Und es ist dir auch egal, dass ich das einzige Mädchen bin, das schon seit zehn Jahren sämtliche Skirennen in der Umgebung gewinnt. Es war dir ja sogar zu viel, zu kommen und zuzuschauen. Und jetzt sagst du mir einfach ...« Sie verstummte wütend und gekränkt.

»Du brauchst doch nicht mit dem Skifahren aufzuhören, Liebes.« Susan war fest entschlossen, sich nicht von Kylie aus der Ruhe bringen zu lassen.

»Als ob es auf Dunk Island Schnee geben würde! Ich fasse es nicht, dass ihr mir so etwas antut. Und Gwyn habt ihr vorgewarnt.« Tränen des Zorns und der Enttäuschung traten Kylie in die Augen und strömten ihr die Wangen hinab. »Darf ich noch meine Abschlussprüfung machen, oder soll ich die Schule etwa auch hinschmeißen?« Katzenjammer und Schlafmangel führten dazu, dass sie wahllos um sich schlug.

»Kylie, es reicht«, sagte ihr Vater streng. »Du hörst sofort mit diesem überkandidelten Theater auf. Wenn du dich beruhigt hast, können wir alles vernünftig besprechen. Schließlich brauchen wir noch die Zeit, um das Haus zu verkaufen. Du kannst in Ruhe deine Prüfungen ablegen.«

»Beruhigen?«, schrie Kylie. »Nein, ich will mich nicht beruhigen. Immer heißt es nur: ›Beruhige dich, Kylie, hab Geduld, Kylie.‹ Warum hast du mich nicht gefragt, Dad? Jetzt habe ich endlich etwas ganz Besonderes geleistet und dachte, dass du wirklich stolz auf mich bist. Und du machst alles wieder kaputt. Ich liebe Skifahren. Skifahren ist mein Leben und das, was ich auch in Zukunft tun möchte. Und du ziehst mit uns auf irgendeine Insel in Queensland! Warum musst du mir ausgerechnet das Einzige wegnehmen, was mir wirklich etwas bedeutet? Ich hasse euch! Ich hasse euch beide. Und dich hasse ich auch, Gwyn, weil du mir nichts verraten hast, obwohl du es die ganze Zeit wusstest.«

Sie sprang auf und stürmte mit tränenüberströmtem Gesicht hinaus. Der Verlust der Sunburst Lodge bedeutete für sie das Ende all ihrer Träume.

Gwyn fand Kylie auf der Steinbrücke, etwa einen Kilometer vom Haus entfernt, wo sie Stöckchen hinunter ins eiskalte Wasser warf und zusah, wie sie in dem reißenden Rinnsal, das zwischen den Schneebänken dahinströmte, davongetragen wurden. Auch Gwyn liebte diesen Platz mit der zauberhaften Winterstimmung, der sogar im heißen Sommer erfrischenden Schatten bot.

Kylie warf noch ein Stöckchen.

»Natürlich hasse ich euch nicht wirklich«, begann sie, ohne ihre Schwester anzusehen.

»Schon gut«, sagte Gwyn.

Kylie drehte sich zu ihr um.

»Aber in Ordnung ist es trotzdem nicht. Warum hast du es mir nicht erzählt? Du hast kein Wort darüber verloren.«

»Keine Ahnung. Wahrscheinlich habe ich die beiden nicht ganz ernst genommen. Und außerdem war ich so mit meiner Hochzeit beschäftigt …« Ihre Stimme erstarb.

Sie starrte ins Wasser, in dessen Wellen sich die Sonnenstrahlen spiegelten, und erinnerte sich, wie Paul und sie erst vor kurzem hier gestanden und darüber gesprochen hatten, wie glücklich sie seien und wie sie sich auf ein gemeinsames Leben freuten.

Es schnürte Gwyn die Kehle zu, und Tränen traten ihr in die Augen.

»Mum wollte dich nicht ausschließen«, fuhr sie fort. Sie konnte nicht weiterreden und wandte sich ab.

»Gwyn?« Da sah Kylie die Tränen. »Ach, Gwynny, ich wollte nicht so egoistisch sein. Oh, Gwynny, ich lieb dich doch.«

Als sie die Arme um ihre Schwester legte, fing diese zu schluchzen an. Kylie traten die Tränen in die Augen, vor Wut über das Verhalten ihrer Eltern – aber auch wegen ihrer eigenen Gedankenlosigkeit.

»Tut mir Leid«, meinte Gwyn schließlich, wischte sich die Augen und schniefte.

Dann betrachtete sie das verzweifelte Gesicht ihrer Schwester und lachte traurig auf.

»Eigentlich sollte ich ja dich zur Vernunft bringen!«

Die beiden Schwestern fingen an, sich über ihre Gefühle in den vergangenen Tagen zu unterhalten.

Schließlich holte Kylie tief Luft und blickte sich um. Wie sehr sie dieses Fleckchen Erde liebte! Sie wandte sich an ihre Schwester.

»Warum gehen wir nicht zusammen für ein Jahr ins Ausland? Dich hält doch nichts mehr hier, und ich glaube, ich würde es nicht ertragen mitanzusehen, wie fremde Leute in unserem Haus wohnen. Wir können die Skisaison in Kanada verbringen und uns außerdem noch ein bisschen die Welt anschauen.«

Sie erzählte Gwyn von den Arbeitsmöglichkeiten und von einigen Freunden, die bereits eine Saison in Whistler-Blackcomb, einem der größten Skigebiete Kanadas, gejobbt hatten. Je länger sie redete, desto begeisterter wurde sie.

»Wir könnten einfach unsere Koffer packen und losfahren, Schwesterherz. Was hältst du davon?«

»Das hört sich eindeutig besser an, als hier herumzuhängen und Trübsal zu blasen«, erwiderte Gwyn nachdenklich.

»Ganz recht«, rief Kylie aus und hakte ihre Schwester unter.

Zwei Stunden später kam Susan ins Wohnzimmer und sah ihre beiden Töchter kichernd dasitzen und hin und wieder Schreckensschreie ausstoßen. Sie waren damit beschäftigt, die zum Teil geschmacklosen Hochzeitsgeschenke in ihren Kartons zu verstauen und sie auf einer Liste abzuhaken.

Verdattert schüttelte Susan den Kopf und zog sich zurück. Vermutlich würde sie nie schlau aus ihrer jüngeren Tochter werden.

4

Nichts hätte Kylie mehr daran hindern können, die nächste Skisaison in Kanada zu verbringen. In dieser Entschlossenheit wurde sie zusätzlich von der ablehnenden Haltung ihrer Mutter bestärkt, die strikt dagegen war, dass Kylie Geld verdienen wollte, anstatt Tag und Nacht für ihre Prüfungen zu lernen. Als Kylie eines Tages beim Abendessen wieder einmal unbeirrt ihre Pläne erwähnte, kam es zu einer Auseinandersetzung zwischen ihr und Susan.

»Für eine Weltreise hast du auch noch im nächsten Jahr Zeit. Also wäre es viel vernünftiger, wenn du dich damit geduldest«, entgegnete Susan ärgerlich. »Bis dahin werden wir unseren Umzug hinter uns haben, und dir bleibt noch ein ganzes Jahr, um zu sparen.«

Als Kylie ihre Mutter finster ansah und protestierte, wechselte diese einfach das Thema. Daraufhin wurde Kylie so wütend, dass sie den Inhalt ihres Tellers in den Mülleimer kippte, verkündete, sie müsse noch lernen, und aus dem Zimmer stürmte.

»Ich wünschte, wir könnten Kylie endlich zur Vernunft bringen, Liebling«, sagte Susan später im Bett zu Geoff.

»Lass sie doch, Susie. Je mehr Steine wir ihr in den Weg legen, desto eher wird sie auf stur schalten. Vergiss nicht, dass sie erst das Geld zusammenbekommen muss. Und durch ständiges Nörgeln wirst du sie sicher nicht dazu bringen, mehr für die Schule zu tun. Ich persönlich finde es besser, dass sie ihre Energie in etwas Positives steckt, als ihren Ärger über den Verkauf von Sunburst Lodge an dir auszulassen.« Er küsste die mürrisch dreinblickende Susan und drehte sich herum.

Susan lag lange wach und versuchte, ihre Sorge um ihre beiden Töchter beiseite zu schieben. Gwyn litt immer noch unter der Trennung. Außerdem musste Susan sich eingestehen, dass sie gekränkt war, weil Kylie ihr die Alleinschuld an dem anstehenden Umzug gab. Wie sehr hätte sie sich gewünscht, ihre jüngere Tochter wäre nicht so starrsinnig und schwierig gewesen. Susan zwang sich, an die Kaufinteressenten zu denken, die in dieser Woche das Haus besichtigt hatten. Offenbar waren sie begeistert gewesen, denn die Sunburst Lodge war schließlich ein Schnäppchen – wenn man das Geld für die nötigen Umbauten aufbringen konnte. Vielleicht würden sie ihre Probleme ja früher los sein als gedacht.

Wie Geoff vorhergesehen hatte, verstärkte Susans ablehnende Haltung Kylies Entschlossenheit nur. Da sie ihren üblichen Job im Skiverleih besetzt vorfand, nahm sie jede Stelle an, die sie bekommen konnte. An den Wochenenden bediente sie in verschiedenen Restaurants, arbeitete als Aushilfe am Skilift, wenn jemand krank wurde, und sprang ein, als es im Skiverleih schließlich doch zu viel zu tun gab. Ihre Ersparnisse wuchsen zusehends. Als die Skisaison im September offiziell endete, ergatterte sie eine Teilzeitstelle in der Apotheke am Ort. Am Tag der Abschlussprüfung hatte sie genug Geld für ein Flugticket, einen Skipass und einige Wochen Lebensunterhalt beisammen.

Nachdem die Prüfungen abgehakt waren, machte sich Kylie an die tatsächliche Reiseplanung und entschied sich schließlich für Whistler. Sie fand die Hochglanzbroschüren überzeugend und verließ sich außerdem auf die Schilderungen einiger Bekannter, die an der dortigen Skischule gearbeitet hatten und sie für eine der besten überhaupt hielten. Das Einzige, was Kylie daran hinderte, ein Datum festzusetzen und den Flug zu buchen, war Gwyns Unentschlossenheit. Ihre Schwester konnte sich einfach nicht entscheiden, ob sie mitkommen wollte.

»Du musst ja noch nicht einmal sparen so wie ich, Gwyn«,

meinte Kylie zu ihrer Schwester und riss sie damit aus ihren trübsinnigen Grübeleien.

Es war Sonntagnachmittag, und die beiden saßen, inmitten von Broschüren und Stapeln von Listen, im Garten und sonnten sich.

»Du erstickst im Geld und hast so viel auf der hohen Kante, dass du nur deine Kreditkarte zu zücken brauchst, um ein Ticket zu kaufen. Komm doch bitte, bitte mit, Gwynny. Zusammen wäre es viel lustiger. Wir könnten eine Menge Spaß haben. Schon seit einer Ewigkeit haben wir nichts mehr zusammen unternommen«, flehte Kylie.

Gwyn lächelte zögernd.

»Zumindest nicht so etwas!«

»Umso mehr Grund, es zu versuchen. Nach dem schrecklichen Erlebnis mit diesem Typen hast du dir eine Belohnung verdient. Lass dich einmal auf ein Abenteuer ein, Gwynny.« Kylie legte einen Prospekt auf das Buch, das Gwyn zu lesen vorgab.

Angesichts Kylies feierlicher Miene und ihrer Überredungsversuche konnte sich Gwyn ein Lachen nicht verkneifen. Inzwischen war sie so weit, über die geplatzte Hochzeit sprechen zu können, ohne gleich wieder in Tränen auszubrechen. Allerdings fiel es ihr immer noch schwer, Begeisterung für etwas aufzubringen. Im Moment war sie noch völlig damit ausgelastet, jeden Tag zur Arbeit zu gehen und sich anschließend zu Hause zu verkriechen.

Doch als Kylie weiter über Skigebiete und Unterbringungsmöglichkeiten redete und Witze über traumhaft attraktive und sonnengebräunte Skilehrer riss, ließ Gwyn sich ein wenig von ihrer guten Laune anstecken. Schließlich war sie vor ihrer Beziehung mit Paul selbst eine ausgezeichnete Skiläuferin gewesen und musste zugeben, dass Kylies Pläne sehr verlockend klangen.

In einer ruhigen Minute erwähnte sie die Pläne dann ihrer Mutter gegenüber, während sie beiläufig nach einem Apfel griff und ihn zu schälen begann. Als Susan die Miene ihrer Tochter bemerkte, begann sie, das Vorhaben in einem ganz anderen Licht zu sehen. Inzwischen hatte sie sich damit abgefunden, dass es für Kylie kein Halten mehr gab. Und vielleicht war es ja, wenn man bedachte, dass Gwyn den Vorschlag ebenfalls guthieß, wirklich gar keine so schlechte Idee. Denn zum ersten Mal seit der Trennung von Paul zeigte ihre ältere Tochter wieder aufrichtiges Interesse an etwas.

Je länger Susan darüber nachdachte, desto mehr kam sie zu dem Ergebnis, dass diese Reise genau das war, was Gwyn jetzt brauchte. Außerdem zweifelte sie ein wenig daran, ob Kylie schon reif genug für ein solches Überseeabenteuer war. Sie fand den Gedanken beruhigend, dass die beiden Mädchen gemeinsam fahren würden. Gwyn würde dafür sorgen, dass Kylie nicht auf die schiefe Bahn geriet.

Als Kylie triumphierend verkündete, Gwyn habe ihre Stelle bei der Bank aufgegeben und der Flug ab Melbourne gehe in zehn Tagen, lächelte Susan nur. Vor einer halben Stunde hatte sie von Gwyns Entscheidung erfahren. Nun erkundigte sie sich, ob die Mädchen ihre eigenen Skier mitnehmen wollten.

Kylie war der Wind aus den Segeln genommen. Rasch schlang sie die Arme um ihre Schwester.

»Das wird das größte Abenteuer unseres Lebens«, jubelte sie.

Gwyn erwiderte die Umarmung.

»Könnte durchaus sein«, gab sie zurück.

Am nächsten Tag erhielten Susan und Geoff ein Angebot für die Sunburst Lodge, das sie sofort annahmen. Der Verkauf löste ein heilloses Durcheinander im Haushalt aus. Während Susan eine Umzugsfirma beauftragte, buchten die Mädchen die Tickets und kauften alles, was sie für die Reise brauchten. Sämtliche Familienmitglieder stellten ellenlange Listen auf, und man stolperte auf Schritt und Tritt über Kartons und

Kleiderhaufen, ohne in dem Tohuwabohu etwas finden zu können. Dennoch wurde Susan klar, dass sie ihre Familie schon seit einer Ewigkeit nicht mehr so glücklich gesehen hatte.

Sie schenkte sich ein großes Glas Weißwein ein und brachte einen lautlosen Trinkspruch auf das nächste Jahr aus. Vielleicht würde sich alles zum Guten wenden. Obwohl sie die beiden Mädchen sicher vermissen würde, musste sie sich eingestehen, dass sie auf Kylies Schmollen auch gut eine Weile verzichten konnte. Sie dache an die langen weißen Strände und die Palmen auf Dunk Island. Ja, vielleicht war es wirklich am besten so.

5

An einem Spätnachmittag Mitte November kamen Kylie und Gwyn in Whistler an. Whistler war einer der beiden modernen Skiorte, die sich an den Fuß des gewaltigen Whistler- und Blackcomb-Gebirgszuges schmiegten, und der luxuriöseste Winterspielplatz, den Kanada zu bieten hatte.

Trotz ihrer Müdigkeit spähten die beiden Mädchen voller Vorfreude aus dem Fenster des Busses und betrachteten das Städtchen, das für das nächste halbe Jahr ihr Zuhause sein würde. Trotz des wenigen Neuschnees war alles mit einer dünnen weißen Schicht überzuckert.

Beim Anblick der breiten Prachtstraßen und der eleganten Häuser und Läden schnappte Kylie begeistert nach Luft. An den Regenrinnen hingen bunte Lichterketten, die in der Dämmerung funkelten und dem Städtchen eine weihnachtliche Stimmung verliehen.

Nachdem der Bus die Touristen abgesetzt hatte, fuhr er zehn Minuten lang weiter Richtung Stadtrand, wo die Häuser bei weitem nicht so hübsch und die Straßen schmaler waren. Schließlich hielt das Fahrzeug vor einer schäbigen Hütte in einer kleinen Seitengasse. Eine windschiefe Treppe führte zu einem düsteren Türbogen. Die Mädchen kletterten aus dem Bus, griffen, zitternd vor Kälte, nach ihren Taschen und eilten auf ihre warme Behausung zu.

Von drinnen sah das Haus ebenso heruntergekommen aus wie von draußen. Die Beleuchtung war schummerig, und es roch muffig und nach Küchendunst. Die Vermieterin war Anfang Vierzig, trug zerschlissene Hauspantoffeln und zu viel Rouge und wischte sich die Hände an einer schmutzigen Schürze ab. Dem kleinen Jungen, der sich an ihr Bein drückte, verpasste sie eine Ohrfeige, sodass er sich hinter die Tür flüchtete, von der der Lack abblätterte.

Beklommen warf Kylie ihrer Schwester, der das Lächeln auf dem Gesicht gefror, einen Blick zu. Doch sie war fest entschlossen, sich die Laune nicht verderben zu lassen, stellte sich der Vermieterin vor und begann, über die Reise und die Schönheit von Whistler zu plaudern.

In ihrem Zimmer mit den vergilbten Wänden und den ausgeblichenen braun und olivgrün gemusterten Vorhängen drückte sie Gwyn an sich.

»Wir sind da«, rief sie. Dann hievte sie ihre Tasche auf eines der schmalen Betten und blickte sich um.

Gwyn spähte durch das schmutzige Fenster hinaus in die Abenddämmerung und war enttäuscht. Das Fenster ging auf eine schmale Seitengasse hinaus, wo sich schmutzige Schneehaufen im Rinnstein türmten. Ein nicht zu identifizierendes Tier wühlte in den Abfallhaufen herum. Schaudernd zog Gwyn die Vorhänge zu.

»Mehr Schnee wäre schön«, meinte sie nur, vergeblich bemüht, sich die Ernüchterung nicht anmerken zu lassen. Auf einmal fühlte sie sich unbeschreiblich müde.

»Das kommt schon. Es ist noch früh im Jahr«, erwiderte Kylie, eine Zuversicht vorspiegelnd, die sie ganz und gar nicht empfand.

»Wir sind da, Gwynny! Wir haben es tatsächlich geschafft. Jetzt fängt das wahre Abenteuer an. Wenn wir uns erst einmal richtig ausgeschlafen haben, geht es uns sicher gleich viel besser«, fügte sie, voller Hoffnung, hinzu.

Am nächsten Morgen wachte Kylie als Erste auf und blickte aus dem Fenster. Bei Tageslicht sah tatsächlich alles anders aus. Das Zimmer war zwar schäbig und entsprach absolut nicht ihren Erwartungen, aber wenigstens warm. Ein Stück den Hügel hinauf konnte Kylie eine Bushaltestelle erkennen. Selbst die schmutzigen Schneehaufen am Straßenrand sahen im Schein der Morgensonne nicht mehr so deprimierend aus. Die Straßen waren zwar frei von Schnee, doch in den hohen Tannen hatten sich weiße Flocken gefangen, und Eiszapfen hingen von den Dachrinnen der umliegenden Häuschen.

Kylie wurde von Aufregung ergriffen. Sie öffnete das Fenster. Die Kälte schlug ihr ins Gesicht, sodass sie nach Luft schnappte. Sie fand, dass Gwyn lange genug geschlafen hatte, und rüttelte sie wach.

»Schlafmütze, Schlafmütze! Aufstehen! Es ist heller Tag! Raus aus den Federn!«, flötete sie nach alter Familientradition.

Gwyn schlug stöhnend ein Auge auf und drehte sich um. Doch nachdem ihre Schwester ihr noch eine Weile zugesetzt hatte, rappelte sie sich auf und machte sich schlaftrunken auf die Suche nach dem Badezimmer. Nachdem sie angezogen und endgültig wach war, fühlte sie sich besser.

Beim Frühstück schmiedeten die beiden Schwestern Pläne für den Tag und kamen zu dem Schluss, dass die Arbeitssuche an erster Stelle kam.

»Ach, wie langweilig«, meinte Kylie und musste beim Anblick der ernsten Miene ihrer Schwester grinsen. »Heute geben wir zuerst Dads Geld aus. Vergiss nicht, dass wir hier sind, um uns zu amüsieren!«

Trotz der angespannten Finanzlage hatte Geoff darauf bestanden, den beiden Mädchen ein wenig Geld zuzustecken, und ihnen gleichzeitig das Versprechen abgenommen, sich davon die besten Skier und Skistiefel zu kaufen, die zu haben waren.

Nachdem Kylie sich von der Vermieterin einen Busfahrplan und einige Wegbeschreibungen hatte geben lassen, scheuchte sie Gwyn aus der Tür und zum Bus. Gwyn, die sich geschlagen geben musste, wurde ebenfalls aufgeregt, als sie sich dem Zentrum von Whistler und den beeindruckenden Skipisten näherten.

Die beiden Schwestern schlenderten eine der mit Backstein

gepflasterten Fußgängerstraßen des Städtchens entlang, als Gwyn plötzlich mit einem begeisterten Aufschrei in einen Laden stürmte. Im nächsten Moment war sie zurück.

»Kylie, du musst unbedingt reinkommen«, rief sie mit leuchtenden blauen Augen aus.

Lachend ließ Kylie sich in den Laden schleppen. Dort schnappte sie beim plötzlichen Anblick der funkelnden Pracht verblüfft nach Luft.

Erstaunlicherweise führte der Laden ausschließlich Weihnachtsschmuck.

Künstliche Christbäume, dick mit goldenen und cremefarbenen Bändern und Kugeln behangen, ragten bis zur Decke. Goldene und weiße Engel saßen auf Regalen neben Weihnachtsmännern und allem möglichen anderen weihnachtlichen Schnickschnack. Der Schmuck war überall im Raum nach Farben angeordnet – Rot hier, Blau da, Gold und Beige in einer anderen Ecke. Herzen, Trompeten, winzige Vögel aus Glas, Adventskränze – alles funkelte und blitzte, wohin die Mädchen auch blickten. Es war, als wären sie in ein Kinderparadies geraten.

Gwyn betrachtete ein paar kleine rote und goldene Figürchen.

»Sind die nicht wunderschön?«, begeisterte sie sich. »Ich würde dir gern eins als Willkommensgeschenk kaufen. Welches gefällt dir am besten?«

Erfüllt von Freude, musterte Kylie die unzähligen winzigen Figuren, ging von einem Regal zum anderen und zurück, verglich das Angebot und konnte sich einfach nicht entscheiden.

»Ach, du bist schrecklich unentschlossen, lass mich mal machen«, meinte Gwyn lachend.

»Das stimmt nicht«, protestierte Kylie, obwohl sie noch immer nicht wusste, welches Figürchen sie wollte.

Endlich, eine Viertelstunde später, traten die beiden Schwestern hinaus in den kalten sonnigen Morgen, jede mit einem kleinen Paket in der Hand – einen Engel mit Trompete für Gwyn, ein Herz mit einer Taube darin für Kylie.

Der Kauf von Skiern und Skistiefeln nahm weitere anderthalb Stunden in Anspruch. Dann, ausgestattet mit der besten Ausrüstung, die derzeit auf dem Markt zu haben war, machten sie sich auf den Weg zu den Pisten. Sie kamen an riesigen Apartmenthäusern und Hotels vorbei, die vor den mit Tannen bewachsenen Bergen aufragten wie Märchenschlösser.

Die Skipässe um den Hals und ihre Einkäufe sicher in einem Schließfach verstaut, brachen sie zu guter Letzt auf zum großen Sessellift am Fuß des Whistler Mountain.

Die schlechten Schneeverhältnisse hatten die Skifahrer nicht abschrecken können, und auf den Pisten herrschte bereits Hochbetrieb. Kylie blickte auf eine Postkartenwelt. Die Pisten wurden von gewaltigen Tannen gesäumt, und die Berge schienen bis in die Unendlichkeit hineinzureichen. Wegweiser, auf denen die Namen der Pisten standen, zeigten in alle Richtungen. Kylie musste sich kneifen, um sich zu vergewissern, dass sie nicht träumte. Nur dass hier Pinien und Lärchen wuchsen anstelle der gewohnten Eukalyptusbäume, erschien ihr auf den ersten Blick merkwürdig.

»Was hältst du von dieser Strecke?«, meinte Kylie zu Gwyn, zog eine Taschenausgabe der Pistenkarte heraus und fuhr den Weg mit dem Finger nach. Wenn sie zunächst einer blauen Piste des niedrigsten Schwierigkeitsgrads folgten, konnten sie an deren Ende einen anderen Sessellift nehmen, eine etwas anspruchsvollere rote Piste hinunterfahren, dann mit einem weiteren Sessellift das Tal überqueren und zu guter Letzt über eine idyllische, von Bäumen gesäumte Abfahrt an ihren Ausgangspunkt zurückkehren.

Gwyn nickte zustimmend, auch wenn ihr ein wenig mulmig war, weil sie schon seit einer Weile nicht mehr auf Skiern gestanden hatte. Deshalb ließ sie Kylie den Vortritt, doch schon nach der ersten Abfahrt kehrte ihr Selbstbewusstsein zurück. Bald veranstalteten die beiden Mädchen lachend und jubelnd Wettrennen den Berg hinunter, stürzten ab und zu und halfen einander beim Aufstehen. Eine halbe Stunde und zwei wundervolle Abfahrten später hatten sie, mit roten Wangen und verschwitzt, wieder die Bergstation des Express-Sessellifts erreicht.

»Das war einfach toll!«, jauchzte Kylie, glitt zu Gwyn hinunter und vollführte dicht vor ihrer Schwester eine ruckartige Bremsung, sodass der Schnee hochspritzte.

Gwyns strahlende Miene war Antwort genug.

»Los, ich verhungere«, verkündete sie.

Die beiden Mädchen machten sich auf den Weg in ein nahe gelegenes Restaurant, das sich an den Berghang schmiegte.

Kylie schlürfte eine heiße Suppe, betrachtete dabei die Bergwelt und stieß einen zufriedenen Seufzer aus. So wunderschön hatte sie es sich in ihren kühnsten Träumen nicht auszumalen gewagt.

Kylie hatte den Einstellungstest für Skilehrer im Oktober verpasst, und da der nächste erst Mitte Dezember stattfinden würde, musste sie bis dahin eine andere Arbeit annehmen. Aber sie war sicher, dass sie früher oder später eine Stelle an der Skischule ergattern konnte. Viel mehr Sorge bereitete ihr die Frage, ob Gwyn ebenfalls einen Job finden würde.

In den ersten Tagen war ihre Suche nicht erfolgreich gewesen, denn es wurden nur Kellnerinnen in Restaurants oder Kneipen gesucht, und dazu hatte Gwyn nicht die geringste Lust. Sie war überzeugt, dass sie als Buchhalterin mehr verdienen konnte. Wenn die beiden Schwestern allabendlich in ihre schäbige Unterkunft zurückkehrten, schrumpfte jedoch ihre Zuversicht mit jedem Tag.

Als Kylie am vierten Morgen aufwachte, stelle sie fest, dass es über Nacht geschneit hatte. Alles war mit einer dicken Schicht Neuschnee bedeckt.

»Hey, schau dir das an«, rief sie überglücklich.

Murrend schlurfte Gwyn zum Fenster, doch dann stieß auch sie einen Freudenschrei aus. Nach einem hastig hinuntergeschlungenen Frühstück liefen die zwei über den knirschenden, jungfräulichen Schnee zum Bus und fuhren ans andere Ende der Stadt zu dem Gästehaus, wo sie am Vortag telefonisch einen Vorstellungstermin vereinbart hatten.

Die beiden Schwestern verliebten sich auf Anhieb in die Bear's Paw Lodge, die ein Stück von der Straße zurückversetzt stand und sich zwischen die Tannen schmiegte. Das hübsche taubengraue Häuschen war nur fünf Gehminuten von den Pisten entfernt. Jemand hatte einen Weg von der Auffahrt bis zur Vortreppe der bereits schneebedeckten Veranda freigeschaufelt. Von dem steilen Dach, auf dem eine an manchen Stellen zwanzig Zentimeter dicke Schneedecke lag, hingen riesige Eiszapfen.

Kylie fand als Erste die Sprache wieder und fiel Gwyn um den Hals.

»Ist es nicht wunderschön hier? Drück uns die Daumen, dass es klappt.«

Drinnen war das in gemütlich ländlichem Stil eingerichtete Haus so reizend wie von außen. Die Vorhalle war mit winzigen Teddybären und Teddybärbildern geschmückt, und auch Sofakissen und Teppiche wiederholten das Bärenmotiv. Überall duftete es zart nach Lavendel und Potpourri.

Gwyn versuchte, sich ihre Nervosität nicht anmerken zu lassen, als sie der Empfangsdame sagte, wer sie seien und dass Mrs Vernon sie erwarte. Kurz darauf erschien Mrs Vernon selbst und bat Gwyn in ihr Büro. Während ihre Schwester im Vorstellungsgespräch war, schlenderte Kylie durch die Vorhalle, betrachtete dieses und jenes und ließ sich schließlich neben dem gemütlichen Gaskamin mit dem gewaltigen steinernen Sims nieder, der von zwei grob geschnitzten Holzbären bewacht wurde.

Gerade fragte sie sich, wo Gwyn wohl so lange blieb, als diese schon, ein breites Lächeln auf dem Gesicht, wieder erschien. Sie konnte ihre Begeisterung nicht verbergen, als sie auf Kylie zustürmte und sie am Arm packte.

»Ich soll schon morgen anfangen«, verkündete sie mit leuchtenden Augen. Dann nahm sie sich zusammen und machte Mrs Vernon mit Kylie bekannt.

»Eine Mitarbeiterin mit Gwyns Fähigkeiten können wir gut gebrauchen«, meinte Mrs Vernon freundlich. »Während der Saison geht es nämlich ziemlich hoch her, und wir sind deshalb auf zuverlässige Leute angewiesen. Gwyn hat erwähnt, dass Sie auch Arbeit suchen. Vielleicht hätten wir eine Teilzeitstelle für Sie, falls Sie das interessiert.«

Die Frau wirkte nett und gemütlich und war den beiden Mädchen sofort sympathisch.

Zehn Minuten später sprangen sie die Stufen hinab. Gwyn freute sich breit grinsend über ihren Erfolg, und auch Kylie hatte einen Job ergattert und würde nun bei der Betreuung der Sauna und des Whirlpools aushelfen und die Zimmer putzen. Die beiden Schwestern eilten zur nächsten Telefonzelle und gaben einen Teil ihrer kostbaren Ersparnisse für einen Anruf bei den Eltern aus.

Gwyn erzählte aufgeregt von der neuen Stelle, während Kylie, die ihrer Mutter immer noch grollte, weniger Überschwang an den Tag legte. Nachdem sie aufgelegt hatte, marschierte sie, die Hände tief in den Taschen ihrer Skijacke vergraben und einen finsteren Ausdruck auf dem Gesicht, die Straße hinunter.

Auf einmal fühlte sie sich leer.

»Mum klang so glücklich«, sagte Gwyn und hastete neben ihr her. Kylie ging schneller.

»Du darfst nicht mehr böse auf sie sein. Schließlich haben sie das Haus nicht verkauft, um uns zu ärgern«, meinte Gwyn leise, als sie dann bei zwei Tassen heißer Schokolade in einem Café saßen.

»Trotzdem finde ich, sie hätten auch mit mir über den Verkauf sprechen müssen.«

Kylie warf ihrer Schwester einen erbosten Blick zu. Doch bald hatte sie sich wieder beruhigt und zuckte mit den Achseln. Es war zwecklos, sich wegen der Vergangenheit zu grämen, und sie würde sich nicht vom Verhalten ihrer Mutter die Laune verderben lassen.

»Komm, wir machen einen Einkaufsbummel«, schlug sie vor.

Gwyn stieß einen lautlosen Seufzer aus. Sie wusste genau, dass ihre Schwester nur das Thema wechseln wollte.

Gwyn arbeitete gern in der Bear's Paw Lodge. Das Gästehaus war ein Familienbetrieb der Vernon-Sippe, die aus Mutter, Vater, Großvater und zwei Töchtern im Alter von elf und neun Jahren bestand. Es gab noch eine ältere Tochter, die sich jedoch zurzeit im Ausland aufhielt.

Unterstützt von einem einheimischen Mädchen namens Joslyn, führte Gwyn die Bücher des Gästehauses und kümmerte sich auch um die Reservierungen und andere Büroarbeiten, wenn es viel zu tun gab. Und das war meistens der Fall.

Kylie hingegen hatte zwar nicht ihren Traumjob gefunden, aber sie verdiente wenigstens gutes Geld und hatte außerdem genug Zeit zum Skifahren. In den nächsten Wochen, in denen sie ungeduldig auf die Aufnahmetests für die Skischule wartete, machte sie sich besser mit den Bergen vertraut, freundete sich mit ein paar einheimischen Skilehrern an und erfuhr mehr über das, was sich hinter den Kulissen von Whistler-Blackcomb abspielte.

Als der Tag des Vorstellungsgesprächs schließlich kam, wurde sie sofort von der Whistler-Skischule angenommen und durfte auf ihre Bitte hin Kinderkurse geben.

Nie würde Kylie die erste Woche mit ihrer sechsköpfigen Rasselbande vergessen, deren große Augen unter riesigen Schutzhelmen hervorspähten. Die winzigen Hände der Kleinen steckten in bunten Fäustlingen, und ihre Wangen waren von der Kälte gerötet. Die Kinder bereiteten Kylie große Freude, bedeuteten aber auch eine Herausforderung. Da ihre Schützlinge zwischen den vielen Bäumen und auf den kilometerlangen Pisten leicht verloren gehen konnten, war Kylie ständig damit beschäftigt, ihre Schäfchen zu zählen, um sicherzugehen, dass auch ja niemand fehlte.

Der kleinen Laura rutschte bei jeder Abfahrt die Hose hinunter, und die fünfjährige Vivette war so dick vermummt, dass sie an die Miniaturausgabe eines Michelinmännchens erinnerte. Dann war da noch der vierjährige Jonathan, der die ersten beiden Tage nur mit den Tränen gekämpft hatte und es am Ende der Woche kaum erwarten konnte, als Erster in den Sessellift zu steigen.

Kylie kümmerte sich aufopferungsvoll um ihre Schutzbefohlenen und war erstaunt, wie wenig Angst sie zeigten. Ein Kurs folgte auf den nächsten, und sie hatte riesigen Spaß daran, die Kleinen kennen zu lernen und ihre Fortschritte zu beobachten.

In Whistler wimmelte es sowohl im Städtchen selbst als auch auf den Pisten nur so von Australiern, und Kylie und Gwyn fühlten sich wie zu Hause.

Kylie begegnete zufällig einigen Skifahrerfreunden aus Lyrebird Falls, und die beiden Schwestern schlossen sich einer Clique junger Australier an, die sich jeden Abend trafen, um einen Zug durch die Kneipen von Whistler Village zu machen.

Auch das Wetter besserte sich allmählich. Jeden Tag gab es Neuschnee, und zu Weihnachten waren die Berghänge mit einer tiefen, weichen Schicht bedeckt. Jeden Tag, wenn Kylie über die Pisten sauste, konnte sie ihr Glück kaum fassen. An ihren freien Tagen war Gwyn häufig mit von der Partie, vergaß für einige Stunden ihre Pflichten und alberte ausgelassen mit ihrer Schwester herum.

Außerdem gelang es Kylie, für Gwyn ein freies Bett in der Unterkunft der Skilehrer aufzutreiben, die nicht nur besser gelegen, sondern auch sauberer war. Nun wohnten sie unter Freunden.

Weihnachten wurde fröhlich gefeiert, und alle Australier waren fest entschlossen, kein Heimweh aufkommen zu lassen. Kurz darauf folgte der australische Nationalfeiertag, der, wie es schien, von allen auf dem Berg begangen wurde.

Immer wenn Kylie mit ihrem Kurs zum Lift fuhr, rief ihr jemand »Frohen Australia Day« oder »Herzliche Glückwünsche« zu. Und am Abend versammelten sich alle in der örtlichen Kneipe, um sich an australischer Fleischpastete und Foster's-Bier gütlich zu tun. Dazu wurde beschwipst »Waltzing Matilda«, »On the Road to Gundagai« und »Danny Boy« gegrölt, bis alle heiser waren. Kylie fiel müde ins Bett und fragte sich, ob das Leben noch schöner werden konnte.

6

»Ich hätte nicht gedacht, dass es so toll sein würde«, meinte Kylie eines Nachmittags zu Gwyn, als sie in einem der riesigen Supermärkte beim Einkaufen waren. Gwyn, die gerade überlegte, ob sie es sich leisten konnten, ein Stück köstlichen kanadischen Käse in ihren bereits überquellenden Einkaufswagen zu legen, brummte zufrieden etwas vor sich hin und bog in den nächsten Gang ab.

Auch das war ein wundervoller Nebeneffekt, dachte Kylie: Gwyn war wirklich glücklich. Seit sie die Stelle in der Bear's Paw Lodge angetreten hatte, war sie aus ihrem Schneckenhaus gekrochen, und die beiden Schwestern standen sich näher als je zuvor.

Kylie fühlte sich, als hätte sie endlich die Schwester entdeckt, die sie sich immer gewünscht hatte. Sie konnte alles mit ihr besprechen – na ja, wenigstens fast alles, denn bis jetzt hatte sie noch nicht den Mut gehabt, das Thema Danno zu erwähnen. Allerdings vermutete sie, dass Gwyn ohnehin über ihre Gefühle Bescheid wusste. Jedenfalls konnten sie inzwischen miteinander kichern und sich ihre innersten Geheimnisse anvertrauen.

»War es heute schön auf der Piste?«, hörte sie da plötzlich eine Stimme im Ohr.

Kylie drehte sich um und sah eine hübsche Rothaarige etwa in ihrem Alter vor sich, der sie schon ein paar Mal beim Skifahren aus der Patsche geholfen hatte. Unter der offenen Skijacke der Kanadierin war eine figurbetonte dunkelblaue Latzhose zu sehen.

»Super. Und wie ging es bei dir?«, erwiderte Kylie und wandte sich an die Frau hinter der Bäckereitheke, um eine freundliche Bemerkung über die vielen verschiedenen Brötchensorten zu machen.

»Sag das noch mal«, meinte die Kanadierin. »Ich finde deinen Akzent einfach toll.«

Kylie lachte auf.

»Meinst du den Satz mit den Brötchen?«

Als das Mädchen nickte, wiederholte Kylie die Bestellung, worauf die Verkäuferin sie verdattert ansah. Dann fingen sie alle drei zu lachen an. Schließlich kehrte Gwyn zurück, und die drei Mädchen plauderten eine Weile miteinander. Die Rothaarige hieß Samantha Gates.

»Alle nennen mich Sam – und ich bin nicht mit Bill verwandt«, verkündete sie lachend. »Hört zu. Ich treffe mich gleich nach dem Einkaufen mit ein paar Freunden zum Schwimmen und Relaxen im Whirlpool in meiner Apartmentanlage. Die Jungs sind beim Bierholen. Warum kommt ihr nicht mit? Es ist im zweiten Stock.«

Sie nannte ihnen den Namen des Gebäudes.

»Sehr gerne«, antwortete Kylie rasch. Ein Bad im heißen Whirlpool war genau das, was sie nach dem anstrengenden Tag auf der Piste brauchte.

Als sie sich auf den Rückweg in ihre Unterkunft machten, fiel die Temperatur rapide, und ihre Ohren brannten vor Kälte. Kurz darauf warteten sie zitternd im hölzernen Wartehäuschen auf den Bus, der sie zu Sams Wohnblock brachte. Erleichtert betraten sie die warme Vorhalle und fuhren in den zweiten Stock hinauf. Ein weicher Teppich dämpfte den Klang ihrer Schritte. Auf der Suche nach Sam streckte Kylie den Kopf zur Tür des Wellnessbereichs hinein. Das Becken war von einigen Männern und Frauen besetzt, doch von ihrer neuen Freundin war nichts zu sehen.

»Seid ihr die Freunde von Sam Gates?«, fragte Kylie schüchtern.

»Aber klar«, erwiderte einer der jungen Männer und hob – eindeutig im Verstoß gegen die Verbotsschilder, die das

Trinken im Wellnessbereich untersagten – grinsend eine Bierflasche. »Kommt auch rein. Es ist genug Platz.«

»Danke«, sagte Kylie, inzwischen selbstbewusster.

Rasch schlüpften sie und Gwyn nebenan in der Umkleide in ihre Badenanzüge, legten ihre Handtücher auf eine Bank und kehrten zum Whirlpool zurück.

»Zuerst wärmt man sich hier auf, und wer dann den Mut hat, geht hinterher raus zum Schwimmen. Der Pool hat zur Zeit nur minus acht Grad. Passt auf die Eisberge auf!«, meinte der junge Mann, der zuerst gesprochen hatte, und machte den beiden Mädchen Platz.

»Was denkst du, Gwynny? Sollen wir es versuchen?«, fragte Kylie lachend und schnappte nach Luft, als sie sich langsam in das heiße Wasser sinken ließ. Sie wartete eine Weile, bis ihre Beine sich an die hohe Temperatur gewöhnt hatten. Nachdem sie bis zu den Schultern im blubbernden Wasser saß, breitete sich die Wärme allmählich in ihrem Körper aus. Langsam entspannte sie sich, während die Düsen angenehm ihren Rücken und ihre Beine massierten. Nachdem sie sich richtig aufgewärmt hatte, warf sie einen Blick durch die beschlagene Scheibe hinaus zum Pool.

»Ich glaube, ich probiere es mal«, rief sie Gwyn zu, stieg aus dem Whirlpool und öffnete die Tür.

Sie schrak zusammen, als ihr Eiseskälte entgegenschlug. Die Fliesen rings um den Pool waren mit einer dicken, von Fußspuren durchzogenen Schneeschicht bedeckt, auf der sich bereits wieder Eis bildete. Aus dem dampfenden blaugrünen Wasser ragten Köpfe heraus.

Vorsichtig ging Kylie zur Leiter am Beckenrand und testete das Wasser mit der Zehe. Es war warm. Sie spürte ein leichtes Prickeln auf der Haut und blickte nach oben. Es schneite. Lachend glitt sie ins Wasser und schwamm eine Bahn. Durch die Bewegung wurde ihr warm. Dann drehte sie sich auf den Rücken, ließ sich treiben und sah zu, wie die Schneeflocken sanft vom Himmel herabschwebten. Sie spürte, dass Flocken auf ihrem Gesicht, ihren Wimpern und ihrer Nase landeten. Schließlich streckte Kylie die Arme aus und beobachtete, wie die zarten Kristalle auf ihrer warmen Haut schmolzen.

Gwyn erschien am Beckenrand, sprang ins Wasser und schwamm auf ihre Schwester zu.

»Es schneit! Das ist irre!«, rief Kylie aus.

Nachdem sie ihre Schwester umarmt hatte, schwamm sie zum Beckenrand und lehnte sich an die Kacheln. Das Wasser reichte ihr gerade bis über die Schultern. Der Schnee prickelte auf ihrem Gesicht.

Gwyn folgte ihr.

»Ach, ist das schön«, begeisterte sie sich und trat neben Kylie Wasser. Dann beugte sie sich vor und flüsterte: »Ich habe eine Überraschung für dich.«

»Was für eine Überraschung?«

»Das sage ich dir nur, wenn du mir versprichst, in Bezug auf Kerle nicht mehr so grässlich mäkelig zu sein«, entgegnete Gwyn und schwamm davon.

»Ich? Mäkelig? Du bist gemein«, rief Kylie in gespieltem Ärger aus und machte sich daran, ihre Schwester zu verfolgen.

Als sie den Arm ausstreckte, um Gwyn unterzutauchen, kam diese ihr zuvor. Und auch ihr zweiter Versuch endete damit, dass sie selbst unter Wasser gedrückt wurde. In den nächsten Minuten tollten die beiden platschend durchs Becken, bis Kylie sich schließlich japsend geschlagen gab.

»Versprich es«, beharrte Gwyn mit einem selbstzufriedenen Grinsen.

»Ich schwöre«, keuchte Kylie. »Und jetzt raus mit der Sprache. Was ist das für eine Überraschung?«

»Rate mal, wer seit zehn Minuten hier ist«, flüsterte Gwyn und schwamm näher heran. »Du kennst doch Kit, den Typen, den ich in der Disko kennen gelernt habe. Du weißt schon, den aufregendsten Mann auf Gottes Erdboden? Nun, zwei Sekunden nachdem du rausgegangen bist, kam er hereinspaziert. Er hat einen Kumpel dabei, der genauso hinreißend aussieht wie er, und ich habe uns beiden gerade zu einer Verabredung zum Abendessen verholfen.«

Mit triumphierender Miene schwamm sie davon und freute sich diebisch über die Wirkung, die diese Nachricht bei ihrer Schwester auslöste.

Kylie folgte ihr.

»Wir beide? Wie hast du denn das geschafft?«

»Ich habe behauptet, dass ich nie ohne meine Schwester irgendwo hingehe. Und weißt du was? Er fährt einen Ferrari und ist mit dem Flugzeug seines Vaters hier.«

Ihre kornblumenblauen Augen weiteten sich schwärmerisch.

Kylie fing an zu kichern, doch Gwyn brachte sie mit einem Rippenstoß zum Schweigen. Gleichzeitig lächelte sie zu einem braun gebrannten, breitschultrigen Hünen hinauf, der eine enge Badehose trug. Kylie hatte gerade noch Zeit für einen Blick auf die Muskeln, die von regelmäßigen Besuchen im Fitnessstudio zeugten, bevor der junge Mann ins Becken sprang und auf sie zuschwamm.

»Hallo, Kit. Du erinnerst dich doch noch an Kylie?«, meinte Gwyn und errötete.

»Hallo, Kylie.«

Kit hatte einen kanadischen Akzent. Nachdem er Kylie ein strahlendes Lächeln geschenkt hatte, wandte sich sein Blick sofort wieder Gwyn zu.

Einen kurzen Moment war Kylie neidisch auf ihre Schwester, musste sie allerdings sofort wieder bewundern. Gwyn war so wunderschön, dass ihr kein Mann widerstehen konnte.

»Das ist mein Kumpel Kevin«, rief Kit, als sich ein zweiter, nicht minder attraktiver junger Mann zu ihnen gesellte. Sofort knüpfte er ein Gespräch an und erkundigte sich, ob sie bereits auf dem Gletscher gewesen seien.

Kylie musterte Kevin und musste zugeben, dass er und Kit wirklich sehr gut aussahen. Das Problem war nur, dass keiner von ihnen es mit …

Wieder spürte sie das vertraute flaue Gefühl im Magen und hätte sich ohrfeigen können. Langsam schwamm sie am Beckenrand entlang und versuchte dabei, Kevin konzentriert zuzuhören. Dabei wollte ihr Gwyns Bemerkung, sie sei mäkelig, was Männer anging, nicht aus dem Kopf. Es war doch wirklich albern, dass sie sich vor Sehnsucht nach einem Mann verzehrte, der sich noch nie auch nur im Geringsten für sie interessiert hatte.

Nachdem sie und Kevin noch ein paar Bahnen geschwommen waren, verließen sie das Becken. Kylie schüttelte sich das Wasser aus dem Haar, zupfte den Badeanzug über ihrem schmalen Po zurecht und hastete über den eiskalten Boden. Sie begann sofort, vor Kälte zu zittern, und ließ sich mit einem erleichterten Seufzer in den heißen Whirlpool sinken. Dann wandte sie ihre Aufmerksamkeit wieder Kevin zu. Kurz darauf gesellten sich Gwyn und Kit zu ihnen, und sie plauderten zu viert.

Die Mädchen erzählten Anekdoten von der Sunburst Lodge und aus Lyrebird Falls, die Jungen berichteten von Helikopterskifahren und einigen sehr anspruchsvollen Abfahrten in Blackcomb.

Kevin hat wirklich ein süßes Lächeln, dachte Kylie. Außerdem war es doch um einiges sinnvoller, die Gegenwart zu genießen, als unerfüllbaren Träumen und alten Erinnerungen nachzuhängen.

7

Im Laufe der nächsten Wochen trafen sich Kylie und Gwyn häufig mit den beiden Ks, wie sie Kit und Kevin bald unter sich nannten. Manchmal gingen sie zu viert aus, hin und wieder auch paarweise. Kylie war gern mit Kevin zusammen und flirtete und alberte mit ihm herum. Aber sie ließ sich nicht auf eine ernsthafte Beziehung ein, während Gwyn bald fest mit Kit ging.

»Du hast Kit wirklich gern, oder?«, fragte Kylie eines Abends, als sich die beiden Mädchen zum Ausgehen fertig machten.

Gwyn hob lächelnd den Kopf.

»Er ist sehr nett, und wir verstehen uns gut, mehr nicht«, erwiderte sie ausweichend.

Doch als die Wochen verstrichen, wurde die Beziehung zwischen den beiden immer enger. Inzwischen verbrachte Gwyn ihre freien Nachmittage nur noch mit Kit, anstatt Kylie zum Skifahren zu begleiten. Wenn sie zu viert ausgingen, wurde auf der Tanzfläche immer seltener der Partner gewechselt. Und häufig verdrückten sich Gwyn und Kit, obwohl der Abend noch längst nicht zu Ende war. Kylie vermisste ihre Schwester zwar, war jedoch froh, dass sie endlich aus ihrem Schneckenhaus gekrochen war und sich auf eine neue Beziehung einließ.

Kylie ihrerseits hatte Kevin von Anfang an klar gemacht, dass sie kein Interesse an einem festen Freund hatte, was ihn nicht weiter zu stören schien.

So sehr war Kylie mit ihrer Arbeit als Skilehrerin und ihren kleinen Schützlingen beschäftigt, dass sie die Veränderung bei Gwyn zunächst gar nicht bemerkte. Eines frühen

Nachmittags kehrte sie dann in ihre Unterkunft zurück und traf Gwyn zu Hause an, obwohl sie doch eigentlich im Büro hätte sein müssen. Sofort sah Kylie, dass ihre Schwester geweint hatte, doch als sie sie fragte, was geschehen sei, schwieg Gwynn eisern. Also ließ Kylie sie in Ruhe und machte es sich mit einem Buch vor dem großen Kaminfeuer im Aufenthaltsraum gemütlich.

In den folgenden Wochen ging Gwyn immer unregelmäßiger zur Arbeit, und ihre Fröhlichkeit wirkte gekünstelt. Oft lag sie noch im Bett, wenn Kylie zur Piste aufbrach, und häufig kam sie erst lange nach Mitternacht nach Hause. Kylies besorgte Nachfragen wurden mit ausweichenden Antworten abgewimmelt. Sie beteuerte, alles sei in bester Ordnung, und behauptete, ihre Arbeitszeiten hätten sich eben geändert. Doch als Gwyn außerdem Appetitlosigkeit entwickelte und immer antriebsloser wurde, bekam Kylie es mit der Angst zu tun.

»Warum nimmst du dir nicht ein paar Tage frei? Bestimmt hätte Mrs Vernon nichts dagegen. Du arbeitest doch so fleißig für sie«, schlug sie eines Morgens angesichts Gwyns wässriger Augen und ihrer leicht geröteten Wangen vor.

»Veranstalte nicht so ein Theater«, protestierte Gwyn, während sich ihre Augen mit Tränen füllten. Sie griff nach den Papiertaschentüchern und schnäuzte sich kräftig. »Geh und mach dir einen schönen Tag. In gut sieben Wochen fliegen wir nach Hause in die gute alte Heimat, und alles spielt keine Rolle mehr.«

Ihre Stimme klang wegen des Taschentuchs gedämpft.

»Genau darüber wollte ich mit dir reden«, begann Kylie.

Sie sah auf die Uhr und stöhnte. Wenn sie sich nicht beeilte, würde sie zu spät zum Kurs kommen.

»Wir besprechen das heute Abend, bevor wir uns mit den beiden Ks treffen«, rief sie und stürmte zur Tür hinaus.

Als Kylie am späten Nachmittag zurückkehrte, sah sie auf den ersten Blick, dass ein Gespräch mit Gwyn wohl nicht möglich sein würde. Ihre Schwester trug mehrere Pullover über dem Pyjama, hatte tränende Augen, roch stark nach Wick Vaporub und krächzte, sie würde sich ins Bett legen.

»Sag Kit, es täte mir wirklich Leid, aber ich möchte ihn nicht mit meiner Erkältung anstecken. Außerdem wäre ich sowieso nicht sehr gesprächig«, keuchte sie hustend und putzte sich die entzündete, gerötete Nase.

»Keine Sorge, dafür hat er sicher Verständnis. Ich kümmere mich um die beiden. Dann muss ich eben mit zwei Typen gleichzeitig flirten«, witzelte Kylie, um Gwyn ein wenig aufzuheitern.

»Vielleicht versetzt das Kevin einen kleinen Dämpfer. In letzter Zeit war er mir nämlich ein bisschen zu anhänglich. Bis später.« Sie schloss die Tür und hastete zur Bushaltestelle.

Während sie in der eisigen Kälte wartete, dachte sie daran, wie nah sie und Gwyn sich seit Beginn ihrer Reise gekommen waren. Dennoch wurde sie das ungute Gefühl nicht los, dass ihre Schwester ihr etwas verschwieg. Der Bus kam, und sie stieg, dankbar für die Wärme, ein. Sie nahm Platz und blickte aus dem Fenster. Im ganzen Ort sah es dank der hübschen Lichterketten an den Gebäuden und des im Schein der Straßenlaternen schimmernden Schnees aus wie auf einer Weihnachtsfeier.

Es war wirklich ein idyllisches Fleckchen Erde, und Kylie hatte nicht die geringste Lust, nach Hause zurückzukehren. Ganz im Gegenteil. Seit die Saison sich in rasender Geschwindigkeit ihrem Ende näherte, zermarterte sie sich das Hirn nach einer Möglichkeit, um Gwyn zu überzeugen, für die nächste Saison zu bleiben. Angeblich war Whistler auch im Sommer wunderschön, und es gab hier so viel zu sehen.

Kylie spürte ein Kitzeln in der Nase und hoffte, dass sie sich nicht bei Gwyn angesteckt hatte.

Die Kneipe war zum Bersten voll, und laute Musik hallte durch den Raum. Kylie konnte Kit und Kevin nirgendwo entdecken. Als sie sich durch die Menge drängte, spürte sie plötzlich zwei Arme um die Taille. Ein warmer Mund drückte ihr einen Kuss auf die Wange. Sie fuhr herum und blickte in Kits dunkelbraune Augen.

»Hallo, Kit! Gut, dass Gwyn das nicht gesehen hat«, scherzte sie mit einem fröhlichen Grinsen.

»Wo steckt sie?«, fragte Kit und sah sich suchend um. Nachdem Kylie alles erklärt hatte, entwickelte sich der Abend leider nicht sehr erfreulich. Kurz darauf erschien Kevin, der bald genug davon hatte, Kylie einen Kuss abzuschwatzen, und sich stattdessen einer Blondine mit einladendem Dekolletee zuwandte. Gleichzeitig gekränkt und erleichtert, fing Kylie an, Kit von ihrem Tag zu erzählen.

Doch Kit hatte offenbar andere Pläne. Nachdem er sich bedauernd über Gwyns Erkältung geäußert hatte, begann er, sich ernsthaft an Kylie heranzumachen und ihr mit dem Finger über den Arm zu streichen. Verlegen kippte Kylie ihren Drink hinunter und nahm die Einladung zu einem zweiten an. Kit, der ihre Beklommenheit spürte, legte ihr den Arm um die Taille.

Kylie fühlte sich wie eine Verräterin. Laut schreiend, um die Musik zu übertönen, hielt sie das Gespräch aufrecht, ließ sich auf weitere Drinks einladen und überlegte währenddessen fieberhaft, wie sie Kit höflich abwimmeln sollte. Obwohl sie es inzwischen bereute, allein gekommen zu sein, trank und flirtete sie weiter.

Schließlich war sie ziemlich betrunken und ließ sich von Kit mit einem Kuss überrumpeln, der ganz und gar nicht freundschaftlich, sondern leidenschaftlich, intim und erregend war. Kit presste seinen Körper an ihren, sodass sie seine Erektion an ihrem Oberschenkel spürte. Schlagartig ernüchtert, versuchte Kylie sich loszureißen, doch Kit genoss die Küsse offenbar so sehr, dass er nicht bereit war lockerzulassen.

Endlich gelang es ihr, sich zu befreien. Sie schrie ihn an. Er sei doch mit Gwyn zusammen. Dann wollte sie davonlaufen.

Kit packte sie am Arm und zwang sie, sich zu ihm umzudrehen. Sein Gesicht war gerötet.

»Hey, das war doch nur Spaß. Du brauchst dich nicht gleich so aufzuregen. Außerdem war es zwischen mir und deiner Schwester sowieso nie was Ernstes.« Er ließ sie los und breitete die Arme aus.

Seine Augen funkelten betrunken. Die beiden starrten einander an, und ein wütender Ausdruck zeigte sich in Kylies Gesicht.

»Weißt du, dass du wirklich hübsch bist, wenn du wütend wirst?«, sagte Kit und wollte sie wieder an sich ziehen.

Da Kylie es nicht für klug hielt, aus der Kneipe zu stürmen, um danach mit Kit auf der eiskalten Straße allein zu sein, zwang sie sich, die Wut zu beherrschen, die in ihr aufstieg. »Ich habe wohl ein bisschen überreagiert«, meinte sie deshalb und lächelte ihm reizend zu, während er sie mit Blicken förmlich auszog.

Bevor er wieder versuchen konnte, sie zu küssen, nahm sie ihn an die Hand und ging mit ihm, innerlich zitternd vor Zorn, zu einer Gruppe von australischen Freunden hinüber, die sich um den Billardtisch versammelt hatten und über das Skifahren fachsimpelten. Jeder wollte den anderen mit seinen Anekdoten übertreffen, wobei die Mädchen den Jungen in nichts nachstanden. Ryan, den Kylie schon seit ihrer Kindheit kannte und der inzwischen sturzbetrunken war, drückte sie an sich und küsste sie schmatzend auf den Mund.

»Nimm's mir nicht übel, Kumpel«, meinte er mit einem Blick auf Kit, der wegen des Gedränges Kylies Hand hatte loslassen müssen.

»Erinnerst du dich an das Rennen damals?«, fragte Ryan dann, legte ihr den Arm um die Schulter und schmiegte die Wange an ihre.

Kylie sah Kit an und verdrehte die Augen, als sei sie machtlos dagegen, worauf er sich mit einem Achselzucken trollte. Sie kochte immer noch vor Wut, weil Kit sich ihr so an den

Hals geworfen hatte, sodass sie dem Geplauder nur mit halbem Ohr lauschte. Doch im nächsten Moment setzte ihr Herz einen Schlag aus, denn plötzlich fiel Dannos Name.

Kylie glaubte, keine Luft mehr zu bekommen. Das Herz schlug ihr bis zum Hals, als Ryan eine Geschichte erzählte, die sie eigentlich schon eine Million Mal gehört hatte.

Kylie spürte, wie sie feuerrot anlief.

»Ich fühle mich nicht gut«, schrie sie Ryan ins Ohr. Vermutlich lag es an der Kombination aus Alkohol, lauter Musik und stickiger Luft, dass ihr tatsächlich schwummerig wurde. Allerdings war es hauptsächlich der Gedanke an Danno, der in ihr den Wunsch auslöste, die Flucht zu ergreifen. Ryans Protesten zum Trotz hastete Kylie hinaus auf die Straße und sprang in ein Taxi.

Bei ihrer Unterkunft angekommen, eilte sie durch den Personaleingang ins Haus und ging auf unsicheren Beinen die Treppe hinauf. Ihr Magen krampfte sich zusammen, während sie ungeschickt mit dem Schlüssel hantierte und schließlich ins Zimmer stürzte.

Gwyn war noch wach.

»Du siehst grauenhaft aus«, krächzte sie.

»Es geht mir prima.«

Kylie zog Stiefel und Anorak aus und legte sich voll bekleidet in das Doppelbett, das die beiden Schwestern teilten.

»Nein, das stimmt nicht. Ich hatte einen einfach abscheulichen Abend.« Sie schleuderte die Decke zurück und setzte sich, die Hand vor den Mund geschlagen, auf.

Im nächsten Moment eilte sie ins Badezimmer, wo sie sich zweimal übergab. Anschließend kroch sie stöhnend zurück ins Bett. Nachdem sie noch zweimal ins Bad gerannt war, beruhigte sich ihr Magen allmählich.

Mit geschlossenen Augen legte sie sich zurück und dachte daran, wie gekränkt Gwyn sein würde, wenn sie von Kits widerwärtigem Verhalten erfuhr. Außerdem befürchtete sie, dass sie ihn vielleicht ermutigt haben könnte.

Gwyn war schon eingeschlafen, als Kylie noch immer zusammengerollt dalag. Ihr Schädel pochte, und sie fühlte sich von Minute zu Minute elender und schuldiger, während sie Gwyns leisem Schnarchen lauschte. Schlaflos wälzte sie sich herum. Danno wollte ihr einfach nicht aus dem Kopf. Schließlich nahm sie ein paar Schmerztabletten und rüttelte dann Gwyn wach.

»Schlaf weiter«, murmelte diese.

»Gwynny, bitte wach auf. Ich kann nicht schlafen. Ich fühle mich scheußlich und muss mit dir reden«, beharrte Kylie und rüttelte ihre Schwester weiter.

Gwyn drehte sich um und schlug die Augen auf. Dann setzte sie sich widerstrebend und hörte ungläubig zu, als Kylie ihr die Ereignisse des Abends schilderte.

»Männer können solche Schweine sein«, schloss Kylie mit einem Aufschluchzen. »Wofür hält Kit mich eigentlich? Für ein Miststück, das der eigenen Schwester den Freund ausspannt? Es tut mir so Leid, Gwyn. Ich habe nichts getan, um ihn glauben zu machen …«

Gwyns Blick war stumpf.

»Das würde ich dir auch niemals zutrauen, du Dummerchen. Außerdem spielt es sowieso keine Rolle. So wichtig war er mir nicht«, log sie und drehte sich um.

Kylie betrachtete ihren Rücken.

»Wie war es eigentlich, Danno zu küssen?«, fragte sie leise.

Gwyn fuhr herum.

»Was? Wie kommst du denn darauf?«

Kylie verzog verlegen das Gesicht.

»Heute Abend in der Kneipe wurde über ihn geredet, und da … war es schön?«

»Ach, schlaf endlich!«, schimpfte Gwyn, ließ sich zurück aufs Kissen sinken und legte den Arm übers Gesicht.

Kylies unangenehmes Erlebnis mit Kit hatte ihr einen schweren Schlag versetzt. Ihre Versuche, sich einzureden, dass es sich um nichts weiter als um eine Urlaubsromanze handelte, waren kläglich gescheitert. Ihr erster Impuls war, sofort abzureisen, doch andererseits wollte sie Kylie auf keinen Fall allein lassen.

»Wie war es?«, bohrte Kylie währenddessen weiter. Sie musste es einfach wissen.

Gwyn sah ihre Schwester finster an.

»Es ist drei Uhr nachts. Ich muss morgen zum Frühdienst antreten und habe außerdem eine scheußliche Erkältung. Zu allem Überfluss hast du mir gerade eröffnet, dass mein Freund ein Dreckskerl ist. Mein Liebesleben geht dich überhaupt nichts an. Ich war ein paar Wochen lang mit Danno zusammen, und wir haben uns geküsst. Ich weiß, dass du damals für ihn geschwärmt hast. Aber das ist doch schon Jahre her! Warum musst du ausgerechnet jetzt alte Geschichten aufwärmen?« Sie drehte Kylie den Rücken zu, zog die Decke bis zum Kinn und brach in Tränen aus.

»Oh, Gwynny, es tut mir ja so furchtbar Leid«, rief Kylie erschrocken aus und wollte ihre Schwester an sich drücken.

Gwyn machte sich los und wandte sich mit tränenüberströmtem Gesicht zu ihrer Schwester um.

»Ich habe vor drei Wochen meine Stelle in der Bear's Paw Lodge verloren. Seitdem jobbe ich in einem Restaurant. Oh, Kylie, ich wollte dir nicht alles verderben, wirklich nicht.« Schluchzend schlug sie die Hände vors Gesicht. Ihre Schultern bebten.

»Was?«, rief Kylie entsetzt. »Vor drei Wochen schon? Warum hast du mir kein Wort davon gesagt?«

»Das konnte ich nicht«, weinte Gwyn. »Ich habe es einfach nicht über mich gebracht. Du hast dich so wundervoll amüsiert. Alles hat geklappt wie am Schnürchen. Ich wollte es dir nicht kaputtmachen.«

»Ich habe geahnt, dass da etwas im Busch ist«, erwiderte Kylie, die sich über sich selbst ärgerte. »Ständig habe ich mich gefragt, ob ich vielleicht etwas falsch gemacht habe, aber du hast mich ja nicht an dich rangelassen. Es war, als stünde eine unsichtbare Wand zwischen uns. Ich konnte dich nicht erreichen und hatte keine Ahnung, warum.«

Sie nahm Gwyn in die Arme.

»Mach so was nie wieder. Schließ mich nie mehr auf diese Weise aus.« Nachdem sie ihre Schwester kräftig geschüttelt hatte, drückte sie sie noch einmal fest an sich, und ihre Stimme klang ungewöhnlich entschlossen.

»Warum haben sie dir gekündigt?«, erkundigte sie sich, als Gwyn sich endlich beruhigt hatte.

»Mrs Vernons Tochter kam aus dem Ausland zurück, und deshalb wurde ich nicht mehr gebraucht«, antwortete Gwyn stockend.

»Mrs Vernon war sehr nett und hat mir einige Adressen gegeben, wo ich mich vorstellen konnte. Doch es war nirgendwo eine Stelle frei. Ach, was soll es, habe ich mir da gedacht. Es sind ja nur noch zwei Monate, bis wir nach Hause fliegen. Ich habe geglaubt, ich würde das schon durchstehen. Aber ich halte diesen Job einfach nicht aus. Er ist so langweilig.« Sie putzte sich die Nase.

»Ich hasse dieses Restaurant, ich hasse die Arbeit dort. Ich schufte mich kaputt und habe fast keine Zeit mehr zum Skifahren. Das macht mich wütend und traurig. Die Stelle in der Bear's Paw Lodge war so interessant, und dann ... bin ich einfach in ein schwarzes Loch gefallen. Nach der Kündigung gab es eigentlich nur zwei Dinge, die mich bei der Stange gehalten haben: zu sehen, dass du glücklich bist, und Kit. Was ist aus dem abenteuerlichen, aufregenden Leben geworden, das wir uns erträumt haben?« Mit einem Zipfel des Bettlakens tupfte sie die geröteten Augen.

»Allein, dass wir beide zusammen sind, war die Reise schon wert«, entgegnete Kylie mit Nachdruck.

Sie stand auf und machte für sie beide heiße Schokolade.

»Wie konntest du nur so dämlich sein?«, fuhr sie fort, nachdem sie Gwyn die dampfende Tasse gereicht hatte.

Kopfschüttelnd nahm Gwyn das Getränk entgegen.

»Keine Ahnung. Ich wollte dir den Aufenthalt nicht verderben«, wiederholte sie. »Du hast Recht: Dass wir beide zusammen sind, ist das Schönste an dieser Reise.«

Zum ersten Mal an diesem Abend lächelte sie.

»Wir haben einander viel besser kennen gelernt. Es ist, als hätte man eine Freundin, der man alles anvertrauen kann, nur viel besser ...«

»Und trotzdem hast du Geheimnisse vor mir«, schimpfte Kylie.

Da sie nun wusste, was in den vergangenen Wochen vorgefallen war, fühlte sie sich ein wenig beruhigt.

»Gwynny, du kannst manchmal so richtig bescheuert sein. Du hättest mir gar nichts verdorben. Wir hätten zusammen einen anderen Job für dich suchen können. Und was den kleinen Zwischenfall von heute Abend angeht ... um die Wahrheit zu sagen, glaube ich, dass ich allmählich dabei bin, mir die Männer abzugewöhnen.«

»Ich auch!«, stimmte Gwyn lachend zu. »Worüber wolltest du denn mit mir sprechen?«

Kylie holte tief Luft.

»Hör zu, ich weiß, dass du nicht glücklich hier bist ...«

»Jetzt rede nicht um den heißen Brei herum. Vergiss nicht, dass wir Freundinnen sind und einander alles anvertrauen können«, forderte Gwyn sie mit einem Lächeln auf.

Kylie biss in einen hart gewordenen Keks und verzog das Gesicht.

»Also gut, dann nehme ich kein Blatt vor den Mund.«

Sie erzählte Gwyn, was sie sich überlegt hatte. Es sei Verschwendung, nach Hause zurückzukehren, ohne zuvor mehr von Kanada und Amerika gesehen zu haben. Sie fügte hinzu, sie würde am liebsten ein wenig herumreisen und die nächste Skisaison wieder in Whistler verbringen.

»Das Skigebiet ist einfach unschlagbar. Wir müssen ja nicht unbedingt in Whistler selbst wohnen.« Sie ratterte die Namen einiger anderer kanadischer Wintersportorte herunter. Während sie weitersprach, versuchte sie, Gwyns Gesichtsausdruck etwas zu entnehmen. »Und bestimmt findest du wieder eine Stelle, die so interessant ist wie die in der Bear's Paw Lodge.«

Gwyn knabberte an ihrem Keks und hörte zu, war allerdings nicht sicher, was sie eigentlich wollte. Einerseits hatte sie Sehnsucht nach ihrem wohlgeordneten Zuhause, andererseits musste sie zugeben, dass sie dort eigentlich nichts erwartete. Sie war zwar unentschlossen, ob sie eine zweite Skisaison hier verbringen wollte, doch das musste schließlich nicht sofort entschieden werden. Eigentlich hatte Kylie Recht: Es wäre wirklich eine Schande, sich diese Gelegenheit, die Welt kennen zu lernen, entgehen zu lassen. Und was Kit betraf, war ihr inzwischen klar, dass sie nur verzweifelt nach einem Ersatz für Paul gesucht hatte.

Kylie legte sich hin; im Raum herrschte ein angenehmes Schweigen. Gwyn war so naiv, wenn es um Männer ging. Immer wieder verliebte sie sich Hals über Kopf und war sofort überzeugt, den »Richtigen« gefunden zu haben, ohne dem Betreffenden zunächst gründlich auf den Zahn zu fühlen. Außerdem nahm sie jedes Kompliment für bare Münze.

Kylie hatte den Eindruck, dass Gwyn viel zu sehr nach Liebe suchte, obwohl sie das doch eigentlich gar nicht nötig hatte.

Gwyn seufzte auf.

»Ich hab dich lieb, kleine Schwester«, sagte sie in die Dunkelheit hinein. Dann fügte sie, ein wenig leiser, hinzu: »Es war klasse ... du weißt schon, Danno.«

Kylie war nicht sicher, ob sie mehr darüber hören wollte.

Es schneite die ganze Nacht lang und hörte auch den ganzen folgenden Tag über nicht auf. Drei Tage später, als Kylie sich auf den Weg zur Arbeit machte, fielen immer noch dicke Flocken, und am Himmel hingen schwere Schneewolken. Trotz des eisigen Windes und des wenig Besserung verheißenden

Wetterberichts machte Kylies Herz beim Anblick ihrer kleinen Schüler, die aufgeregt auf den Beginn der Stunde warteten, einen freudigen Satz. Warm eingemummt und die kecken Gesichter hinter Schutzhelmen und Skibrillen verborgen, reckten sie mit vor Kalte geröteten Wangen die behandschuhten Hände in die Luft und haschten fröhlich nach Schneeflocken.

Nachdem Kylie alle Skier und Skistiefel kontrolliert hatte, dirigierte sie ihre zwölf kleinen Entlein mit dem Schlepplift den Anfängerhügel hinauf. Sie ließ sie ein paar spielerische Aufwärmübungen machen und anschließend im Schneepflug langsam hinter sich herfahren. Mit weit ausholenden Armbewegungen rief sie ihnen Anweisungen zu, achtete darauf, dass sie dicht beieinander blieben, und erinnerte sie immer wieder daran, dass sich die Skispitzen beim Pflugfahren berühren mussten. Bei jeder Kurve machte sie ihren Schützlingen geduldig vor, wie man das Gewicht erst auf die eine, dann auf die andere Seite verlagerte. Die Kinder ahmten sic nach, lehnten sich von einem Ski auf den anderen und strahlten, wenn sie dafür kräftig gelobt wurden.

Kylie behielt das Wetter im Auge, das sich zusehends verschlechterte. Schon nach zwanzig Minuten betrug die Sichtweite nur noch wenige Meter. Der Wind frischte auf, sodass die Kinder sich mühsam gegen ihn anstemmen mussten. Als eine Böe die kleine Tammy, das zierlichste, aber auch mutigste Kind in der Gruppe, umwarf, brach das Mädchen in Tränen aus und weigerte sich aufzustehen. Kylie kam zu dem Ergebnis, dass es das Beste war, für heute Schluss zu machen. Sie wies die Kinder an, sich bei den Händen zu halten und nicht mehr loszulassen. Dann eilte sie zu Tammy hinüber.

Inzwischen herrschte ein regelrechter Schneesturm, und Kylie wünschte, sie hätte schon früher das Handtuch geworfen. Sie hob das kleine Mädchen auf, stellte es zwischen ihre Beine und fuhr dann, so schnell sie es wagte und gefolgt von ihrer Gruppe, den Hügel hinunter zu dem nahe am Anfängerhügel gelegenen Hotel. Dort half sie den Kindern rasch aus der Bindung und scheuchte sie hinein.

Angenehm warme Luft schlug ihr entgegen. In die große Hotelhalle polternd, wies Kylie alle an, die Stiefel und die tropfnassen Anoraks und Skihosen auszuziehen. Wasserpfützen bildeten sich auf den Fliesen. Die Kinder hatten ganz blaugefrorene Wangen.

Kylie wandte sich an den Empfangschef und bat ihn, ohne auf seine verdatterte Miene zu achten, die Skischule anzurufen und zu melden, dass ihr Kurs in Sicherheit war, bevor man vielleicht noch einen Suchtrupp losschickte. Anschließend führte sie ihre kleinen Schützlinge in den geräumigen Speisesaal und über den weichen Teppich zum Kaminfeuer. Dort ließ sie sie im Kreis Platz nehmen und erklärte ihnen, dass ihre Eltern nicht im Schnee verloren gehen, sondern sie bald abholen würden. Dann fing sie an, mit ihnen auf dem Teppich die richtige Skiführung zu üben.

Kylie war so in das Spiel versunken und freute sich über die rasche Auffassungsgabe der Kinder, dass sie die Zeit ganz vergaß. Plötzlich sprang die kleine Bethany auf und lief »Mommy, Mommy!« rufend durch den Raum.

Kylie blickte auf und stellte fest, dass sie von Eltern umringt war, die sie aufmerksam beobachteten.

»Gut, das war es für heute! Wenn morgen die Sonne scheint, wiederholen wir das Ganze im Schnee«, verkündete Kylie, klatschte in die Hände und lächelte den Kindern zu.

Auf den Fersen kauernd, winkte sie ihren Schülern freundlich nach. Nachdem der letzte ihrer Schützlinge auf dem Arm seiner Eltern verschwunden war, versetzte es ihr einen Stich ins Herz, und sie war fester denn je entschlossen, Gwyn zu einer zweiten Saison zu überreden. Seufzend streckte sie die Beine und berührte die Zehen mit den Fingerspitzen. Bevor sie sich aufrichtete, stellte sie fest, dass sie großen Hunger hatte.

»Verzeihung«, hörte sie da eine Stimme. »Ich sitze schon

seit einer halben Stunde hier und beobachte Sie gebannt. Könnten Sie mir erklären, was genau Sie da gemacht haben?«

Kylie sah hoch und bemerkte einen gut gekleideten Mann Mitte Vierzig, der sie mit freundlichen grauen Augen anblickte. Sein dichtes dunkles Haar wies einige graue Strähnen auf. An dem gedrungenen kleinen Finger seiner linken Hand steckte ein großer Siegelring.

Kylie errötete leicht und stand auf. Über dem Spielen mit den Kindern hatte sie ganz vergessen, dass sie sich mitten im Speisesaal eines Hotels befand.

»Ich bringe ihnen das Skifahren bei«, erwiderte sie und versuchte dabei, das Knurren ihres Magens zu unterdrücken.

»Auf dem Teppich?«, verwunderte sich der Mann.

»So habe ich es auch gelernt. In Australien ist die Skisaison ziemlich kurz, und deshalb muss man improvisieren. Meine Lehrerin hat mir damals das Meiste ohne Schnee beigebracht.«

»Erstaunlich!« Der Mann musterte sie nachdenklich. »Sie arbeiten diese Saison in der Whistler-Skischule.«

Das war weniger eine Frage als eine Feststellung.

»Hmmm. Sie können wirklich gut mit den Kleinen umgehen. Es ist nicht leicht, sie so lange bei der Stange zu halten.«

Er hielt ihr die Hand hin.

»Michael Klein.«

»Kylie Harris. Ich habe eine Schwäche für Herausforderungen«, fuhr sie fort, während sie ihm lächelnd die Hand schüttelte.

Sie plauderten eine Weile über das Wetter und das Verhalten der Kinder auf der Piste. Kylie spürte, dass sie wieder errötete, als sie sah, wie sein Blick über sie hinwegglitt. Michael Klein war ein sehr attraktiver und sympathischer Mann, hatte allerdings etwas an sich, das ihr Misstrauen erregte.

Zwei Tage später begegnete sie ihm wieder, als er sie und ihren Kurs beobachtete. Er winkte ihr fröhlich zu und lud sie nach dem Unterricht ein, etwas mit ihm trinken zu gehen. Da sie ohnehin Hunger hatte, nahm sie an und unterhielt sich mit ihm über Nebensächlichkeiten, während sie auf Skiern zu einem nahe gelegenen Hotel fuhren.

»Wahrscheinlich fragen Sie sich, warum ich mich so für Ihren Skiunterricht interessiere«, meinte Michael, während Kylie sich an einer Schale heißer Suppe gütlich tat.

Nachdem er zwei Löffel Zucker in seinen großen Cappuccino gegeben hatte, lehnte er sich zurück und musterte sie forschend.

Kylie sah wohl die gewinnende Wärme in seinen grauen Augen. Trotzdem wurde sie ihren ursprünglichen Argwohn nicht los.

Wenn er mich anbaggern will, verschwendet er seine Zeit, dachte sie, während sie ein großes Stück von ihrem knusprigen Brötchen abbrach, es in die Suppe tunkte und genüsslich hineinbiss. Vom Skifahren bekam sie immer einen Riesenappetit.

»Ich möchte Ihnen ein Angebot machen, Miss Harris«, begann Michael. »Und zwar zu gewiss viel besseren Bedingungen als in Whistler, obwohl ich natürlich nichts gegen diese ausgezeichnete Skischule sagen möchte. Um es kurz zu machen, Miss Harris: Ich will Sie abwerben und mit nach Aspen nehmen.«

Kylie schüttelte ungläubig den Kopf.

»Ach ja?«, erwiderte sie zögernd, mit dem Löffel auf halbem Weg zum Mund.

Offenbar hatte Michael Klein in den wenigen Tagen seit ihrer ersten Begegnung keine Zeit verloren und sich eingehend über Kylie, ihre Qualifikationen und ihre Vergangenheit erkundigt, was in ihr ein leicht unbehagliches Gefühl auslöste.

»Ich habe drei Kinder im Alter von vier, sieben und neun Jahren und möchte, dass Sie ihnen das Skifahren beibringen. Ich versichere Ihnen, dass sich das für Sie lohnen wird.«

Michael war auf einmal ganz Geschäftsmann.

»Mir gehört eines der größten Hotels in Aspen, und die Kinder sind genau im richtigen Alter, um das Skifahren zu lernen. Marie – das ist meine Frau – würde ihnen gern Privatunterricht erteilen lassen.« Er hielt kurz inne. »Selbstverständlich würde ich mich auch darum kümmern, dass Sie in den Vereinigten Staaten eine Arbeitsgenehmigung erhalten.«

Michael besuchte in Whistler eine zweimal jährlich stattfindende Fachtagung. Eigentlich hatte er mit der Suche nach einem Skilehrer noch gar nicht begonnen, doch seit er Kylie bei der Arbeit zugesehen hatte, stand sein Entschluss fest. Dass er auf diese Weise auf eine attraktive junge Frau mit ausgezeichneten Manieren gestoßen war, machte die Sache für ihn nur umso angenehmer.

Nachdem er seine Trumpfkarte ausgespielt hatte und Kylie abwartend ansah, stellte er zu seinem Erstaunen fest, dass sie nicht sehr begeistert schien.

»Ihnen ist doch sicher klar, wie schwierig es ist, eine Arbeitserlaubnis für die USA zu bekommen?«

»Aber natürlich, und ich freue mich wirklich über Ihr Angebot, Mr Klein … Es kommt nur ein wenig – wie soll ich sagen – überraschend«, stammelte Kylie verlegen.

Die Hände in den Taschen seiner wattierten Skijacke, lehnte Michael sich zurück und betrachtete Kylie zufrieden. »Selbstverständlich, wie dumm von mir. Ein wildfremder Mensch wühlt in Ihrer Vergangenheit herum, fällt mit der Tür ins Haus und bietet Ihnen aus heiterem Himmel einen Job an. Ich fände es eher merkwürdig, wenn Sie sich nicht über mich erkundigen würden. Schauen Sie …«

Er reichte ihr seine Visitenkarte, zog dann eine zerfledderte Pistenkarte der Umgebung aus der Tasche und kritzelte zwei Namen auf die Rückseite.

»Sprechen Sie mit diesen Leuten. Sie werden Ihnen sämtliche Fragen beantworten.« Er gab Kylie die Karte. »Sie können sie alles fragen, was Sie wissen wollen. Die beiden kennen mich seit Jahren.«

Kylie warf einen Blick auf die Namen. Der eine war der Direktor der Whistler-Skischule, der andere ein leitender Skilehrer.

»Wann brauchen Sie meine Antwort?«, erkundigte sie sich, inzwischen ein wenig beruhigt. »Die Sache ist nämlich die, dass ich eigentlich mit meiner Schwester ein paar Monate herumreisen wollte und noch keine genauen Pläne habe. Wir wissen noch nicht einmal, wo wir die nächste Saison verbringen werden. Aber ich hätte große Lust dazu.«

Der letzte Satz war ihr unwillkürlich herausgerutscht.

»Lassen Sie sich ruhig Zeit«, erwiderte Michael mit einer großzügigen Geste.

»Sie haben meine Karte. Sprechen Sie mit diesen beiden Leuten, und wenn Sie sich entschieden haben, rufen Sie mich einfach an. Ihre Schwester – Gwyn, richtig? – hat doch eine Zeit lang in der Bear's Paw Lodge gearbeitet. Ich kenne die Besitzer«, fügte er hinzu, als er Kylies argwöhnischen Blick bemerkte. »Ed Vernon hat mir bei einem Bier erzählt, was für eine tüchtige Mitarbeiterin Gwyn ist. Bestimmt finden wir auch etwas für sie.«

Mit einem höflichen Nicken steckte Kylie die Karte ein.

»Vielen Dank, aber ich bin nicht sicher, ob wir eine weitere Saison bleiben. Meine Schwester hat sich noch nicht entschieden.«

Als sie aufstand, hätte sie gern noch etwas hinzugefügt, wusste allerdings nicht, warum sie zögerte. Eigentlich wäre es doch ein Jammer gewesen, sich so eine Gelegenheit entgehen zu lassen.

»Wie schade«, meinte Michael im Aufstehen. »Falls Sie es sich anders überlegen, haben Sie ja meine Karte.«

Sie schüttelten sich die Hand, und Kylie eilte in ihre Unterkunft zurück. Fast bereute sie es, dass ihre Antwort so ablehnend ausgefallen war. Sie nahm sich vor, Nachforschungen über Michael Klein anzustellen, um herauszufinden, ob man dem Mann trauen konnte.

Doch ihre Grübeleien über Michael und Aspen waren schlagartig wie weggeblasen, als sie hereinkam und und Gwyn tränenüberströmt am Telefon antraf.

»Wer ist dran?«, flüsterte sie.

»Mum«, schluchzte Gwyn.

Da sie sich noch immer nicht von den letzten scheußlichen Wochen erholt hatte, war sie von Heimweh überwältigt worden, als sie die Stimme ihrer Mutter hörte.

Kylie nahm ihr den Hörer aus der Hand, wechselte ein paar fröhliche Worte mit ihrer Mutter und versicherte ihr, dass es ihnen beiden gut ginge. Gwyn habe in letzter Zeit nur ein paar Schwierigkeiten gehabt. Nachdem die beiden Schwestern noch eine Weile mit ihrer Mutter geplaudert hatten, legten sie schließlich auf.

In ihrem Zimmer ließ Kylie sich aufs Bett fallen.

»Wenn du wirklich nach Hause willst, fliegen wir, Gwynny«, meinte sie und bemühte sich um einen aufrichtigen Ton.

In Wirklichkeit aber wurmte es sie, auf das Herumreisen verzichten zu müssen. Und so fing sie kurz darauf an, auf Gwyn einzureden – schließlich seien es nur noch ein paar Wochen, und eine solche Gelegenheit würde sich so rasch nicht wieder ergeben.

»Mum hat genau dasselbe gesagt. Ich solle meine Flügel ausbreiten, solange ich das noch könne«, gab Gwyn mit hängenden Schultern zu. Dann wischte sie sich die Augen und schniefte.

»Du hast Recht. Ihr beide habt Recht. Mum hat sogar vorgeschlagen, sie würde uns Geld schicken, wenn wir welches bräuchten. Ich habe einfach einen schlechten Tag heute. Vielleicht hätte ich nicht anrufen sollen, aber ich musste einfach ihre Stimme hören. Offenbar fühlen unsere Eltern sich auf Dunk Island pudelwohl.«

Sie seufzte auf.

»Ich vermisse Mum so sehr.«

Mit einem zittrigen Lächeln griff sie nach einem Stapel Broschüren, der auf einem Stuhl lag.

»Wollen wir uns noch mal die Fotos vom Grand Canyon anschauen?«

Während sie die Hochglanzaufnahmen betrachteten, fragte sich Kylie, ob sie Gwyns Wankelmütigkeit je verstehen würde.

Bald debattierten sie heftig, wie lange sie an welchem Ort bleiben wollten. Und drei Wochen später packten sie ihre Sachen und nahmen Abschied von Whistler.

8

Das Reiseabenteuer machte den beiden Mädchen viel mehr Spaß, als Kylie oder Gwyn es sich vorher ausgemalt hatte. Zu Kylies großer Erleichterung besserte sich Gwyns Stimmung rasch, und die beiden Schwestern amüsierten sich großartig.

Zuerst sahen sie sich den kanadischen Teil der Rocky Mountains an und bereisten dann einen Teil der Vereinigten Staaten mit dem Bus. Dabei lernte sie viele gleichaltrige Rucksacktouristen kennen und verbrachten zwei wundervolle Monate. Der Grand Canyon sollte der Höhepunkt ihrer Reise werden.

Kylie betrachtete die kahlen Felswände, die von der untergehenden Sonne in einen rosigen Schein getaucht wurden. Plötzlich hatte sie einen Kloß im Hals und verspürte eine starke Sehnsucht nach ihrem Zuhause. Als die Sonne am Horizont unterging und die Schlucht eine unheimliche graue Färbung annahm, warf sie einen Blick auf Gwyn und hoffte, dass ihre Schwester nicht wieder einen Anfall von Heimweh bekommen würde.

Auf dem Rückweg zum Bus stieß Gwyn plötzlich einen Freudenschrei aus und rannte winkend auf eine junge Frau zu, die hinter einem der anderen Busse zum Vorschein kam. Kylie, die ihrer Schwester nacheilte, erkannte Tiffany Grace, eine Freundin aus Whistler. Tiffany lud die beiden Mädchen sofort ein, den Sommer auf der Ranch ihrer Eltern zu verbringen.

Kylie und Gwyn unternahmen Spaziergänge auf dem gewaltigen Besitz, lernten Tiffanys Freunde kennen, besuchten Partys, genossen die Faulheit und merkten gar nicht, wie der wunderschöne Sommer verging. Ein Tag folgte auf den anderen, und die Wochen sausten dahin wie im Flug.

Die ersten kühlen Herbstwinde wehten, und Tiffany schickte sich an, an die Universität zurückzukehren. Also verabschiedeten sich die Schwestern widerstrebend von der Familie Grace und gingen wieder auf Wanderschaft.

Ihr nächstes Ziel war San Francisco, die letzte Station vor der für Mitte Oktober geplanten Rückkehr nach Hause. Zwei Tage lang erkundeten sie die Stadt, fuhren an ihrem letzten Ferientag mit dem berühmten Cable Car den Nob Hill hinauf und waren begeistert, als die Straßenbahn wie der Waggon einer Achterbahn auf der anderen Seite hinunterratterte. Sie stiegen aus, und Kylie steckte die Hände tief in die Jackentaschen, um sie zu wärmen, wobei sie Gwyn zufrieden zugrinste.

Während sie Fisherman's Wharf entlangschlenderten, spielte Kylie mit einer Visitenkarte in ihrer Tasche herum. Da die letzten Monate so wunderbar gewesen waren, hätte sie Gwyn am liebsten vorgeschlagen, die nächste Saison nun doch in Kanada zu verbringen. Aber sie wusste, wie sehr Gwynn sich nach Australien sehnte. Kylie hingegen konnte es kaum ertragen, ihrem Ziel so nah und doch so fern zu sein.

Sie zog die Visitenkarte aus der Tasche und warf einen Blick darauf: »Michael Klein«. Es dauerte eine Weile, bis sie den Namen einordnen konnte. Sie wollte die Karte schon zusammenknüllen und in den nächstbesten Papierkorb werfen. Aber dann zögerte sie und ließ sie weiter durch die Finger gleiten. Was wäre, wenn ...?

»Wo möchtest du zu Mittag essen? Ich verhungere. Und dann kümmern wir uns am besten um unseren Rückflug.«

Gwyn blieb stehen, als sie Kylies Miene bemerkte.

»Was ist?«, erkundigte sie sich und riss ihrer Schwester die Karte aus der Hand.

»Wer ist Michael Klein?«, fragte sie dann neugierig.

»Erinnerst du dich an den Tag, an dem wir den schlimmen

Schneesturm hatten? Ein Mann hatte mich beobachtet, als ich im Hotel die Kleinen unterrichtet habe. Anschließend hat er mir angeboten, in der nächsten Saison seinen Kindern Skistunden zu geben. Das war Michael Klein.« Sie nahm die Karte zurück, faltete sie zwei Mal und steckte sie wieder ein. »Er wohnt in Aspen.«

»Aspen? Wirklich?«, hakte Gwyn, auf einmal interessiert, nach. »Und warum hast du diesen Michael Klein mir gegenüber nie erwähnt?«

»Ich habe es vergessen«, erwiderte Kylie wahrheitsgemäß.

Dann erzählte sie Gwyn, wie sie herausgefunden hatte, dass Michael Klein einer der reichsten Männer in Aspen war. Er besaß einige Hotels in der Gegend, deren Gästeliste sich wie das »Who's Who« Hollywoods las.

»Offenbar gehört ihm das größte Hotel am Platz. Warum zum Teufel kann er also nur wollen, dass ich seinen Kindern das Skifahren beibringe ... Für dich wollte er auch einen Job finden und uns außerdem Arbeitsgenehmigungen besorgen. Das alles klang zu gut, um wahr zu sein.«

Kylie hielt inne und sah ihre Schwester an – hin- und hergerissen zwischen dem ursprünglichen Plan, nach Hause zu fliegen, und ihrem Wunsch, Gwyn zu einer weiteren Saison zu überreden.

»Vielleicht sollte ich ihn zwingen, Farbe zu bekennen«, meinte sie leichthin. »Ich wette um jeden Betrag, dass er keine Ahnung mehr hat, wer wir beide sind. Das könnte lustig werden.«

»Und wenn er sich doch erinnert?«, meinte Gwyn, deren Miene sich verfinsterte.

»Das tut er ganz sicher nicht. Schau, das war doch nur ein Scherz. Es steckt nichts weiter dahinter.«

»Und wenn er das trotzdem anders sieht?«, beharrte Gwyn.

»Ich könnte bleiben, und du fliegst nach Hause.«

»Kommt überhaupt nicht in die Tüte, dass ich dich mit einem unverschämt attraktiven und verheirateten Amerikaner allein lasse. Mum würde mir den Kopf abreißen. Schließlich habe ich Anweisung, auf dich aufzupassen.«

»Dann musst du eben auch bleiben«, erwiderte Kylie erheitert.

»Aspen soll ja ein todschicker Skiort sein. Ich hätte nichts dagegen, einen Blick zu riskieren«, antwortete Gwyn, einen Hauch von Sehnsucht in der Stimme.

»Zeig mir die Karte. Eindeutig teures Papier«, stellte sie fest, nachdem sie sie entfaltet hatte und mit dem Finger über die leicht erhabene dunkelblaue Schrift gefahren war. Mit funkelnden Augen sah sie Kylie an.

»Wer nicht wagt, der nicht gewinnt, wie unsere Mutter immer sagt. Ruf ihn an. Wenn er unser Flugticket bezahlt und uns mit einer Limousine vom Flughafen abholen lässt, bin ich dabei«, verkündete sie und versetzte Kylie einen spielerischen Rippenstoß.

Bevor ihre Schwester Zeit hatte, es sich anders zu überlegen, trat Kylie in die nächstbeste Telefonzelle und wählte. Gwyn zwängte sich mit ihr hinein. Michaels Sekretärin meldete sich und reagierte so kühl und abweisend, dass Kylie am liebsten sofort aufgelegt hätte.

Kichernd wie zwei Schulmädchen warteten sie, bis sie durchgestellt wurden und Michael persönlich an den Apparat kam.

»Kelly! Wie nett von Ihnen zu hören. Kann ich Ihnen irgendwie helfen?«, meinte er freundlich.

»Ich heiße Kylie, Kylie Harris«, verbesserte sie ihn kühn und erinnerte ihn dann rasch an den Ort ihrer Begegnung und an sein Angebot.

»Siehst du, ich habe dir ja gesagt, dass er sich nicht mehr an mich erinnert«, flüsterte sie Gwyn zu, die Hand über die Sprechmuschel gelegt.

Gwyn presste die Wange an die ihrer Schwester und spitzte die Ohren. Die beiden Mädchen mussten ein Lachen unterdrücken, während sie darauf warteten, rasch abgewimmelt zu werden. Doch dazu kam es nicht. Ehe sie sich versahen, hatte Michael sie nicht nur dazu überredet, für ihn zu arbeiten, sondern ihnen außerdem Flugtickets nach Aspen angeboten.

Er würde sie von einem Angestellten seines Hotels vom Flugplatz abholen lassen. Seine Sekretärin erhielt Anweisung, die günstigsten Flugzeiten herauszusuchen. Nach dem Telefonat starrten Kylie und Gwyn einander an.

»Was machen wir jetzt bloß?«, rief Kylie aus.

»Den Flieger nach Aspen nehmen«, erwiderte Gwyn lässig.

»Ich dachte, du wolltest nach Hause.«

»Wie kann ich Nein zu Aspen sagen, dem schicken Spielplatz der Superreichen?«

Kylie betrachtete sprachlos ihre Schwester, und die beiden Mädchen brachen in Gelächter aus.

Die Gondola Lodge war größer und eleganter, als Kylie und Gwyn es sich in ihren kühnsten Träumen ausgemalt hatten. Ihnen schwirrte nach dem Flug in der Businessclass und der Fahrt in der Hotellimousine vom Flughafen hierher immer noch die Kopf, als sie dem Portier in das teure, im viktorianischen Stil erbaute Hotel folgten.

Dort wurden sie von der Geschäftsführerin begrüßt, einer stämmigen, ein wenig umständlichen Frau, die ihnen erklärte, Mr Klein gebe gerade ein Abendessen im engen Kreis von etwa zweihundert Gästen im großen Ballsaal. Dann erläuterte sie ihnen rasch die Aufteilung des Hotels und die Lage der Personalkantine. Anschließend zeigte sie den Mädchen ihre Zimmer, teilte ihnen mit, Michael werde sie am Morgen empfangen, und hastete davon.

Kylie und Gwyn starrten einander verdattert an. Ihre Zimmer, getrennt von einem breiten Flur, waren riesengroß und verfügten jeweils über ein eigenes Bad. Sie unterschieden sich nur durch die Farbgebung: Kylies war blau und gelb ausgestattet, das von Gwyn grün und magentafarben.

»Zwick mich, damit ich weiß, dass ich nicht träume!«, rief Kylie.

Nachdem sie ihre Tasche vorsichtig auf einem hübschen Polstersessel abgestellt hatte, fing sie an, das Zimmer zu erkunden, öffnete Schränke und Schubladen und warf einen Blick aus dem Fenster, das, wie sich herausstellte, auf die Rückseite eines anderen Hotels hinausging.

»Tja, man kann eben nicht alles haben«, meinte sie grinsend und begann mit dem Auspacken.

Eine halbe Stunde später machten die beiden sich auf die Suche nach etwas Essbarem. Dabei nahmen sie versehentlich den falschen Lift und landeten auf der Etage, wo der Empfang stattfand. Während Gwyn nervös am Aufzug wartete und ihrer Schwester zuzischte, sie solle zurückkommen, konnte Kylie der Versuchung nicht widerstehen und warf einen Blick in den Ballsaal.

Versteckt im Schatten, beobachtete sie, wie die Türen auf und zu schwangen und Kellner mit Platten voll köstlicher Speisen und Tabletts mit Champagnerflöten hinaus- und hineingingen.

»Ich schwöre dir, ich habe Pierce Brosnan gesehen«, flüsterte Kylie und hastete zu Gwyn zurück, die sie rasch in den Lift schubste und auf den Knopf drückte.

»Wenn du weiter herumschnüffelst, werden wir noch rausgeschmissen, bevor wir richtig angefangen haben«, tadelte sie, doch ihre Augen funkelten aufgeregt.

»Offenbar amüsierst du dich«, stellte Kylie erfreut fest.

»Und du anscheinend nicht, was?«, gab Gwyn zurück.

Am nächsten Morgen wurden die Mädchen in Michaels elegant ausgestattetes Büro gerufen. Er umrundete den Schreibtisch mit der lederüberzogenen Platte, um sie freundlich zu begrüßen und ihnen beiden die Hand zu schütteln. Gwyn lächelte schüchtern. Kylies Herz begann aufgeregt und besorgt zu klopfen, denn sie bekam schon wieder Zweifel, worauf sie sich da eingelassen hatten.

Sie schob ihren Argwohn beiseite, als Michael sich entschuldigte, weil er am Vorabend keine Zeit für sie gehabt hatte. Dann erkundigte er sich, offensichtlich in dem Versuch, die Stimmung aufzulockern, ob sie eine gute Reise gehabt hätten.

»Ich hätte nie gedacht, dass Sie Ihr Angebot ernst meinen«, platzte Kylie heraus.

Im nächsten Moment lief sie feuerrot an und verstummte, weil das so kindisch geklungen hatte. Sie warf Gwyn einen dankbaren Blick zu, als diese rasch für sie in die Bresche sprang, sich höflich bei Michael für die Flugtickets bedankte und anschließend von ihren Reisen erzählte.

Nachdem Kylie sich wieder von dem Schrecken erholt hatte, beteiligte sie sich ebenfalls am Gespräch und stellte einige sachliche Fragen zu ihren Aufgaben in der Gondola Lodge.

Die Skisaison würde erst in drei Wochen beginnen, und obwohl die Schneekanonen schon fleißig bei der Arbeit waren, konnten die Pisten noch nicht befahren werden. Außerdem hielten sich die Kinder und ihre Mutter noch in Boston auf.

»Wir pendeln zwischen Aspen und Boston. Maries Familie stammt aus Boston, und die Kinder besuchen dort die Schule. Das vereinfacht die Sache«, erklärte Michael. »Den Winter verbringe ich mehr oder weniger vollständig in Aspen. Für Sie, Kylie, habe ich am Mittwoch einen privaten Prüfungstermin bei der Skischule am Ort vereinbart. Das ist nur eine Formalität. Ich habe zwar keine Zweifel an Ihren Fähigkeiten, aber Sie brauchen eine offizielle Lizenz. Also sollten Sie sich zuvor mit den Pisten vertraut machen. Marie bringt die Kinder mit, aber Sie werden sie sicher nicht anstrengend finden.«

Mit einem kurzen Auflachen wandte er sich an Gwyn, und als sein Blick kurz an ihrem Gesicht hängen blieb, errötete sie.

»Miss Harris, auch Ihre Dienste können wir sofort gebrauchen. Eine meiner am meisten geschätzten Mitarbeiterinnen geht in die Babypause, und wir haben alle Hände voll zu tun. Wir in der Gondola Lodge sind wie eine große Familie, und ich hoffe, dass Sie Ihre Zeit bei uns genießen«, schloss er, und Gwyn errötete noch heftiger.

Kylie sah aus dem Fenster und betrachtete die Pisten mit ihrer dünnen Schneedecke. Dann drehte sie sich wieder zu Gwyn um. Sie freute sich so sehr aufs Skilaufen, dass sie alle Zweifel beiseite schob.

Gwyn fühlte sich an ihrem Arbeitsplatz in der Hotelbuchhaltung pudelwohl, und Kylie, die die Einstellungsprüfung natürlich bestand, unterrichtete schon am nächsten Tag ihren ersten Kurs. Trotz der dünnen Schneedecke machte es ihr großen Spaß, die Pisten zu erkunden. Doch während in der dritten Novemberwoche endlich richtiger Neuschnee fiel, erhielt sie einen Dämpfer, der sie unsanft auf den Boden der Tatsachen zurückbeförderte.

Sie wurde in Mrs Kleins riesiges Wohnzimmer gerufen und fühlte sich wie in einer Filmkulisse. Die langen Beine übereinander geschlagen, saß Marie Klein mitten im Raum auf einem der beiden riesigen cremefarbenen Sofas, die beinahe in dem dicken, ebenfalls cremefarbenen Teppichboden versanken. Rings um sie herum lagen Kissen, auf denen sich Zeitungen und Zeitschriften stapelten.

Maries makelloses herzförmiges Gesicht wurde von schimmerndem, nach der neuesten Mode geföhntem Haar umrahmt. Lange rosafarbene Fingernägel – ein Farbton, der genau dem ihres Lippenstifts entsprach – klopften ungeduldig auf die Tischplatte aus Rauchglas, wo zwei Zigarettenpäckchen und ein goldenes Feuerzeug lagen.

Der restliche Raum war mit ebenholz- und goldfarbenen Kommoden, teuren Vasen und weiteren Rauchglastischen möbliert. Echte Gemälde, die vermutlich ein Vermögen gekostet hatten, schmückten die Wände. Die großen Panoramafenster wurden von dicken Samtvorhängen in Rostrot und Gold umrahmt. Sie gingen auf die Pisten seitlich des Hotels hinaus und waren geschickt vor neugierigen Blicken geschützt. Ehrfürchtig betrachtete Kylie die vor ihren Augen zur Schau gestellte Extravaganz.

Marie Klein, Michaels zweite Frau, war eine schöne und verwöhnte Frau mit harten Gesichtszügen. Sie war Ende Dreißig, hoch gewachsen, mit Gold und Diamanten behängt, ohne dabei billig zu wirken, und hatte ein Faible für Designermode und teuren Schmuck. Obwohl sie stets die modernste Skibekleidung trug und in den reichsten Häusern und den besten Hotels von Aspen verkehrte, machte sie einen großen Bogen um die Pisten.

Heute war sie mit einer ausgesprochen schicken weißen Hose und einem lässigen, aber teuren rosafarbenen Kaschmirpullover bekleidet. Nachdem sie eine Mentholzigarette aus einem Päckchen genommen hatte, zündete sie sie mit dem goldenen Feuerzeug an. Dann bedeutete sie Kylie, in dem cremefarbenen Polstersessel ihr gegenüber Platz zu nehmen.

»Michael sagt, dass Sie ein Händchen dafür haben, Kindern das Skifahren beizubringen«, begann sie in ihrem angenehmen Bostoner Akzent. Als sie eine Wolke Zigarettenrauch zur Decke pustete, war am Mundstück ein deutlicher rosafarbener Abdruck zu sehen. Ihre grauen Augen waren so eisig wie die ihres Mannes warm, und ihr Lächeln wirkte gekünstelt.

Kylie versank zu tief in den weichen cremefarbenen Polstern, verlor fast das Gleichgewicht und errötete. Rasch rutschte sie nach vorne an die Sesselkante und lächelte Mrs Klein tapfer zu.

»Ich arbeite gern mit Kindern. Sie sind so lebendig. Wir hatten in Whistler eine Menge Spaß.«

»Meine Kinder lernen sehr schnell«, fuhr Mrs Klein fort, als hätte Kylie kein Wort gesagt. Dann erläuterte sie Kylie in allen Einzelheiten, was sie von ihr als Skilehrerin erwartete: Die Kinder sollten Fairness lernen. Hillary, die Jüngste, die nah am Wasser gebaut hatte, durfte sich auf keinen Fall aufregen. Brad müsse man den Respekt erweisen und den Raum geben, der ihm als Michaels ältestem Sohn zustand. Marie drückte die zweite halb gerauchte Mentholzigarette im dem schweren gläsernen Aschenbecher aus und griff nach der dritten, die sie allerdings nicht sofort anzündete.

In diesem Moment öffneten sich die Flügeltüren, und die Kinder stürmten herein. Begleitet wurden sie von ihrem Kindermädchen, einer streng wirkenden jungen Engländerin, die schätzungsweise Ende Zwanzig war.

Marie ließ Zigarette und Feuerzeug klappernd auf den Tisch fallen und sprang mit einem Freudenschrei auf, bückte sich und breitete die Arme aus, als Brad, Lisa-Jane und Hillary auf sie zurannten. Sie zog die beiden älteren Kinder an sich, überhäufte sie mit Küssen und hielt dann schlagartig inne, um das Kindermädchen finster anzusehen.

Die junge Frau lief feuerrot an, nahm Hillary rasch den Lutscher aus dem Mund und wischte ihr die Finger ab. Nachdem ihre Kleider vor den klebrigen Händen ihrer Tochter in Sicherheit waren, umarmte Marie auch Hillary, worauf die zierliche Vierjährige sofort begann, auf und ab zu springen. Sie verlangte zu wissen, was für Geschenke ihre Mutter ihr mitgebracht habe.

Brad und Lisa-Jane bemerkten, dass Hillary mehr Aufmerksamkeit erhielt als sie, und fingen an, auf dem Sofa herumzutoben und Zuwendung zu fordern. Währenddessen wirbelte Hillary um die eigene Achse, um sich ihrer Mutter zu präsentieren, und wurde dabei immer überdrehter, bis sie zu guter Letzt stürzte und sich das Kinn am Glastisch anschlug. Mit einem Schmerzensschrei ließ sie sich auf den Boden fallen und blieb dort reglos liegen.

Marie rief in Panik nach dem Kindermädchen, nahm Hillary in die Arme, strich ihr das Haar aus dem tränennassen Gesicht und brachte sie dazu, sich aufzusetzen. Dann küsste sie sie wieder von oben bis unten ab und ermahnte die anderen beiden vergeblich, sich zu benehmen und besser auf ihre kleine Schwester Acht zu geben. Währenddessen buhlte Hillary weiter um die Aufmerksamkeit ihrer Mutter, indem sie sich laut schluchzend an sie klammerte, worauf Brad und Lisa-Jane noch wilder zu toben begannen.

Noch nie hatte Kylie gesehen, dass Ruhe und Frieden so schnell in das absolute Chaos umkippen konnten.

»Ja, ja, du bist Mummys kleiner Liebling«, säuselte Marie und tröstete Hillary, die immer noch so heftig weinte, dass ihre kleinen Schultern bebten. »Nanny macht mit dir eine Schlittenfahrt, mein Schätzchen. Pssst, psst, mein Kleines. Kümmern Sie sich darum, Nanny! Ich habe ihnen versprochen, dass sie heute eine Schlittenfahrt unternehmen. Deshalb sind sie auch so aufgeregt.« Ein kalter Blick aus grauen Augen richtete sich auf das Kindermädchen, während Marie weiter Hillary hin und her wiegte. Als sich das Mädchen mit einem lauten Schluckauf befreite, griff Marie nach dem Zigarettenpäckchen.

Mit missbilligend geschürzten Lippen sammelte das Kindermädchen wortlos die drei Rangen ein und bugsierte sie aus dem Zimmer.

In der Stille, die nun folgte, war Kylie nicht sicher, ob sie ebenfalls entlassen war. Ihr wurde mulmig, als sie sich fragte, wie sie diese drei verwöhnten Gören nur zur Ruhe bringen, geschweige denn sie unterrichten sollte. Erstaunt sah sie zu, als Marie sich wieder setzte und sich eine neue Zigarette ansteckte. Offenbar ahnte sie gar nicht, dass sie selbst schuld an diesem Tohuwabohu war.

»Sie können noch heute Nachmittag mit dem Unterricht

anfangen. Hillary fährt nur, wenn sie ihren roten Skianzug mit der Kaninchenpelzmütze trägt. Wie Sie selbst gesehen haben, regt sie sich sehr leicht auf. Das Kindermädchen wird Ihnen die Kleider und die neuen Skier und Stiefel zeigen.« Marie schickte Kylie mit einer Handbewegung hinaus, fast ohne sie eines Blickes zu würdigen.

Erleichtert ergriff Kylie die Flucht und fragte sich, worauf sie sich da nur eingelassen hatte. Am liebsten hätte sie sich mit Gwyn besprochen, doch ihre Schwester war unterwegs, um etwas zu erledigen.

Den restlichen Vormittag verbrachte Kylie damit, ihre Wäsche zu waschen, ein paar Zeilen zu lesen und positiv gestimmt zu bleiben. Nach dem Mittagessen begegnete sie dem Kindermädchen und den Kleinen auf dem Weg zum Garderobenraum, wo die Skiausrüstung aufbewahrt wurde.

»So schlimm sind sie gar nicht, wenn man ihnen ein paar Grenzen setzt. Sie sind nur grässlich verwöhnt, denn ihre Eltern haben zu viel Geld und fast keine Zeit für sie. Eigentlich wünschen sie sich nur Aufmerksamkeit und Liebe. Es ist wirklich traurig«, erzählte das Kindermädchen, das Jillian Hart-Smith hieß.

Dabei versuchte sie, Lisa-Jane, die sich weinend steif machte, beim Anziehen ihrer neuen Skistiefel zu helfen. Währenddessen spielte Brad Fußball mit seinem neuen Schutzhelm, während Hillary quengelte, er solle damit aufhören.

Als die Kinder endlich in ihren Miniaturdesignersachen steckten, richtete Jillian sich auf und grinste Kylie an.

»Sie gehören Ihnen. Viel Vergnügen. Lassen Sie sich ruhig Zeit.« Mit diesen Worten verschwand sie.

»Wir werden im Schnee eine Menge Spaß haben«, verkündete Kylie lächelnd und fühlte sich plötzlich sehr allein.

Offenbar waren die Kinder vom vormittäglichen Ausflug müde, und Lisa-Jane jammerte, ihre Mutter habe gesagt, sie müsse nicht Ski fahren, wenn sie nicht wolle. Kylie nahm das störrische Mädchen bei der Hand und stellte fest, dass die Kleine zitterte. Also ging sie in die Hocke und versprach Lisa-Jane, dass sie nichts zu tun brauche, was ihr Angst mache. Dann nahm sie Hillary auf den Arm und konnte einen weiteren Weinkrampf nur verhindern, indem sie versprach, dass es nach dem Unterricht Pommes und ihr Lieblingsgetränk geben würde. Dann nahm sie das kleine Mädchen fest an der Hand. Nachdem sie Brad ein Kompliment zu seinem schicken Helm gemacht hatte, klemmte sie sich drei Paar Skier und Stöcke unter den Arm und führte die Kinder hinaus in den Schnee.

Die erste Stunde stellte Kylies Geduld auf eine harte Probe, denn es dauerte geschlagene zwanzig Minuten, bis alle ihre Skier an den Füßen, die Skibrillen gerade auf der Nase und ihre Handschuhe an den Händen hatten. Kaum war das geschafft, musste Hillary zur Toilette.

Kylie verbrachte den Nachmittag damit, Brad, der rasch begriff, daran zu hindern, den Hang hinunterzurasen, die vor Angst starre Lisa-Jane zu beruhigen und Hillary zu bändigen, die Wutanfälle bekam, sobald sie nicht im Mittelpunkt stand. Bemüht fröhlich, aber am Ende ihrer Kräfte angelangt, atmete Kylie erleichtert auf, als sie die Kinder endlich zurück ins warme Haus scheuchen und wieder Jillians Obhut anvertrauen konnte.

Die nächsten Tage erwiesen sich als nicht minder anstrengend. Obwohl es inzwischen nicht mehr so lange dauerte, die Kleinen für die Piste fertig zu machen, forderte jedes der Kinder ununterbrochen Kylies Aufmerksamkeit.

Kylie bemerkte, wie rasch Brad lernte, und beging den Fehler, Michael in Maries Gegenwart vorzuschlagen, der Junge würde sich vielleicht in der Skischule mit anderen Kindern derselben Leistungsstufe wohler fühlen. Die Reaktion, die sie dafür erntete, ließen sie wünschen, sie hätte den Mund gehalten. Beide Eltern beharrten darauf, dass Brad weiter Privatunterricht erhalten müsse. Michael wurde ausgesprochen schroff, während Marie Andeutungen über Kylies mangelnde Kompetenz fallen ließ.

Kylie dachte schon, dass man ihr auf der Stelle den Laufpass geben würde, und war sehr erleichtert, als es Michael gelang, seine Frau zu beruhigen. Sie nahm sich vor, beim nächsten Mal unter vier Augen mit Michael zu reden, wenn es um die Fortschritte der Kinder ging.

Draußen auf der Piste kam für sie die Sicherheit der Kinder an erster Stelle, weshalb sie ein strenges Regiment führte. Eines Morgens verlor sie die Geduld mit Brad, als dieser sich wieder einmal weigerte, als Aufpasser bei den Mädchen zu bleiben.

Zu seinem Entsetzen drohte sie ihm: Entweder er würde sofort gehorchen, oder es gäbe keine Hotdogs mehr! Wohl wissend, dass Marie außer sich sein würde, wenn sie davon erfuhr, fragte sie ihn nach der Standpauke, ob er ihr nicht beim Unterrichten helfen wollte.

»Du bist inzwischen sehr gut, Brad, und ich brauche ein bisschen Unterstützung«, erklärte sie.

Von diesem Tag an arbeitete Brad immer besser mit, und er ermutigte Lisa-Jane sogar, wenn er glaubte, dass Kylie nicht hinsah. Vorher hatte er sie immer nur gnadenlos gehänselt. Nun konnte Kylie ihnen endlich wirklich etwas beibringen.

Am Ende der ersten Woche waren die drei bereit für ihre erste Fahrt mit dem Sessellift auf einen Anfängerhügel. Hillarys Augen weiteten sich ehrfürchtig, während Lisa-Jane sich an Kylie klammerte.

»Du passt doch auf, dass ich nicht runterfalle?«, fragte sie immer wieder.

Oben sprang Brad als Erster aus dem Lift. Da er das Bravsein satt hatte, überschätzte er sich, fuhr zu schnell los, landete – zum Glück unverletzt – im Schnee und verlor dabei beide Skier, was seinem Selbstbewusstsein einen argen Dämpfer versetzte. Zu Kylies Erleichterung war er nach diesem Erlebnis folgsamer, was den Alltag auf der Piste ein wenig vereinfachte.

Abends flüchteten sich Kylie und Gwyn meist in die Stadt, um das Nachtleben zu erkunden. Manchmal gingen sie mit Gwyns Kolleginnen aus, die sie ihren Freunden vorstellten und ihnen die besten Kneipen und Diskotheken empfahlen. Hin und wieder schlenderten die beiden Schwestern auch zu zweit herum, ließen die gleichzeitig lässige und luxuriöse Atmosphäre auf sich wirken und kicherten aufgeregt, wenn sie eine Berühmtheit erkannt zu haben glaubten.

Jeden Tag, wenn Kylie im Gondola – wie das Hotel unter den Angestellten hieß – aus und ein ging, konnte sie einen Blick auf verschiedene Prominente erhaschen, die gemächlich die Hotelhalle durchquerten oder in den eleganten Cafés mit Blick auf die Pisten unzählige Tassen Kaffee tranken.

Das Weihnachtsfest rückte näher, Geschicklichkeit und Selbstbewusstsein der Klein-Kinder nahmen von Tag zu Tag zu, und das Skifahren machte allmählich Spaß. Die Kinder lachten und tollten mit Kylie herum und verfielen nur in Maries Gegenwart in ihre alten Unsitten.

Seit der Debatte um Brads Unterricht hatte Kylie Marie zum Glück kaum zu Gesicht bekommen, denn ihre Arbeitgeberin jettete zwischen Boston und Aspen hin und her. Nur Michael erkundigte sich regelmäßig nach den Fortschritten der Kinder, und am Heiligen Abend konnte Kylie melden, dass alle drei Geschwister sicher auf den Brettern standen.

»Und was bringt der Weihnachtsmann meinem kleinen Skihäschen?«, fragte Michael, hob Hillary hoch und wirbelte sie herum, bis sie vor Freude kreischte. Als er sie wieder abstellte, klammerte sie sich an sein Bein und forderte, mit den Fäusten trommelnd, eine Wiederholung, während er seinen beiden anderen Kindern geistesabwesend den Kopf tätschelte.

In diesem Augenblick kam Marie hereingerauscht, traumhaft schön in einem neuen Kleid und von einer Wolke

»Opium« umweht. Wie immer hatte sie eine Mentholzigarette im Mund, die sie sofort, nur halb geraucht, ausdrückte, als sie Michaels missbilligenden Blick bemerkte. Dann erkundigte sie sich mit lauter Stimme, mit welchen Prominenten sie denn heute Abend speisen würden.

Nicht zum ersten Mal wunderte sich Kylie darüber, wie überdreht die Kinder auf Maries Gegenwart reagierten. Sie fragte sich, warum Michael das unwidersprochen hinnahm. Vielleicht bemerkte er es ja auch gar nicht.

»Wahrscheinlich liebt er diese Frau wirklich«, meinte sie später zu Gwyn, als die beiden Mädchen in Kylies Zimmer ihre Weihnachtsgeschenke verpackten. »Es ist seine zweite Ehe, und es sind ihre gemeinsamen Kinder. Aber trotzdem ist sie fast nie da. Ich finde das merkwürdig.«

»Er ist so nett und reizend, und sie ist eine richtige Zicke«, seufzte Gwyn. »Die Kinder beten ihn ebenfalls an. Er tut mir Leid. Eine Schande ist das.«

Kylie sah ihre Schwester forschend an.

»Er ist verheiratet, Gwyn.«

»Was soll das jetzt schon wieder heißen?«

»Nur, dass du manchmal zu gutmütig bist«, erwiderte Kylie rasch.

Das Weihnachtsfest ließ sich nur als kontrolliertes Chaos bezeichnen. Da Maries und Michaels gesamte Verwandtschaft, einschließlich Michaels drei Töchtern aus erster Ehe, zu Besuch kam, wimmelte es im Hotel von Kindern, besorgten Eltern und verzweifelten Kindermädchen.

Trotz des Tohuwabohus fanden Kylie und Gwyn Zeit für einen Anruf in Australien, der sie beide ein wenig beruhigte, auch wenn sie danach Heimweh hatten.

Nachdem Kylie sich am zweiten Weihnachtstag noch einmal rasch bei ihren Eltern gemeldet hatte, ging sie mit Lisa-Jane und Brad zum Skilaufen. Hillary schlummerte, angekuschelt an Jillian, auf einem der großen Sofas.

Kylie und die beiden älteren Kinder verbrachten die bisher schönsten Stunden auf der Piste. Der Schnee war eine Pracht, das Wetter kühl, aber sonnig, und Lisa-Jane legte einen ungewohnten Wagemut an den Tag, da sie ihren neuen, mit Hermelinpelz gesäumten Skianzug vorzeigen wollte.

In Aspen lebten nur wenige Australier, und so wurden Kylie und Gwyn am Silvesterabend von Heimweh ergriffen und sehnten sich nicht nur nach Australien, sondern auch nach Kanada. Jillian, die sich bis über beide Ohren in einen Skilehrer verliebt hatte, überredete Kylie, einige Abende hintereinander auf die Kinder aufzupassen.

Kylie hatte Mitleid mit ihr, weil sie wusste, dass Jillian in wenigen Tagen mit den Kindern nach Boston zurückkehren musste. Allerdings würden sie an jedem Wochenende nach Aspen kommen.

Als es schließlich Zeit zum Abschied war, ertappte Kylie sich dabei, dass sie die Kinder tatsächlich vermisste. Die einzige Person, die ihr ganz und gar nicht fehlte, war Marie, und sie freute sich zu hören, dass ihre Arbeitgeberin den Großteil der nächsten beiden Monate fortbleiben würde.

Während der Woche unterrichtete Kylie an der Skischule von Aspen und verbrachte die Wochenenden mit den Klein-Kindern auf der Piste. Abends stürzte sie sich ins Nachtleben, und so vergingen die Wochen wie im Flug. Das einzige Ärgernis war Jillian, die Kylie inzwischen bei jeder Gelegenheit und ohne jegliche Hemmungen die Kinder aufhalste.

»Ich wünschte, sie würde das endlich lassen. Sie macht es mir so schwer, Nein zu sagen«, beklagte sich Kylie bei Gwyn, nachdem sie wieder einmal zum Babysitten überredet worden war.

»Sag ihr, du hättest keine Zeit oder keine Lust, und außerdem sei es ihr Job«, entgegnete Gwyn fröhlich und wollte schon ins Büro eilen.

Sie konnte Jillian nicht leiden, hielt sie für arrogant und egoistisch und fand, dass sie Kylies Gutmütigkeit skrupellos ausnützte. Die beiden Schwestern hatten sich sogar schon ihretwegen gestritten.

»Du weißt doch, wie sie ist«, fuhr Kylie fort.

Ihr war klar, dass sie sich irgendwann würde durchsetzen müssen. Gwyn blieb an der Tür zur Buchhaltung stehen.

»Erzähl ihr doch einfach, du hättest dich verliebt. Dann hört sie sicher auf!«, flüsterte sie theatralisch und war verschwunden.

Als Kylie in der Skischule ankam, um ihren Kurs zu geben, musste sie immer noch wegen Gwyns Bemerkung schmunzeln. Es war einfach wundervoll, eine große Schwester zu haben, die gleichzeitig ihre beste Freundin war und mit der sie alles teilen konnte.

An einem Samstag Anfang Februar hastete Kylie die Hintertreppe des Hotels hinunter. Sie hatte den ganzen Vormittag mit den Kindern auf der Piste verbracht. Nun tat ihr alles weh, und sie hätte sich ohrfeigen können, weil sie wieder so gutmütig gewesen war, sich von Jillian zum Babysitten überreden zu lassen.

An diesem Morgen hatte Hillary gefordert, den ganzen Berg hinuntergetragen zu werden, und dabei pausenlos nach ihrer Mutter geschrien. Kylie seufzte auf. Bis zum verabredeten Schichtwechsel mit Jillan blieb ihr gerade noch eine halbe Stunde Zeit.

Kylie schlüpfte in den Wellnessbereich und bedankte sich in Gedanken bei Michael, der ihr erlaubt hatte, den Whirlpool zu benutzen, wenn er nicht gerade von Gästen reserviert war.

Inzwischen musste sie zugeben, dass ihr anfängliches Misstrauen gegen Michael verfehlt gewesen war. Er hatte sich ihr und Gwyn gegenüber stets ausgesprochen großzügig gezeigt. Außerdem hatte Kylie dank ihres Nebenverdienstes in der Skischule mittlerweile eine ordentliche Summe sparen können.

Sie entfernte die schwere Plastikabdeckung über dem Whirlpool und betätigte den Knopf, um die Düsen einzuschalten. Rasch duschte sie sich und versprühte Eukalyptusduft aus einer Flasche, die auf einem Sims in der Dusche stand. Nachdem sie den beruhigenden Duft eingeatmet hatte, kletterte sie die wenigen Stufen zum Beckenrand hinauf und ließ sich zufrieden und nackt ins heiße Wasser gleiten. Der Dampf beschlug bereits den großen Spiegel an der Wand. Kylie paddelte hin und her und genoss das Gefühl von Freiheit und Wärme und die Luftblasen auf ihrer nackten Haut. Dann lehnte sie sich an den Beckenrand und schloss die Augen.

Das Benehmen der Kinder hatte sich wirklich sehr gebessert. Lisa-Jane traute sich mittlerweile mehr zu, und Kylie hatte Brads stolzen Blick bemerkt, wenn er sich unbeobachtet glaubte. Sie musste Michael unbedingt davon überzeugen, dass es das Sinnvollste war, ihn zu einem Skikurs anzumelden. Vielleicht standen ihre Chancen jetzt besser, da Marie durch Abwesenheit glänzte. Und Hillary, nun, bei so einer Mutter …

Kylie dachte an ihre eigenen Eltern, die immer Zeit für sie und Gwyn gehabt und sie mit Liebe überschüttet hatten, und verspürte auf einmal eine unbändige Sehnsucht nach ihnen. Wie gerne hätte sie sofort mit ihnen gesprochen und wäre ihnen um den Hals gefallen. Sie wollte ihnen für alles danken, was sie ihr gegeben hatten, und sich bei ihrer Mutter für ihr schwieriges Verhalten kurz vor ihrer Abreise entschuldigen. Mit ihren Eltern hatte sie wirklich großes Glück gehabt.

Kylie wischte sich eine Träne weg. Warum weinte sie denn bloß? Das Leben war doch schön! Auch wenn etwas darin fehlte. Sie streckte die Finger aus und ließ sie von den zarten Luftblasen liebkosen. Jetzt musste nur noch der Richtige hereinspaziert kommen. Nur dass der Richtige gar nicht hereinspaziert kommen konnte, weil er sich auf der anderen Seite dieses Planeten aufhielt und gar nichts von seinem Glück ahnte.

Kylie stellte sich Danno vor, seine leuchtend blauen Augen und sein strahlendes Lächeln. Träumerisch hing sie ihren Erinnerungen nach und dachte daran, was er in ihr ausgelöst hatte, als er mit ihr über die Tanzfläche gewirbelt war.

Da fiel die Tür zu, und sie fuhr erschrocken hoch. Zu ihrem Entsetzen erkannte sie durch die Dampfwolken einen makellos geformten Männerrücken mit breiten gebräunten Schultern, der in einer schmalen Taille und einem knackigen Po in einer roten Badehose endete.

Der Fremde drehte sich um, und Kylie bedeckte unwillkürlich die nackten Brüste mit den Händen und versank noch tiefer im Wasser. Dunkle Augen unter dichten geschwungenen Wimpern musterten sie erstaunt. Er war schlank und muskulös und strahlte Selbstbewusstsein aus. Ein Mann, dem es sicher nicht schwer fiel, Frauenherzen zu erobern.

Nur dass meines schon vergeben ist, dachte Kylie entschlossen.

»Äh, Verzeihung, es ist besetzt«, rief sie und bekam aus unerklärlichen Gründen plötzlich einen trockenen Mund.

»Oh, Entschuldigung, ich dachte, ich hätte reserviert«, erwiderte der Fremde und ließ den Blick von ihrem Gesicht zu Kylies Schultern und schließlich zum Brustansatz gleiten, der über dem Wasser sichtbar war.

Dann wandte er sich wieder ihrem Gesicht zu. Zum Glück waren Kylies Wangen wegen des heißen Wassers ohnehin schon glänzend rot. Sie versuchte, noch tiefer unterzutauchen.

»Da haben Sie bestimmt Recht. Michael ... der Hotelbesitzer, lässt mich den Pool benützen, wenn sonst niemand da ist.«

Der junge Mann nickte.

»Eigentlich wollte ich erst morgen eintreffen, aber ich konnte eine frühere Maschine erwischen.«

Er machte ein paar Schritte auf Kylie zu.

»Tut mir wirklich Leid. Ich verschwinde sofort«, stammelte Kylie und schwamm zum Beckenrand, wo ihr klar wurde, dass sie der ganze Raum von ihrem Handtuch trennte.

Der Fremde war nicht nur gut aussehend, sondern hatte dazu noch eine unbeschreiblich erotische Stimme.

»Nein, ich wollte Sie nicht verscheuchen. Offenbar genießen Sie es gerade. Wenn Sie möchten, können Sie gerne bleiben. Schließlich ist das Becken groß genug für zehn Personen. Hätten Sie was dagegen, es mit mir zu teilen? Ich könnte ein wenig Gesellschaft gebrauchen. Es macht fast ein Eindruck, als würde ich in letzter Zeit nur noch allein auf Flughäfen oder in Hotels herumsitzen.«

Der Fremde schenkte Kylie ein atemberaubendes Lächeln und verschwand in der Dusche, bevor sie etwas erwidern konnte.

Kylie überlegte, ob sie schnell aus dem Becken springen und sich ihr Handtuch schnappen sollte – und ob sie das überhaupt wollte –, bevor er zurückkam.

Gerade hatte sie beschlossen, sich rasch zu verdrücken, als der Fremde wieder erschien und sich mit den Fingern durch das dichte schwarze Haar fuhr. Kurz zögerte er und testete das Wasser mit der Hand.

»Mann, ist das heiß! Mein Name ist übrigens Tom Cooper. Darf ich?«, fragte er und stieg die Stufen hinauf.

»Klar«, erwiderte Kylie.

Während sie in möglichst lässigem Ton ihren Namen nannte, überprüfte sie, ob das Wasser sie auch richtig bedeckte, und fragte sich gleichzeitig, wie sie sich wohl elegant aus der Affäre ziehen sollte.

»Uff, das fühlt sich prima an. Und was machen Sie für Michael?«, erkundigte sich Tom, als er im Wasser saß.

»Ich bringe seinen Kindern das Skifahren bei.«

Bewunderung zeichnete sich in Toms Gesicht ab.

»Das ist aber tapfer von Ihnen. Wie haben Sie sich denn dazu breitschlagen lassen?«, wollte er wissen. »Keine Angst, unsere Familien kennen sich, seit ich ein kleiner Junge war. Damals haben wir ihn den Tyrannen genannt, aber seit die Kinder da sind, ist er richtig gutmütig geworden. Er tut mir Leid. Mit Marie ist das natürlich eine andere Sache.«

Er hielt inne, als ihm bewusst wurde, dass er gerade einer wildfremden Frau Geheimnisse anvertraute.

Kylie grinste.

»Die drei sind in Ordnung. Es sind eben Kinder. Wenn man sie ausreichend beschäftigt und ihnen genug Aufmerksamkeit schenkt, kommt man mit ihnen zurecht.«

»Meinen Sie das ernst? Da wären Sie nämlich die Erste.«

»Na ja, ein bisschen anstrengend sind sie schon«, gab Kylie mit einem atemlosen Auflachen zu, als sie wieder seinen Blick auf sich spürte. »Und was führt Sie hierher?«

»Ich? Ich komme her, so oft ich kann«, erwiderte Tom.

Er fing an, von Aspen und vom hiesigen Nachtleben zu schwärmen, und meinte, er habe schon immer einmal Lust gehabt, Australien zu besuchen.

Kylie erzählte angeregt von Lyrebird Falls und ihrer Familie. Sie konnte nicht abstreiten, dass sie Tom durchaus anziehend fand.

Als sie einen Blick auf die Wanduhr warf, wurde ihr klar, dass sie schon vor zehn Minuten bei Jillian hätte sein müssen. Kurz vergaß sie, dass sie nackt war, und wäre beinahe aufgesprungen. Ihr weißes, flauschiges Handtuch schien ihr von der anderen Seite des Raums zuzuwinken.

»Es war wirklich nett, mit Ihnen zu reden, Tom, aber ich muss jetzt wirklich gehen«, sagte sie barscher, als sie eigentlich beabsichtigt hatte. Kurz zögerte sie und fügte dann, heftig errötend, hinzu: »Aber Sie müssen die Augen zumachen, während ich aufstehe, ich habe nämlich nichts an.«

Toms Blick glitt über sie, und sie wurde gleichzeitig von Verlegenheit und Erregung ergriffen.

»Was, diesen Anblick soll ich mir entgehen lassen?«, gab er grinsend und mit funkelnden Augen zurück.

»Ich stehe nur auf, wenn Sie die Augen zumachen«, wiederholte sie.

Er musterte sie unbeirrt weiter.

»Bitte. Ich muss zur Arbeit.«

»Sieht ganz so aus, als würden Sie zu spät kommen«, neckte Tom.

»Möchten Sie wirklich riskieren, dass die drei kleinen Ungeheuer hier reinstürmen?«, drohte Kylie, der das Geplänkel allmählich ebenso viel Spaß bereitete wie Tom.

Der Nervenkitzel, nicht zu wissen, wie es enden würde, machte es noch spannender. Da fiel ihr ein, dass sie Jillian gesagt hatte, sie würde ein Bad im Whirlpool nehmen.

»Bitte, tun Sie mir den Gefallen, und machen Sie die Augen zu«, flehte sie.

»Nur, wenn Sie versprechen, später mit mir einen trinken zu gehen«, erwiderte Tom, der spürte, dass sie es nun ernst meinte.

Er schloss die Augen, und Kylie sprang rasch aus dem Becken, machte einen Satz auf ihr Handtuch zu und wickelte sich fest hinein.

»Das geht nicht, ich muss den ganzen Abend auf die Kinder aufpassen«, antwortete sie und verfluchte im Stillen Jillian. »Trotzdem vielen Dank, es war nett, mit Ihnen zu reden. Vielleicht ein andermal …«

Sie öffnete die Tür und blieb wie erstarrt stehen, als sie seinen nächsten Satz hörte.

»Ich weiß nicht, warum ich die Augen zumachen sollte. Sie haben doch eine tolle Figur.«

Kylie wirbelte herum, schnappte sich ein herumliegendes Handtuch und warf es nach ihm. Er fing es lachend auf.

»Beim nächsten Mal lasse ich sie zu. Ehrenwort.«

9

Den Rest der Woche ließ Tom nichts mehr von sich hören. Verärgert, weil sie ihn einfach nicht aus dem Kopf bekam, hoffte Kylie, ihm irgendwann zufällig im Hotel zu begegnen. Sie erfuhr jedoch von einem der Zimmermädchen, dass sein Zimmer seit fünf Tagen nicht benutzt worden sei. Sie war erleichtert, obwohl es eigentlich keinen Grund dazu gab.

Am folgenden Dienstag – sie hatte endlich aufgehört, ständig an Tom zu denken – war sie gerade im Garderobenraum, um Hillary nach dem Unterricht umzuziehen, als Gwyn hereingestürzt kam. Sie meldete, Tom habe versehentlich in ihrem Zimmer angerufen und erwarte Kylie nun an der Rezeption.

Kylie blieb fast das Herz stehen, und ihre Finger begannen zu zittern, als sie Hillary die Strickjacke zuknöpfte.

»Sag ihm, ich bin nicht da und sei den ganzen Abend unterwegs. Sag ihm ... irgendwas, erfinde einfach eine Geschichte«, stammelte sie panisch.

Sie betrachtete ihren schmuddeligen Pullover, den sie über ihrer ältesten Skihose trug. Sicher sah sie zum Fürchten aus.

»Zu spät. Ich habe ihm schon mitgeteilt, dass du gleich runterkommst«, erwiderte Gwyn, die der Versuchung nicht hatte widerstehen können und bereits an der Rezeption gewesen war, um einen Blick auf den großen Unbekannten zu werfen.

»Lass mich das hier machen. Hattest du einen schönen Tag, Schätzchen?«, meinte Gwyn zu Hillary und ging in die Hocke, um ihre Schwester abzulösen.

»Das hast du doch nicht wirklich getan?«, knurrte Kylie und kauerte sich auf die Fersen.

»Er ist ein absoluter Traum, und ich beneide dich glühend!« Gwyn erhob sich und band Hillarys Haarschleife fest. »Sei nett zu ihm. Er hat versprochen, mit uns beiden zum Motorschlittenfahren zu gehen. Sein Kumpel ist nämlich der Besitzer der Motorschlittenvermietung. Das wäre doch super! Ich würde es zu gern mal ausprobieren. Eigentlich sollte ich es dir ja nicht verraten, aber er hat einen riesigen Blumenstrauß dabei.«

»Du bist ein hoffnungsloser Fall«, lachte Kylie und schickte die Kinder hinauf zu Jillian.

Dann fuhr sie sich mit den Fingern durch die verfilzte rote Mähne und beruhigte sich allmählich.

»Zum Teufel, wenn er mich nicht so nimmt, wie ich bin, kann er mir gestohlen bleiben«, verkündete sie entschlossen. Bestimmt machte sie aus einer Mücke einen Elefanten und verhielt sich genau so, wie sie es an Gwyn immer kritisierte. Schließlich hatte er noch keinerlei Anstalten gemacht, sich mit ihr zu verabreden.

»Vergiss die Motorschlitten nicht«, flüsterte Gwyn mit einem hinterhältigen Grinsen.

»Motorschlitten«, wiederholte Kylie folgsam. »Aber dafür bist du mir was schuldig.«

Sie zeigte mit dem Finger auf ihre Schwester und ging dann hinaus und die Treppe hinunter. Gwyns Gelächter folgte ihr.

Tom bemerkte Kylie sofort.

»Hallo!« Lächelnd kam er auf sie zu und drückte ihr mit einem breiten Grinsen einen riesigen Blumenstrauß in die Hand.

Kylie errötete heftig und fühlte sich auf einmal befangen. In seinem offenen Hemd und der Hose wirkte er sogar noch attraktiver als in Badebekleidung, und der verführerische Duft seines Rasierwassers wetteiferte mit dem der Blumen. Während sie die Nase in den Strauß steckte, zermarterte sie sich das Hirn nach einer intelligenten Bemerkung. Aber ihr fiel einfach nichts ein.

»Haben Sie heute schon etwas vor? Ich dachte, Sie hätten vielleicht Lust, etwas trinken zu gehen?«, fragte Tom, fast schüchtern.

Kylie spürte, wie sich die Röte über ihr Gesicht und ihren Hals ausbreitete.

»Nun, eigentlich wollte ich …«

Ehe sie den Satz beenden konnte, kam Gwyn in die Vorhalle gestürmt und eilte, einen Stapel Kinderkleidung in der Hand, auf sie zu.

»Nein, hat sie nicht, und sie hat große Lust. Wir wollten erst in einem Gasthaus zu Abend essen und anschließend in eine Disko. Sie können gern mitkommen«, keuchte sie, ohne Rücksicht auf Kylies Verlegenheit zu nehmen. »Das heißt, wenn Ihnen zwei weibliche Wesen auf einmal nicht zu viel sind.«

»Meine Schwester Gwyn.« Kylie verzog das Gesicht und fing an zu lachen. »Ich würde gerne mit Ihnen etwas trinken gehen, wenn Sie uns beide mitnehmen.«

»Einverstanden«, erwiderte Tom schmunzelnd. »Soll ich Sie beide um acht hier abholen?«

»Also bis dann.«

Gwyn winkte Tom nach, als er davonging. Dann hakte sie Kylie unter.

»Du warst sicher gerade im Begriff, etwas Blödes zu sagen. ›Wir wollten uns eigentlich einen ruhigen Abend machen‹ zum Beispiel«, hielt sie ihr vor.

»Ganz bestimmt nicht«, log Kylie.

»Tja, vielleicht doch. Hör auf, mich ständig verkuppeln zu wollen«, fügte sie hinzu.

Aber der verärgerte Unterton misslang ihr kläglich.

»Das brauche ich nicht. Du bist doch schon bis über beide Ohren verliebt«, gab Gwyn frech zurück.

»Das stimmt überhaupt nicht!«, protestierte Kylie.

Aber sie musste zugeben, dass sie sich über Gwyns Einmischung freute. Tom war wirklich eine Sünde wert.

Kurz nach acht saßen Kylie und Gwyn in einem der beliebteren Gasthäuser von Aspen und plauderten vergnügt mit Tom und zweien seiner Freunde. Bald gesellten sich Mary, eine Arbeitskollegin von Gwyn, und später noch ein weiteres Mädchen zu ihnen. Kylie hatte sie zwar noch nie gesehen, aber sie schien alle anderen zu kennen.

Seit Kylie saubere Jeans und eines ihrer Lieblings-T-Shirts trug, hatte ihr Selbstbewusstsein beträchtlich zugenommen. Gwyn sorgte in ihren eng anliegenden Jeans und dem lässig-eleganten Oberteil wie immer dafür, dass die Leute sich nach ihr umdrehten. Das Top schien neu zu sein und unterstrich ihre zierliche Figur.

Die Runde amüsierte sich so großartig, dass man beschloss, erst gemeinsam zum Essen und danach zum Tanzen zu gehen.

»Es macht dir doch nichts, dass ich anschließend nicht mit in die Disko komme«, meinte Gwyn zu Kylie, als sie nach dem Essen auf der Damentoilette ihr Make-up auffrischten.

Es war mehr eine Feststellung als eine Frage.

»Ich war nämlich schon mit Mary verabredet. Tut mir Leid, dass ich vergessen habe, es dir zu sagen.«

»Was für eine Verabredung ist das denn?«, erkundigte Kylie sich erstaunt.

»Eigentlich nichts Besonderes. Mary ist zu einer privaten Promiparty eingeladen und hat mich gebeten, zur moralischen Unterstützung mitzukommen.«

Aufregung stand in Gwyns kornblumenblauen Augen.

»Ich konnte es ihr einfach nicht abschlagen. Jedenfalls werde ich endlich herausfinden, ob Promis wirklich so zickig sind, wie es immer heißt. Ich wollte dich auch mitschleppen, aber Mary meinte, es sei schon schwierig genug gewesen, eine zusätzliche Einladung für mich zu besorgen. Du verpasst sowieso nichts. Außerdem amüsierst du dich prima mit Tom. Er findet dich offenbar nett.« Sie zwinkerte Kylie zu und eilte zurück ins Restaurant.

»Wir reden nur ein bisschen und gehen dann tanzen. Mach also keine große Sache daraus«, rief Kylie ihrer Schwester nach.

Sie war gekränkt und auch erstaunt, weil Gwyn die Party mit keinem Wort erwähnt hatte, obwohl die Einladung sicher schon seit ein paar Tagen stand.

Sonst vertrauten sie einander doch alles an. Das passte so gar nicht zu Gwyn.

»Sei vorsichtig«, sagte sie plötzlich besorgt, als sie sich wieder zu den anderen gesellte. Gerüchten zufolge konnte es auf diesen Partys nämlich recht hoch hergehen.

»Warum denn? Wir trinken etwas, tanzen ein bisschen und gehen dann wieder«, gab Gwyn lachend zurück und schmunzelte ihrer kleinen Schwester dann liebevoll zu. »Du bist so ein Angsthase! Wahrscheinlich liege ich noch vor dir im Bett. Weck mich, wenn du nach Hause kommst. Das ist ein Befehl!«

Sie küsste Kylie auf die Wange, griff nach Tasche und Jacke und folgte Mary hinaus.

Kylie schob ihre Bedenken beiseite und lächelte Tom zu, der ihr die Jacke hinhielt. Er hatte sich als sympathischer Mensch entpuppt, und außerdem tanzte sie gerne. Also zwängte sie sich zusammen mit den anderen in Toms Wagen, und alle machten sich in ausgelassener Stimmung auf den Weg in den Nachtclub.

Die Diskothek war überfüllt. Lichter zuckten durch die Dunkelheit, und die Musik, die aus den Lautsprechern dröhnte, machte ein Gespräch mehr oder weniger unmöglich. Nachdem die Clique sich mit Getränken versorgt hatte, suchte sie sich einen Tisch, und Tom forderte Kylie zum Tanzen auf. Sie nahm gerne an, und sie mischten sich unter die Gäste auf der Tanzfläche.

Tom beugte sich im Gedränge zu ihr vor, um ihr etwas ins Ohr zu schreien. Dabei streifte seine Wange die ihre, und sie stellte fest, dass ihr das Gefühl gefiel. Da Tom es ebenso störend empfand wie Kylie, dass man sich nicht unterhalten konnte, schlug er vor, den nächsten Tanz ausfallen zu lassen.

Erleichtert stimmt sie zu, und sie setzten sich an einen Tisch, ein wenig entfernt von den Lautsprechern, der gerade frei geworden war. Nachdem sie Platz genommen hatten, bestellte Tom eine Flasche Dom Perignon und erkundigte sich nach ihrer Woche mit den Klein-Kindern.

»Anstrengend und chaotisch«, erwiderte Kylie grinsend. »Aber zu meinem eigenen Erstaunen bin ich noch nicht gefeuert worden.«

»Tut mir Leid, dass ich mich nicht schon früher bei dir gemeldet habe. Ich wollte schon, aber meine Arbeitszeiten sind ein bisschen unregelmäßig.« Tom reichte Kylie ein Glas Champagner.

»Was machst du denn beruflich?«, erkundigte sich Kylie und trank einen Schluck.

Der Champagner war köstlich, und sie kam sich dabei so schrecklich dekadent vor.

»Ich bin Stuntman. Genau genommen habe ich mir ein Jahr Pause vom Studium gegönnt, um zu arbeiten. Ich wirke in dem neuen James-Bond-Film mit, als Double von Pierce Brosnan. Leider muss man da Tag und Nacht auf Abruf bereitstehen, und man weiß nie genau, wie lange die Dreharbeiten dauern. Ich wollte dir nicht einfach nur eine Nachricht im Hotel hinterlassen.«

»Ich dachte, ich hätte Pierce Brosnan am Abend unserer Ankunft in Aspen gesehen!«, rief Kylie aus und beugte sich vor. »Jetzt weiß ich, dass ich Recht hatte. Wie bist du Stuntman geworden? Ist das nicht sehr gefährlich?«

Der Abend wurde immer interessanter. Außerdem war Tom wirklich ein faszinierender Mensch.

»Ich liebe eben das Risiko«, erwiderte Tom schmunzelnd.

Dann erklärte er, sein Vater sei Schönheitschirurg in Beverly Hills und behandle viele Stars. Er selbst habe gerade sein praktisches Jahr in einem großen Krankenhaus hinter sich gebracht und beschlossen, dass er ein wenig Abstand von der Büffelei brauchte.

»Anfangs war Dad gar nicht begeistert, aber irgendwann hat er es eingesehen. Eigentlich habe ich vor, nach meinem Jahr Auszeit wieder als Arzt zu arbeiten. Ich wollte nur einmal etwas Aufregendes erleben, anstatt immer nur über Büchern zu brüten. Da hat ein Freund von Dad mir vorgeschlagen, ich solle es doch als Stuntman versuchen. Also habe ich mich ein paar Mal beworben und schließlich eine Stelle erhalten. Natürlich habe ich das mehr dem Glück zu verdanken als meinem Talent, und es hat sicher auch nicht geschadet, dass unsere Familie schon lange mit den Kleins befreundet ist. Michael kennt Hinz und Kunz und genießt in der Filmindustrie hohes Ansehen.« Tom beugte sich vor und füllte Kylies Glas nach.

Kylie fühlte sich vom Champagner angenehm beschwipst. Sie warf einen Blick auf die Uhr und schnappte erschrocken nach Luft.

»Ich habe gar nicht gemerkt, dass es schon so spät ist! Ich muss sofort gehen, sonst schaffe ich es morgen nicht aus dem Bett.« Ihr graute bei dem Gedanken, sich nach nur wenigen Stunden Schlaf mit den Kindern herumplagen zu müssen.

»Ich auch. Ich würde zwar gern noch ein bisschen mit dir tanzen, aber ich muss morgen ebenfalls früh raus.« Tom leerte sein Glas.

Sie traten in die eisige Kälte hinaus, und Kylie musste zugeben, dass sie sich den Abend nicht so wunderschön vorgestellt hatte. Sie hatte große Lust, Tom besser kennen zu lernen. Sie blickte zu den weißen Lichterketten hinauf, die die Gebäude schmückten, und dachte, wie seltsam es doch war, mit dem Stuntman von Pierce Brosnan mitten im nächtlichen Aspen zu stehen.

Während sie auf dem Rückweg im Auto mit ihm plauderte, fragte sie sich, wie es wohl sein mochte, von ihm geküsst zu werden. Und als sie vom Parkplatz zum Hotel gingen und sich ihre Finger zufällig berührten, verspürte sie ein leichtes Prickeln.

»Ich fand es sehr schön heute Abend. Was hältst du davon, wenn wir uns wieder treffen?«, fragte Tom in der menschenleeren Hotelhalle.

»Sehr gern«, erwiderte Kylie, plötzlich schüchtern.

Nachdem sie noch eine Weile im Stehen geplaudert hatten, wünschte Kylie ihrem Begleiter eine gute Nacht und lief los, um Gwyn alles brühwarm zu berichten. Mit ihrem Ersatzschlüssel öffnete sie die Zimmertür ihrer Schwester und schlich hinein. Gwyn saß halb schlafend und eine aufgeschlagene Zeitschrift vor sich im Bett. Kylie rüttelte sie sanft. Sofort schlug Gwyn die Augen auf.

»Also, raus mit der Sprache«, meinte sie und setzte sich.

»Was soll ich dir erzählen?«, neckte Kylie, ließ sich aufs Bett fallen und räkelte sich wie eine Katze. »Es war ja so schön!«

Ihre grünen Augen funkelten.

»Tom ist sehr nett. Er ist überhaupt nicht zudringlich geworden, obwohl ich fast wünschte, er wäre es gewesen. Außerdem – und jetzt hör genau zu – ist er der Stuntman von Pierce Brosnan! Aber das macht er nur, wenn er nicht gerade studiert, um einer der bekanntesten Chirurgen der Welt zu werden.«

»Schau an, ich hab es dir doch gesagt. Du bist verliebt«, rief Gwyn, inzwischen hellwach, aus.

Sie wollte jede Einzelheit wissen, fragte, worüber Kylie und Tom gesprochen hatten, und erkundigte sich zu guter Letzt, ob sie wieder verabredet seien.

»Vielleicht«, neckte Kylie.

»Er hat dich gefragt! Das sieht man deinem Blick an. Hast du wegen der Motorschlitten mit ihm geredet?«

»Das habe ich ganz vergessen«, rief Kylie aus und schlug die Hand vor den Mund. »Wir hatten so viel zu besprechen … Das erledige ich beim nächsten Mal.«

»Oh, also gibt es doch ein nächstes Mal«, entgegnete Gwyn in gespielter Überraschung.

»Mein Abend war auch nicht von schlechten Eltern«, fuhr sie dann stolz fort, ohne Kylie die Gelegenheit zu einer Antwort zu geben.

Sie berichtete ihr rasch von den Prominenten, die sie getroffen hatte, auch wenn zu ihrer Enttäuschung keine wirklichen Weltstars dabei gewesen waren.

»Aber schau dir das an«, meinte sie und holte eine Visitenkarte aus ihrer Handtasche, die sie Kylie reichte. »Chucks Colorado Motorschlitten Abenteuer« stand darauf.

»Oh!« Kylies Augen leuchteten auf. »Ist das Toms Freund, von dem du mir erzählt hast?«

Gwyn nickte und unterdrückte ein heftiges Gähnen.

»Ich habe ihn heute Abend kennen gelernt. Da ich mir schon gedacht habe, dass du es mit deinem Romeo vermasseln wirst, habe ich Plan B ausgelöst. Er sagte, ich sollte mir einen Tag aussuchen. Also verabrede dich mit Tom, und dann geht es los.«

»Klingt prima. Das mache ich«, antwortete Kylie grinsend und fing selbst zu gähnen an. Sie stand auf.

»Danke, dass du auf mich gewartet hast. Tom ist sehr nett.« Sie umarmte ihre Schwester.

»Ich hab dich lieb«, sagte sie und ging zu Bett.

»Ich dich auch«, murmelte Gwyn, nachdem die Tür sich längst geschlossen hatte.

Als Kylie drei Tage später einen Blick in ihr Portemonnaie warf, stellte sie fest, dass es leer war. Leise vor sich hin schimpfend, machte sie sich auf die Suche nach Gwyn.

»Es gibt hier doch kein Zimmermädchen, das klaut? Ich möchte nicht übertrieben misstrauisch sein, aber außer dem Reinigungspersonal hat niemand Zutritt zu unseren Zimmern. Ich habe schon alles auf den Kopf gestellt. Und dabei habe ich doch gerade erst mein Gehalt bekommen.«

Gwyn schlug die Hand vor den Mund. »Hoppla! Tut mir Leid, Kylie, ich wollte es dir noch sagen. Ich bin die Schuldige. Ich brauchte etwas zum Anziehen, war völlig abgebrannt und dachte, du hättest nichts dagegen. Ich zahle dir alles zurück. Ich habe mir ein traumhaftes Oberteil gekauft. Es gefällt dir sicher. Du kannst es dir ausleihen, wenn du magst. Du warst mit Tom beim Skifahren oder so, sonst hätte ich dich gefragt. Hier ...«

Sie kramte in ihrer Handtasche und kippte ein paar Eindollarscheine und einige Münzen heraus.

»Oh, Mist, ich habe geglaubt, ich hätte noch etwas übrig. Offenbar habe ich doch mehr ausgegeben, als ich dachte. Ach, herrje. Von meinem nächsten Gehalt zahle ich dir alles zurück, Ehrenwort.«

»Bis dahin sind es noch zwei Wochen. Du hättest warten müssen, Gwyn. Was soll ich denn in der Zwischenzeit machen? Verhungern? In meinem Zimmer Moos ansetzen?«, knurrte Kylie.

Gwyns Angebot, ihr das Oberteil zu leihen, versetzte sie noch mehr in Wut. Schließlich wusste ihre Schwester ganz genau, dass ihre Konfektionsgröße zwei Nummern kleiner war als Kylies.

Gwyn traten die Tränen in die Augen.

»Bitte, sei nicht sauer, Kylie. Lass dich doch von Tom einladen. Du hast mir selbst erzählt, dass er immer darauf besteht zu bezahlen. Warum also die Panik?« Sie grinste verlegen. »Wenn das zu kompliziert ist, könntest du ja Jillian anbieten, ihr das Babysitten abzunehmen, und Geld dafür verlangen.«

»Als ob die mir etwas bezahlen würde! Und hör auf, mich mit Tom zu verkuppeln. Außerdem ist er die ganze Woche verreist.«

Kylie sah ihre Schwester finster an. Doch bald wurde ihre Miene versöhnlicher. Sie hätte nicht so heftig reagieren dürfen. Schließlich hatte sie Gwyn auch schon öfter um Hilfe gebeten, und zwar nicht nur in finanziellen Dingen. Immerhin nagte sie nicht am Hungertuch. Kylie seufzte auf. Für gewöhnlich gab Gwyn nicht so viel Geld für Kleidung aus.

»Der Typ muss ja die absolute Wucht sein. Kenne ich ihn?«, fragte sie deshalb.

»Hab Geduld. Du wirst ihm schon noch begegnen«, erwiderte Gwyn.

»Ist es Chuck? Na, dann zeig mir wenigstens die Kreation, die du mit meinem sauer verdienten Geld erworben hast.«

Kylie wusste aus Erfahrung, dass sie im Moment nicht mehr aus ihrer Schwester herausbekommen würde.

Das Oberteil stand Gwyn ausgezeichnet. Es war zart türkisblau, geschickt geschnitten, umschmeichelte ihre schlanke Figur und betonte die Farbe ihrer Augen. Kylie stimmte Gwyn zu, dass es ein gelungener Kauf war, und beteuerte, dass sie wirklich kein Gramm mehr abzunehmen brauchte.

Dann machte sie sich auf die Suche nach Jillian und den Kindern, die das Wochenende hier verbringen würden. Dennoch kostete es sie Mühe, ihre Wut auf Gwyn beiseite zu schieben. Nun musste sie auf ihre Ersparnisse zurückgreifen.

10

Zwei Wochen vergingen. Kylie wachte morgens auf, und die Sonne schien strahlend. Sofort sprang sie aus dem Bett und lief zum Fenster. Heute wollten sie und Gwyn mit Tom und Chuck Motorschlitten fahren. Es war ihnen endlich gelungen, einen Tag zu finden, an dem sie alle vier Zeit hatten. Ein frischer Wind wehte durch das Tal, und die Wolken, die noch über den Berggipfeln hingen, wurden rasch weggeblasen.

Gleich nach dem Skiunterricht für die Kinder eilte Kylie zu dem mit Tom verabredeten Treffpunkt. Er erwartete sie bereits mit dem Auto. Die Fahrt zu Chucks Motorschlittenverleih vor der Stadt, wo sie sich mit Gwyn und Chuck treffen wollten, dauerte eine halbe Stunde. Unterwegs redete Kylie vor Aufregung wie ein Wasserfall.

Die Straße schlängelte sich um den Fuß der Berge. Am von Felsbrocken gesäumten Straßenrand ragte hin und wieder bereits ein Büschel trockenes Gras durch den angetauten Schnee.

Kylie griff nach Toms Hand und bedankte sich bei ihm, weil er den Ausflug möglich gemacht hatte. Er erwiderte die Geste, drehte sich kurz zu ihr um und schenkte ihr ein hinreißendes Lächeln. Kylie freute sich so sehr auf die Ausfahrt mit dem Motorschlitten, dass sie fest dazu entschlossen war, sich von ihrem kürzlichen Streit mit Gwyn nicht die Laune verderben zu lassen. Außerdem wusste sie, dass Gwyn dem heutigen Tag ebenso entgegengefiebert hatte wie sie.

In letzter Zeit verhielt sich Gwyn schrecklich launisch und war außerdem ungewöhnlich abweisend und geheimnistuerisch, was Kylie gleichzeitig ärgerte und besorgt machte.

Zehn Minuten später bogen sie in eine plötzlich abzweigende Seitenstraße ein und hatten den Motorschlittenverleih erreicht. Chuck bemerkte die Besucher, lief ihnen sofort entgegen und überließ es einem seiner Mitarbeiter, sich um die Kunden zu kümmern, die zwischen den zwölf ordentlich in Reih und Glied dastehenden Motorschlitten warteten.

»Deine Schwester hat sich noch nicht blicken lassen«, sagte er, nachdem er Kylie begrüßt hatte.

Dann blickte er erst auf die Uhr und anschließend hinauf zum blauen Himmel. Über den fernen Berggipfeln hingen Schneewolken. Das Wetter wirkte zwar ziemlich beständig, doch es waren weitere Schneefälle vorhergesagt, und im Gebirge waren Wetterstürze keine Seltenheit.

»Bestimmt kommt sie jeden Moment«, erwiderte Kylie im Brustton der Überzeugung.

Gebannt sah sie zu, wie eine Gruppe aufgeregter Anfänger die letzten Anweisungen erhielt und dann die ihnen zugeteilten Motorschlitten bestieg. Die Sonne spiegelte sich in dem blank polierten schwarzen Metall.

»Fahren wir auf denen da?«, fragte sie, als die Motoren mit einem Dröhnen ansprangen und sich in Bewegung setzten.

Tom schüttelte den Kopf.

»Die sind für die Touristen. Warte, bis du gesehen hast, was Chuck in seinem Schuppen versteckt.« Er grinste Kylie verschwörerisch zu. »Komm, wir müssen dich erst einmal ausrüsten.«

Kylies Puls ging schneller, und sie folgte den beiden jungen Männern ins Gebäude, wo Chuck sie mit Schutzhelmen ausstattete. Während Chuck weiter auf Gwyn wartete, machten Kylie und Tom sich auf den Weg zu einem Schuppen, der einige private Motorschlitten beherbergte.

»Wir nehmen das da«, verkündete Tom, öffnete die Tür und trat beiseite.

»Klasse«, jubelte Kylie, und ihre Augen weiteten sich beim Anblick der beiden schwarz-grün lackierten Schlitten, deren

Seiten von einer breiten gelben Zickzacklinie geziert wurden. Sie sahen so toll aus, dass sie kaum wagte, sie zu berühren.

»Das da ist meins. Chuck bewahrt es für mich auf«, sagte Tom und strich fast zärtlich über den Rumpf des Gefährts.

Tom hatte ihr erklärt, was zu tun war. Nun half Kylie ihm, die Fahrzeuge aus dem Schuppen zu schieben. Dann sah sie zu, wie er Kekse, Schokoriegel und eine Thermoskanne mit Kaffee in den Satteltaschen verstaute.

»Keine Ahnung, wo Gwyn abgeblieben ist«, meinte Kylie entschuldigend und sah sich unsicher um. »Hoffentlich ist ihr nichts passiert.«

Chuck gesellte sich zu ihnen, und sie warteten noch einmal zwanzig Minuten, bis schließlich ein Funkspruch einging. Eine von Gwyns Kolleginnen war am Apparat und meldete verlegen, Gwyn habe sie gebeten, anzurufen und auszurichten, dass sie noch arbeiten müsse und deshalb nicht kommen könne.

Kylie, der die Situation entsetzlich peinlich war, spürte, wie sie errötete.

»Das ist mir furchtbar unangenehm …«, stammelte sie.

»Schon gut«, fiel Chuck ihr ins Wort, ohne sich seine Enttäuschung anmerken zu lassen. »Fahrt ihr beide nur. Ich verschiebe es auf ein andermal. Schließlich muss ich eine ganze Menge liegen gebliebenen Papierkram aufarbeiten. Jetzt habe ich wenigstens keine Ausrede mehr.«

Froh, weil Chuck die Sache offenbar mit Humor nahm, und gleichzeitig verärgert über ihre Schwester, sah Kylie ihn an. In der Buchhaltung war offenbar eine Krise ausgebrochen, wenn Gwyn so lange arbeiten musste. Sie blickte den anderen Motorschlitten nach, die in den Bergen verschwanden, und beschloss, sich nicht mehr das Hirn wegen ihrer Schwester zu zermartern. Außerdem hatte sie nichts gegen ein Abenteuer allein mit Tom in der weißen Winterwelt einzuwenden.

Tom schob das zweite Schneemobil zurück in den Schuppen und half Kylie beim Aufsteigen. Er verstaute ihren kleinen Rucksack in einer der Satteltaschen, zeigte ihr den Sicherheitsgurt und erklärte ihr, wie sie sich in den Kurven in dieselbe Richtung lehnen müssten, damit der Motorschlitten nicht aus der Spur rutschte. Dann nahm er ebenfalls auf dem Gefährt Platz.

»Stell es dir vor wie ein Motorrad auf Kufen. Halt dich am Gurt fest – oder an mir, wenn du dich so sicherer fühlst. Bist du bereit? Also los!«, rief er, ließ den Motor an und gab Gas.

Kylie rückte Helm und Brille zurecht, umklammerte den Gurt, und dann waren sie unterwegs und sausten über den Schnee. Anfangs holperten die Kufen des Schneemobils durch den Schneematsch, doch bald hatten sie dicken Pulverschnee unter sich.

Sie preschten über zwei Wiesen und schlängelten sich zwischen den Bäumen hindurch, während das Sonnenlicht ihre Gesichter liebkoste. In der Ferne war das Brummen der anderen Motorschlitten zu hören. Sie schlidderten um Kurven und flitzten Hügel hinauf. Sie kamen an halb zugefrorenen Teichen vorbei, an deren Ufer hohe Schneehaufen aufragten und im Begriff schienen, jeden Moment die dünne Eisdecke zu durchbrechen. Schließlich erreichten sie den Gipfel eines Bergkamms.

Beim Anblick der malerischen Aussicht über das Tal und die schneebedeckten Berge dahinter schnappte Kylie begeistert nach Luft. Der Himmel war leuchtend blau, und dunkelgrüne Nadelbäume hoben sich scharf von der weißen Pracht ab. Kylie wurde von einem Hochgefühl ergriffen, als sie, dicht an Tom geschmiegt, weiterraste. Sie spürte den Fahrtwind im Gesicht und das Vibrieren des Motors unter sich.

An einer kleinen Verkaufsbude, an der auch die Führer der Motorschlittentouren Halt zu machen pflegten, stoppten sie mit spritzenden Kufen.

Kylie nahm den Helm ab und schüttelte ihr Haar. Sie stieg ab, und ihre Schritte knirschten im Schnee, der ihr bis zu den

Schienbeinen reichte. Sie tranken heiße Schokolade und vertraten sich die Beine.

Als sie wieder auf dem Schneemobil saßen, bretterte Tom einen steilen Hang hinauf, bis das Gefährt holpernd und schlingernd den Gipfel erreichte. Auf der anderen Seite rutschten sie in raschem Tempo hinunter und hatten sich ziemlich weit von der Hauptstrecke entfernt.

»Weißt du eigentlich, wo du hinwillst?«, rief Kylie vergnügt. Sie amüsierte sich großartig.

Tom nickte heftig, und sie fuhren etwa zwanzig Minuten lang in derselben Geschwindigkeit weiter. Schließlich drosselte Tom das Tempo, fuhr eine Rechtskurve durch den weichen Schnee, duckte sich unter einigen Ästen hindurch und bremste schließlich auf einer Lichtung.

Kylie sprang aus dem Sattel in den tiefen Schnee, sah sich ehrfürchtig um und ließ die idyllische, stille und klirrend kalte Winterwelt auf sich wirken. Es war wie im Märchen.

»Es ist wunderschön«, flüsterte sie.

»Einer meiner Lieblingsplätze, den ich nur ganz besonderen Menschen zeige«, erwiderte Tom leise, trat hinter Kylie und schlang die Arme um sie.

Kylie musste an eine abgelegene Piste in Lyrebird Falls denken. Auch dort war es, als sei der Rest der Welt nicht mehr vorhanden, und überall herrschte ein traumhaftes und reines weißes Schweigen.

Sie entdeckte die Spuren eines Tiers in dem sonst unberührten funkelnden Schnee und deutete wortlos darauf. Tom nickte und drückte sie an sich.

Kurz schmiegte sie sich an ihn und rannte dann mit einem Juchzer in den jungfräulichen Schnee hinein, in dem ihre Stiefel bis zu den Waden versanken. Dann blieb sie plötzlich stehen, ließ sich rücklings in die weiße Pracht fallen und ruderte mit weit ausgebreiteten Armen und Beinen hin und her. Anschließend stand sie vorsichtig auf, um den von ihr hinterlassenen Abdruck zu begutachten.

»Schau, ein perfekter Schnee-Engel. So einen wollte ich schon immer hinkriegen.« Sie eilte zum Schneemobil, um ihren Fotoapparat aus der Satteltasche zu holen, und fotografierte dann den Abdruck.

»Und jetzt machen wir zusammen einen«, forderte sie Tom auf.

Sie suchten sich ein freies Schneefeld, ließen sich Hand in Hand rückwärts hineinsinken und produzierten einen weiteren Schnee-Engel.

Kylie rollte sich herum.

»Oh, Tom, so etwas Schönes habe ich noch nie erlebt«, jubelte sie.

Bevor er sie aufhalten konnte, war sie schon losgelaufen, um den Fotoapparat zu holen.

»Hey, warte einen Moment«, rief er, griff nach ihrem Arm und zog sanft daran, sodass sie lachend auf ihm landete.

»Weißt du, dass du mein Schnee-Engel bist?«, murmelte er und küsste sie.

Es geschah so überraschend, dass Kylie nicht wusste, wie sie reagieren sollte. Doch sie unternahm keinen Versuch, sich loszureißen. Seine Lippen waren warm und verlockend, und von Herumspringen war plötzlich keine Rede mehr. Sie ließ sich in seine Umarmung sinken, schlang die Arme um seinen Hals und erwiderte seinen Kuss. Als sie sich schließlich trennten, sah Kylie ihn schüchtern an.

»Ich hab dich gern«, flüsterte sie.

Im nächsten Moment sprang sie auf, begann wieder zu fotografieren und hüpfte hin und her, weil sie die Anspannung nicht ertragen konnte.

Tom blieb sitzen, um sie zu beobachten. Sosehr er sich auch danach sehnte, sie wieder in die Arme zu nehmen, freute es ihn, sie so glücklich zu sehen.

»Du bist der zweite Mensch, den ich hierher mitgenommen habe«, sagte er und blickte sie liebevoll an, während sie sich anschickte, sich wieder in den Schnee fallen zu lassen.

Er zog sie an sich, und dann purzelten sie gemeinsam in das weiche Weiß und lachten, weil sie die Schnee-Engel von vorhin zerstörten. Er küsste sie erneut, und sie lächelte ihm ins Gesicht.

»Und wer war der erste Mensch?«, fragte sie atemlos und kauerte sich auf die Fersen.

»Rosa. Sie war meine erste große Liebe. Wir waren beide fünfzehn.«

»Jetzt, wo du mir das erzählt hast, komme ich mir vor wie etwas ganz Besonderes.«

Zärtlich streichelte Kylie seine Wange. Dann nahm sie eine Hand voll Schnee und warf sie spielerisch nach ihm. Als Tom aufsprang, hatte Kylie ihre liebe Not, seinen Schneeballsalven auszuweichen, die ihren Kragen trafen, sodass ihr der weiche Schnee unter die Jacke und auf die nackte Haut rieselte. Bald war die Schneeballschlacht in vollem Gange.

Schließlich hob Kylie keuchend und um Gnade flehend die Hände, um sich zu ergeben.

»Es ist ein idyllisches Fleckchen Erde. Ich werde es nie vergessen.«

Sie setzten sich und verspeisten in aller Ruhe die belegten Brote, die Kylie klugerweise eingepackt hatte. Dazu tranken sie heißen Kaffee aus Toms Thermosflasche. Anschließend sahen sie sich noch ein letztes Mal um, stiegen wieder auf ihren Motorschlitten und fuhren durch die weiße Landschaft und die Bäume zurück.

Das Surren des Motors war das einzige Geräusch, das die Stille störte. Kylie fühlte sich unbeschreiblich friedlich. Da fing es ganz sanft an zu schneien. Kylie rief Tom zu, er solle anhalten, sprang vom Schneemobil und breitete die Arme aus.

Mit ehrfürchtig geweiteten Augen sah sie zu, wie die dicken Flocken sich auf ihren Armen sammelten, tanzte im Kreis herum und versuchte, die Kristalle mit der Zunge aufzufangen. Sie fühlte sich wieder wie ein Kind und konnte nicht genug von dieser Märchenwelt bekommen. Tom hielt sie fest und küsste sie wieder.

Als Kylie ihm in die Augen blickte, wurde sie plötzlich von Beklemmung ergriffen. Er war wirklich sehr sympathisch, und es machte Spaß, mit ihm zusammen zu sein – aber empfand sie wirklich mehr für ihn? Erweckte sie vielleicht falsche Hoffnungen in ihm, indem sie sich mit ihm amüsierte?

»Wir sollten besser umkehren. Sieht aus, als würde das Wetter gleich umschlagen«, meinte Tom, um das verlegene Schweigen zu brechen, das plötzlich zwischen ihnen entstand.

Kylie betrachtete die dicken grauen Wolken, die sich über den blauen Himmel schoben. Rasch stiegen sie wieder auf ihren Motorschlitten. Inzwischen schneite es immer heftiger, und als sie der Spur zurück zum Verleih folgten, nahm die Sicht rapide ab.

»Bist du sicher, dass du noch weißt, wo wir sind?«, rief Kylie ängstlich.

»Nur mit der Ruhe. Ich kenne diesen Berg wie meine Westentasche und fahre schon seit meiner Kindheit hier herum. Mein Dad hat mich mitgenommen, als ich noch nicht einmal Ski laufen konnte«, erwiderte Tom selbstbewusst, was Kylies Befürchtungen ein wenig zerstreute.

Doch als das Wetter immer schlechter wurde, bekam sie es erneut mit der Angst zu tun. Sie mussten sich vornüberbeugen, konnten nur noch wenige Zentimeter weit sehen und waren ständig damit beschäftigt, sich den Schnee von den Schutzbrillen zu wischen. Die Flocken trafen eisig auf Kylies Haut, und der beißende Wind durchdrang sogar ihre warme Skikleidung.

Dann begann das Schneemobil zu schlingern. Tom hatte Mühe, es auf der Spur zu halten, die zusehends vom Neuschnee verschüttet wurde.

»Halt dich fest!«, rief er und wandte kurz den Kopf, während der Wind seine Worte davontrug.

Er beschleunigte, so stark er es wagte, wich plötzlich vom Hauptweg ab und raste einen steilen Hang hinauf.

»Was machst du da? Das ist nicht der Weg, auf dem wir gekommen sind!«, schrie Kylie, die inzwischen Todesängste ausstand.

Sie befanden sich mitten in der Einöde, und ihr wurde klar, dass sie vor lauter Abenteuerlust die goldene Regel ihres Vaters vergessen hatte: »Verlass dich nie auf andere und gib immer Bescheid, wo du hinwillst.«

Sie hatte keine Ahnung, ob Tom jemanden über sein Ziel informiert hatte. Kylie hätte sich ohrfeigen können, und bei der Vorstellung, sie könnten sich im Schnee verirren, bekam sie Herzklopfen. Sie klammerte sich an Tom, während sie die nicht gebahnte Strecke entlangholperten, und sah durch ihre schneeverkrustete Brille nur eine von geisterhaften Baumstämmen durchbrochene weiße Wand.

Kylie hielt sich fest, während Tom das keuchende Fahrzeug durch den immer tiefer werdenden Schnee lenkte. Von den Auspuffgasen wurde ihr allmählich schwummerig.

»Das habe ich gesucht!«, rief Tom aus.

Nachdem er eine letzte Anhöhe überwunden hatte, brachte er den Motorschlitten ziemlich ruppig zum Stehen. Kylie wischte sich die Schutzbrille ab und stieß einen überraschten Ruf aus, als sie die kleine Blockhütte entdeckte. Das Gebäude war zur Hälfte im Schnee versunken und sah mit seinen winzigen Fenstern und dem ebenfalls mit Schnee bedeckten steilen Dach aus wie ein Pfefferkuchenhäuschen.

»Kennst du diese Hütte?«, fragte sie erleichtert.

»Ich war ziemlich sicher, dass sie hier steht. Du hast mich ganz schön ins Zweifeln gebracht.«

Als Tom den Motor abschaltete, herrschte eine überwältigende Stille.

»Am besten bringen wir erst den Schlitten ins Trockene, bevor wir noch mit ihm begraben werden«, verkündete Tom und half Kylie beim Absteigen.

Zusammen schoben sie das Fahrzeug unter ein Vordach an der Hintertür der Blockhütte und gruben dann mit einer kleinen Schaufel und einem Stemmeisen, die sich in einer der Satteltaschen befanden, einen Weg zur Tür frei. Als sie endlich davorstanden, richtete Tom sich auf und tastete unter der Regenrinne, bis er einen alten, rostigen Schlüssel in der Hand hielt. Er steckte ihn ins Schloss und öffnete die Tür. Ein gewaltiges Schneebrett rutschte vom Dach und verfehlte Kylie nur knapp, sodass sie mit einem Aufschrei zurücksprang und – teils vor Schreck – zu lachen anfing.

»Es gibt doch um diese Jahreszeit hier keine Bären, oder?«, fragte sie und sah sich ängstlich um.

»Nein, die schlafen tief und fest«, erwiderte Tom grinsend. »Hilf mir, den Motorschlitten besser zu verstauen, sonst müssen wir ihn morgen früh ausbuddeln.«

»Was meinst du mit morgen früh?«, fragte Kylie, von Panik ergriffen.

»Heute hört es nicht mehr auf zu schneien«, antwortete Tom. »Aber hier kann uns nichts passieren. Ehrenwort.«

Mit dem noch trockenen Teil seines Handschuhs streichelte er beruhigend über ihre gerötete Wange.

Kylie war sich da nicht so sicher. Tom war ein netter Kerl, doch eine ganze Nacht mit ihm allein in einer Blockhütte im Schnee … Sie holte tief Luft und sagte sich, dass ihr offenbar nichts anderes übrig blieb. Als sie eintrat, stieß sie einen Freudenschrei aus.

»Was für ein niedliches kleines Häuschen! Man erwartet jeden Moment die sieben Zwerge, die wissen wollen, wer sie aufgeweckt hat.«

»Stimmt«, erwiderte Tom.

Aus einem Schrank nahm er zwei Schneeschippen und reichte eine davon Kylie.

»Wir müssen den Motorschlitten besser unterbringen. Wenn wir den Platz genau vor der Hintertür freiräumen, können wir das gute Stück unter das Vordach schieben.«

Kylie lächelte ihm zu. Auf einmal hatte sie Spaß an dem Abenteuer. Dass sie vor dem Schneesturm in Sicherheit waren, gab ihr – zusammen mit Toms Selbstbewusstsein – wieder Mut. Also folgte sie ihm vornübergebeugt nach draußen, wo ihr ein eisiger Wind die Tränen in die Augen trieb.

Bald stand das Schneemobil wohlbehalten unter dem Vordach, und außerdem waren sie bei den Räumungsarbeiten zufällig auf den Stapel mit dem Brennholz gestoßen.

Kylie streckte ihren schmerzenden Rücken und sah sich um. Die Wetterbedingungen hatten sich drastisch verschlechtert, und es wäre Selbstmord gewesen, die Rückfahrt zu wagen. Sie rieb sich die behandschuhten Hände und half Tom, einige klatschnasse Scheite ins Haus zu tragen. Dabei fragte sie sich, wie um alles in der Welt sie die nur trocken bekommen sollten.

Inzwischen dämmerte es. Kylie wurde allmählich müde und fröstelte in ihren durchgeschwitzten Kleidern.

»Ich überlege, ob die Zwerge uns vielleicht noch anderes Heizmaterial hinterlassen haben«, meinte sie hoffnungsvoll und trat sich den Schnee von den Stiefeln.

Und sie hätten sich in Sachen Brennholz wirklich keine Sorgen zu machen brauchen, denn neben dem staubigen Kamin lag ein ordentlicher Haufen von Scheiten und Anfeuerhölzchen sowie einige vergilbte Zeitungen und Streichhölzer bereit.

Rasch legte Kylie ihre Last ab, machte Feuer, hielt die Hände über die Flammen und wärmte sich erleichtert auf, während Tom vergeblich versuchte, den Motorschlittenverleih anzufunken. Bis auf einen kleinen Tisch und zwei wackelige Stühle gab es in der Hütte keine Möbel.

Schließlich kam Tom zu Kylie und rieb ihr die Arme, damit ihr schneller warm wurde.

»Ich probiere es später noch einmal mit dem Funkgerät. Doch selbst wenn wir jemanden erreichen, wird uns bei diesem Wetter heute sicher kein Mensch mehr abholen.« Zärtlich sah er Kylie an. »Vielleicht ist das auch gar nicht so schlimm.«

Er musterte ihr Gesicht, ihre geröteten Wangen und ihre leuchtenden Augen.

»Du bist wunderschön«, murmelte er.

»Danke, aber dadurch kriegen wir auch nichts zu essen«, lachte Kylie ein wenig atemlos auf. Auf einmal fühlte sie sich bedrängt und wich zurück. »Ich sehe mal nach, ob ich etwas auftreiben kann.«

Sie schaute sich in der kleinen Küche um, die mit einem zerbeulten alten Teekessel, einem kleinen Herd mit Gasflaschen im Unterschrank, einer Schublade mit verschiedenen Küchenutensilien und einigen Töpfen und Geschirr ausgestattet war.

Das Ganze erinnerte Kylie eher an eine Puppenstube. Das einzig Essbare war eine verrostete Dose mit weißen Bohnen in Tomatensauce.

Kylie setzte ihre Suche fort und stieß auf eine Holztruhe voller Wolldecken, die in einer Ecke stand. Sie nahm vier heraus und hängte sie zum Auslüften über einen Stuhl vor dem Kamin. Da sie der Versuchung nicht widerstehen konnte, stieg sie dann die Treppe hinauf zum winzigen Speicher.

Fast glaubte sie, vor sich im Dämmerlicht sieben winzige Bettchen zu sehen.

Aber sie riss sich aus ihren Tagträumereien und entdeckte schließlich einige alte Matratzen, die zu einem Haufen aufgetürmt in einer Ecke lagen. Offenbar hatte der Besitzer dieser Hütte an sämtliche Notfälle gedacht. Sie rief nach Tom, und sie schleppten gemeinsam zwei Matratzen hinunter, wo sie sie vor dem Kamin ausbreiteten. Allmählich wurde es warm im Raum.

Es fehlte nicht nur etwas Essbares, sondern auch Wasser, wie Kylie feststellte, als sie vergeblich versuchte, den Hahn aufzudrehen. Da sie vermutete, dass die Leitungen eingefroren waren, nahm sie den größten Topf, den sie finden konnte, wischte ihn mit einem sauberen Papiertaschentuch aus und wagte sich vor die Hintertür, wo sie einige dicke Eiszapfen abbrach. Nachdem sie sie in den Topf geworfen hatte, schloss sie rasch die Tür, um den Schneesturm auszusperren, und schauderte, als das Wasser der schmelzenden Schneeflocken ihr den Nacken hinunterrann.

Sie stellte den Topf auf den Herd und wollte ihn anschalten. Doch der Hebel klemmte und gab nicht nach. Unbeirrt öffnete sie die Dose mit weißen Bohnen. Der Geruch war in Ordnung. Vorsichtig kostete sie eine Bohne: Am Geschmack gab es auch nichts auszusetzen.

»Für Essen und Trinken wäre also gesorgt«, meinte sie zu Tom, als sie mit der offenen Bohnendose und dem Topf, aus dem zwei rasch schmelzende Eiszapfen ragten, wieder hereinkam.

Tom brach in Gelächter raus, nahm ihr den Topf ab und stellte ihn in die Glut.

Zehn Minuten später taten sie sich, bewaffnet mit Teelöffeln, an kochend heißen Bohnen und altbackenen Keksen gütlich. Anschließend verspeisten sie die mitgebrachte Schokolade und spülten das Ganze mit dampfendem, wenn auch ein wenig wässrigem Kaffee hinunter, denn Kylie hatte den restlichen Inhalt von Toms Thermosflasche einfach mit kochendem Eiszapfenwasser verdünnt.

»Hätte schlimmer kommen können«, meinte Kylie und leckte sich die Schokolade von den Fingern.

Zu ihrer Überraschung fühlte sie sich gut. Sie zog ihre Decke um sich und hielt die Hände über das Feuer. Die Flammen verbreiteten eine starke Hitze und warfen tanzende Schatten an die Wand hinter ihnen. Doch ihr Rücken war immer noch kalt.

»Wem gehört die Hütte?«

»Keine Ahnung. Sie wird schon seit Jahren als Notfallhütte genutzt«, erwiderte Tom und rückte näher ans Feuer. »Wahrscheinlich war schon länger kein Mensch mehr hier, auch wenn jemand das viele Brennholz hergebracht haben muss.«

Er schlang den Arm um sie.

»Ich muss zugeben, dass ich den Tag eigentlich ein bisschen anders geplant hatte.«

»Ich auch.«

Kylies Herz begann heftig zu klopfen, beruhigte sich aber wieder, als Tom keine weiteren Annäherungsversuche unternahm.

Eine Weile unterhielten sie sich über ihren Ausflug und ließen die wunderschöne Fahrt, die idyllische Landschaft und das Holpern über die unebene Strecke noch einmal Revue passieren.

»Ich hatte schon lange nicht mehr so viel Spaß«, sagte Tom. »Ich bin wirklich gern mit dir zusammen. Noch nie habe ich eine Frau wie dich kennen gelernt. Es ist so ... vertraut.«

»Hmmm, mir geht es genauso«, seufzte Kylie.

Es war wirklich ein denkwürdiger Tag gewesen. Das warme Kaminfeuer machte sie schläfrig, und sie schmiegte sich entspannt an Tom und genoss das wohlige Gefühl, als er ihre Schultern streichelte und mit ihrem Haar spielte. Obwohl draußen immer noch der Wind um die Hütte heulte und der Schnee gegen die Fensterscheiben prasselte, war es drinnen kuschelig und gemütlich.

»Aber morgen können wir doch weg von hier, oder?«, fragte Kylie.

»Wenn wir ein bisschen schaufeln«, erwiderte Tom und nickte.

Er liebkoste ihr Haar, strich es ihr aus dem Gesicht und küsste sie dann zärtlich. Kylie erwiderte den Kuss. Tom war so ein sympathischer und unkomplizierter Mensch. Sie ließ sich wieder küssen, doch als seine Hand nach ihrer Brust tastete, schob sie ihn weg und setzte sich auf.

»Tom ... ich ...«

Tom nahm Kylies Hände und blickte ihr in die Augen.

»Ich glaube, ich bin gerade dabei, mich in dich zu verlieben«, sagte er mit belegter Stimme.

»Das muss am flackernden Kaminfeuer und dieser romantischen Hütte liegen«, entgegnete Kylie mit irischem Akzent, um die Situation ins Witzige zu ziehen.

Als Tom sie wieder in die Arme nehmen wollte, ruschte sie erneut weg, denn ihr war nicht wohl bei dem Gedanken, dass der Abend so eine Wendung nehmen sollte.

»Hör zu, Tom«, meinte sie schließlich. »Ich finde dich wirklich nett und fühle mich sehr geschmeichelt, weil du so für mich empfindest, aber ich kann dich nicht anlügen.«

Seine niedergeschlagene Miene ließ sie kurz innehalten.

Dennoch fuhr sie unbeirrt fort: »Ich weiß nicht, ob ich dir das geben kann, was du willst.«

»Hast du einen anderen?«, fragte Tom, und Besorgnis verdüsterte seine braunen Augen.

Während Kylie Toms freundliches Gesicht betrachtete, gab sie sich alle Mühe, das Bild von Danno beiseite zu schieben, das vor ihrem geistigen Auge entstand. Warum nur konnte sie sich nicht einfach in Tom verlieben? Er war doch so ein anständiger und gut aussehender Mann, und außerdem bedeutete sie ihm etwas. Sie musste Danno endlich vergessen!

Im Grunde ihres Herzens wusste sie, dass es sich nur um eine alberne Schulmädchenschwärmerei handelte, in die sie sich inzwischen offenbar hineingesteigert hatte. Ein paar Blicke, ein Skirennen, ein Tanz ... Sie spürte ein leichtes Vibrieren, als sie sich erinnerte, wie er sie in den Armen gehalten hatte.

»Nein, da ist kein anderer«, erwiderte sie mit Nachdruck und sah Tom ins Gesicht.

Dann schlang sie die Arme um ihn, küsste ihn und ließ ihn rasch wieder los.

»Du bist einer der nettesten Männer, die ich je kennen gelernt habe. Wir haben Spaß zusammen, und wir verstehen uns gut. Ich bin nur einfach noch nicht bereit für ... na, du weißt schon ... jemanden so nah an mich heranzulassen.«

»Möchtest du noch eine Weile am Feuer sitzen?«, fragte Tom.

»Gern«, antwortete Kylie, kuschelte sich an ihn und zwang sich, ihm zu vertrauen.

Schau, er ist wirklich sympathisch, sagte sie sich, als er keine erneuten Anstalten unternahm, sie zu verführen. Sie saßen da, blickten ins Feuer und unterhielten sich wieder über unverfängliche Themen wie ihren Alltag, das Skifahren und Toms Beruf.

»Du weißt doch sicher, dass Gwyn und ich am Ende der Saison nach Australien zurückkehren«, meinte Kylie, bemüht beiläufig, denn sie wollte sichergehen, dass sie ihm keine falschen Hoffnungen machte.

Ach, wie sehr wünschte sie sich, sie hätte mehr für ihn empfinden können.

»Gwyn ist nur so lange geblieben, weil sie weiß, wie wichtig mir die Skisaison ist.«

»Da wäre ich nicht so sicher«, murmelte Tom, die Lippen an ihren Hals geschmiegt. »Du riechst übrigens wundervoll. Küss mich noch einmal. Küssen ist erlaubt. Küss mich noch einmal.«

Kylie erstarrte.

»Was meinst du damit, dass ich mir nicht so sicher sein soll? Schließlich war ich es, die unbedingt hierher kommen wollte. Ich habe mich mit Michael in Verbindung gesetzt und uns beiden Jobs besorgt.«

Tom fuhr hoch.

»Das ist mir klar. Ich habe auch nicht von dir gesprochen, sondern von Gwyn.«

»Was soll denn mit ihr sein?«, fragte Kylie argwöhnisch. Ihr wurde allmählich mulmig.

Tom starrte sie an.

»Das meinst du doch nicht im Ernst. Oder bist du wirklich so naiv? Du hast selbst gesagt, dass sie sich in letzter Zeit seltsam benimmt, geheimnisvoll tut und einfach nächtelang verschwindet ... Den Grund kannst du dir sicher denken. Ganz Aspen weiß es.«

Kylie sprang auf. Ihre Augen funkelten zornig.

»Was weiß ganz Aspen?«, schrie sie.

»Dass sie ein Verhältnis mit Michael hat.«

»Michael Klein?«

Tom nickte.

»Ich kann mir nicht vorstellen, dass du das nicht mitbekommen hast.«

»Lügner!«, kreischte Kylie und versetzte ihm, ohne nachzudenken, eine schallende Ohrfeige.

Im nächsten Moment schon bereute sie ihr Verhalten.

»Es tut mir Leid, Tom, es tut mir schrecklich Leid«, stammelte sie, mit den Tränen kämpfend.

Sie streichelte seine Wange, wo sich bereits rot die Spuren ihrer Finger abzeichneten. Dabei zitterte sie wie Espenlaub, weil ihr bewusst wurde, dass er Recht hatte. Plötzlich fiel es ihr wie Schuppen von den Augen.

Das viele Geld für Kleidung, der Griff in ihr Portemonnaie, die Heimlichtuerei, Gwyns Bereitschaft, Tag und Nacht für Michael zu arbeiten.

Sie hatte den Qualm seiner Zigarren an ihr gerochen.

Warum nur hatte sie nicht zwei und zwei zusammengezählt? Weshalb hatte Gwyn geschwiegen?

Und natürlich hatte Gwyn sie heute versetzt, weil ... Wie konnte ihre Schwester nach allem, was sie durchgemacht hatte, nur so dumm sein?

Tom griff nach ihren zitternden Fingern und küsste sie.

»Pssst, pssst! Alles wird gut«, murmelte er beruhigend und nahm sie in die Arme.

Kylie brach in Tränen aus.

»Ich glaube es einfach nicht. Gwyn ist doch bestimmt nicht

so dämlich«, schluchzte sie, das Gesicht an seine Brust geschmiegt.

Sie machte sich los.

»Ist es in Aspen wirklich Stadtgespräch?«, flüsterte sie dann.

»Mehr oder weniger. Ich möchte nicht grausam klingen, aber das ist typisch Michael. Ein junges attraktives Mädchen, das sich von seinem Luxusleben blenden lässt ...«

Tom zuckte mit den Achseln, und Kylie bemerkte zum ersten Mal einen harten Zug um seinen Mund.

Sie stand auf, um Holz ins Feuer zu legen, und ging dann, die Decke um die Schultern gewickelt, im Zimmer auf und ab. Als sie in die Nacht hinausspähte, sah sie nur Dunkelheit. Der Wind hatte ein wenig nachgelassen.

»Komm, setz dich, wir können darüber reden«, meinte Tom leise.

Kylie ließ sich neben ihm nieder.

»Bestimmt hast du etwas falsch verstanden. So etwas Blödes würde Gwyn niemals tun«, sagte sie entschlossen, in dem Versuch, sich selbst zu überzeugen.

»Ich wollte dich nicht aufregen. Ich dachte wirklich, du wüsstest es.«

Kylie sah ihn an.

»Offenbar sagst du tatsächlich die Wahrheit.« Sie berührte die roten, allmählich verblassenden Striemen auf seiner Wange.

Tom nahm ihr Hand, küsste ihre Handfläche und erhob sich dann mit einem Seufzer.

»Ich denke, wir gehen besser zu Bett, bevor ich noch etwas tue, das ich bereue«, meinte er, und Sehnsucht stand in seinen Augen.

»Eine gute Idee«, erwiderte Kylie.

Toms Eröffnung hatte sämtliche Romantik und die behagliche Atmosphäre zunichte gemacht. Kylie wäre am liebsten den Berg hinuntergeflohen. Stattdessen zog sie die beiden

Matratzen näher ans Feuer, während Tom Holz nachlegte, und kuschelte sich dann unter die Decken.

»Danke ... du weißt schon, warum.«

Tom tätschelte ihr die Schulter.

»Keine Sorge, ich bin sicher, das wird sich alles von selbst lösen«, meinte er sanft im flackernden Schein des Kaminfeuers.

Kylie seufzte auf. Er war wirklich sehr nett. Wenn er nur nicht so verständnisvoll gewesen wäre. Lange lag sie wach, lauschte dem Knarren der kleinen Hütte und dem Tosen des Schneesturms und versuchte, sich einzureden, dass Tom sich in Gwyn geirrt hatte.

Als sie schließlich doch einschlief, huschten immer wieder Erinnerungsfetzen an Danno durch ihre verwirrten Träume.

Als Kylie aufwachte, lugten bereits die ersten Sonnenstrahlen durch die Fenster der kleinen Hütte. Steif rappelte sie sich auf und erschauderte. Das Feuer war ausgegangen, und es war eiskalt im Raum. Die Decke um sich geschlungen, spazierte sie zum Fenster und starrte ehrfürchtig auf das Bild, das sich ihrem Auge bot. Der Atem stand ihr als weiße Wolke vor dem Mund und schmolz die Eisblumen an der Fensterscheibe. Der Schneesturm hatte nachgelassen, und vor dem Fenster erstreckte sich ein schier endloser Ozean aus Schnee. Ihre Spuren von gestern waren unter einer meterhohen Schicht begraben.

»Ein beeindruckender Anblick«, meinte Tom, der gähnend hinter sie getreten war.

»Können wir jetzt fahren?«, fragte Kylie ungeduldig.

»Nur immer mit der Ruhe. Die Strecke zurück müsste passierbar sein.«

Keiner von beiden erwähnte Gwyn oder den gestrigen Abend, doch ihre Stimmung war ernst geworden.

Auf dem Rückweg nach Aspen erstrahlte die Landschaft noch mehr im Schneeglanz als am Vortag. Alles lag unter Pulverschnee begraben, und die Äste der großen Tannen bogen sich unter der weißen Pracht.

Tom lenkte das Schneemobil vorsichtig über die zugeschneiten Wege und wäre ein paar Mal beinahe in einer Schneewehe gelandet. Als sie endlich Chucks Motorschlittenverleih erreichten, wachten die Menschen gerade auf, und der Duft nach gebratenem Speck lockte Kylie und Tom auf der Suche nach einem stärkenden Frühstück ins Haus.

11

»Wo zum Teufel hast du bloß gesteckt?«, fragte Kylie, als sie nach der Rückkehr in die Gondola Lodge endlich ihre Schwester aufgespürt hatte.

»Im Büro, das habe ich dir doch ausrichten lassen«, erwiderte Gwyn barsch und wich Kylies Blick aus.

»Stimmt es, dass du ein Verhältnis mit Michael hast?«, platzte Kylie heraus.

Gwyn sah ihre Schwester entgeistert an.

»Was? Sei doch nicht albern! Er ist mein Chef und außerdem verheiratet!« Sie brach in schrilles Gelächter aus, hielt aber dann schlagartig inne.

»Wer hat dir diesen Bären aufgebunden?« Sie betrachtete Kylie misstrauisch. »Tom. Du hast es von Tom, richtig?«

Kylie wandte sich ab.

»Es war Tom, stimmt's?«, wiederholte Gwyn.

»Sag mir, dass es nicht wahr ist«, flüsterte Kylie.

Gwyn blickte sie zornig an.

»Hältst du mich wirklich für so blöd? Natürlich stimmt es nicht, und wenn Tom solche Verleumdungen in die Welt setzt, würde ich ihn an deiner Stelle schleunigst zum Teufel jagen. Falls ich noch mal versuchen sollte, dich zu verkuppeln, tritt mich bitte ans Schienbein.« Wieder lachte sie, diesmal nicht so gekünstelt, und zog Kylie an sich.

Kylie umarmte ihre Schwester und wischte sich die Tränen der Erleichterung weg, die ihr die Wangen hinunterliefen.

»Tut mir Leid, dass ich so gemein zu dir war«, sagte sie, und schob es auf ihre verwirrten Gefühle, dass sie Tom auch nur ansatzweise geglaubt hatte.

Doch trotz Gwyns leidenschaftlichen Leugnens wollten

sich Kylies Zweifel einfach nicht legen. Gwyn hatte sich verändert und verheimlichte ihr offenbar etwas.

Im Laufe der kommenden Wochen verstärkte sich Kylies Unbehagen. Die vertrauten Gespräche zwischen den beiden Schwestern wurden immer seltener. Sie sahen sich kaum noch, da Gwyn entweder Überstunden machte oder sich gut gelaunt in Schale warf, um von Party zu Party zu hetzen. Da Kylie ihrer Schwester das Glück gönnte, verkniff sie sich jede Kritik. Ihr Verdacht, was Gwyns Beziehung zu Michael anging, wurde nicht mehr erwähnt.

Währenddessen traf sich Kylie häufig mit Tom und hätte eigentlich zufrieden sein sollen. Er führte sie in schicke Lokale aus, machte ihr kleine Geschenke, bei deren Auswahl er sich offenbar etwas gedacht hatte, und verhielt sich niemals zudringlich, was Kylies schlechtes Gewissen noch steigerte. Sie befürchtete, ihm falsche Hoffnungen gemacht zu haben, und hoffte, dass er bald zu seinen Dreharbeiten zurückkehren würde. Gleichzeitig bedauerte sie es, dass sie für diesen unbeschreiblich rücksichtsvollen und reizenden Mann einfach nicht mehr empfinden konnte.

Sie schaffte es aber einfach nicht, einen Schlussstrich unter die Beziehung zu machen. Da Gwyn sich immer mehr von ihr entfernte, hätte sie so den einzigen Menschen aus ihrem Leben verbannt, mit dem sie noch offen reden konnte.

Kylie vermisste die Nähe zu ihrer Schwester sehr und hatte Sehnsucht nach ihren vertrauten Gesprächen. Aspen hatte für sie seinen Glanz verloren, während Gwyn sich weiterhin prima zu amüsieren schien.

Nur auf der Skipiste fühlte sich Kylie wirklich wohl. An den Wochenenden erteilte sie den Klein-Kindern Skiunterricht und führte unter der Woche Kurse an der Skischule durch. Obwohl der Schnee im Dorf bereits in der Frühlingssonne schmolz, waren die höher gelegenen Hänge noch in ausgezeichnetem Zustand, und es kamen einige wunderschöne, überraschend warme Tage, an denen Kylie nur in T-

Shirt und Skihose fahren und sogar auf die Handschuhe verzichten konnte.

Manchmal ging sie auch mit Tom zum Skilaufen, und die Stimmung zwischen ihnen war fast so unbefangen wie früher. Während Tom Kylies Gesellschaft weiterhin genoss, spürte sie sofort wieder Distanz, sobald sie die Piste hinter sich ließen.

Eines Abends Ende März bemerkte Kylie Licht unter Gwyns Tür, und sie bekam große Lust zu einem Gespräch. Fast wäre sie ohne anzuklopfen ins Zimmer geplatzt. Da hörte sie leises Gelächter und eine Männerstimme. Erschrocken flüchtete sie sich in ihr Zimmer.

Als sie am nächsten Morgen zu Gwyn hineinschaute, glänzte ihre Schwester durch Abwesenheit. Das Bett war ordentlich gemacht, und ein leichter Geruch nach teuren Zigarren hing im Raum.

Besorgt, einsam und immer noch nicht bereit, der Wahrheit ins Auge zu sehen, schnallte Kylie an ihrem nächsten freien Nachmittag die Skier unter und machte sich auf die Suche nach Meg, einer Freundin, die ebenfalls als Skilehrerin arbeitete. Die beiden Mädchen brachen zu den höher gelegenen Hängen auf, stürmten steile Schluchten hinunter, sprangen über Bodenunebenheiten, veranstalteten Wettrennen auf breiten glatten Pisten und tollten lachend im Schnee herum. Kylie fühlte sich aufgemuntert und wieder ein wenig besser.

Als Tom sich zum Mittagessen überraschend zu ihnen gesellte, spürte Kylie einen Knoten im Bauch.

»Ich lasse euch beide lieber allein«, meinte Meg taktvoll.

Kylie lächelte ihr dankbar zu.

»Heute muss ich es hinter mich bringen«, sagte sie sich, als sie mit Tom den Berg hinuntersauste.

Atemlos blieb sie unten am Fuß des Hanges stehen, sodass ihre Skier den Schnee aufwirbelten. Tom fuhr auf sie zu, nahm sie zwischen die Bretter und umarmte sie.

»Immer, wenn ich dich sehe, liebe ich dich ein bisschen mehr. Ich kann es nicht ertragen, auch nur eine Sekunde von dir getrennt zu sein«, meinte er mit einem zärtlichen Lächeln.

Kylie spürte, wie es ihr wieder den Magen zuschnürte. Sie zog die Handschuhe aus.

»Tom, ich finde, du bist ein wundervoller Mann«, begann sie.

Tom verzog erschrocken das Gesicht.

»Ich weiß, dass ich manchmal mit der Tür ins Haus falle, obwohl ich mir fest vorgenommen habe, ein bisschen dezenter zu sein. Wohin fahren wir?« Er wollte sich in Bewegung setzen, aber Kylie hielt ihn am Ärmel fest.

»So geht es nicht weiter, Tom«, sagte sie ohne Umschweife.

»Was, mit der Piste? Zugegeben, sie ist ein bisschen matschig …«

»Ich meinte damit uns beide, Tom. Bitte weiche mir nicht aus, es fällt mir ohnehin schon schwer genug. Können wir wenigstens darüber reden?«

Toms Miene verfinsterte sich.

»Was gibt es zu reden?«, fragte er wütend. »Ich liebe dich, du liebst mich nicht. Das war's dann also. Aus und vorbei.«

Mit diesen Worten stürzte er sich in den Hang.

Kylie seufzte verzweifelt, machte sich an die Verfolgung und schnitt ihm den Weg ab, sodass er anhalten musste. Dabei hatte sie eine unschöne Abschiedsszene unbedingt vermeiden wollen.

»Lass es uns nicht so beenden. Ich mag dich wirklich, und ich bin gern mit dir zusammen. Es ist nur, dass …«

»Dass du mich nicht liebst!«, schrie er zornig und gekränkt. »Wahrscheinlich kapiert das sogar der Dümmste, wenn du es nur oft genug wiederholst.«

Sie standen im Schnee und blickten einander traurig an.

»Ich bin nicht gut genug für dich«, sagte Kylie schließlich, in dem Versuch, ihm so wenig wie möglich wehzutun.

»Zerbrich dir nicht den Kopf darüber. Nett, dich kennen

gelernt zu haben. Genieße den Rest deines Aufenthalts und gute Heimreise«, entgegnete Tom barsch, stieß sich ab und verschwand auf der Piste.

Kylie blickte ihm nach. Hätte sie es ihm vielleicht schonender beibringen können? Bereits während der Nacht in der Berghütte hatte sie versucht, ihm klar zu machen, dass ihre Beziehung keine Zukunft hatte. Einerseits fühlte sie sich wie von einer Zentnerlast befreit, andererseits auch einsam, denn sie hatte soeben einen guten Freund verloren. Wenn sie sich nur ein bisschen mehr Zeit gelassen hätte ... Sie zog die Handschuhe an. Was redete sie da? Sie hatte keine Lust, mehr Zeit zu investieren. Außerdem war sie schließlich zum Skifahren nach Aspen gekommen und nicht, um sich zu verlieben. Ihr wurde klar, dass sie eigentlich so schnell wie möglich nach Hause zurückkehren wollte.

Drei Tage nach dem dramatischen Zwischenfall auf der Piste traf Kylie Gwyn endlich in ihrem Zimmer an. Nachdem sie ihre Schwester kurz umarmt hatte, ließ sie sich aufs Bett fallen.

»Schön, dich zu sehen, Fremde! Möchtest du mir nicht endlich erzählen, wer der große Unbekannte ist, der dich dazu verleitet, deine arme Schwester zu vernachlässigen?«, fragte sie, halb scherzhaft, halb im Ernst.

Gwyn zögerte, und ihre Augen verschleierten sich.

»Er heißt Jerry«, verkündete sie dann fröhlich, »und er ist superreich! Heute Abend trifft sich unsere Clique auf einen Drink im Rocky Mountain Pub. Du und Tom, ihr könnt gern mitkommen.«

Kylie zuckte zusammen, als Toms Name fiel. Sie hatte Gwyn noch gar nichts erzählt.

»Wir haben uns vor drei Tagen getrennt«, erwiderte sie. »Die Beziehung wurde mir zu eng, und ich hatte ständig das Gefühl, dass ich ihm etwas vormache. Das war nicht fair.«

Sie hielt inne.

»Manchmal frage ich mich, ob ich es je schaffen werde, mich zu verlieben. Ich meine, so richtig zu verlieben und zu wissen, dass es für immer ist.«

»Du trauerst doch nicht etwa immer noch Danno nach? Oh, Kylie, vergiss ihn. Leb dein Leben. Es gibt so viele Möglichkeiten, Spaß zu haben. Komm heute Abend mit. Ich kann dich sicher mit einem netten Typen bekannt machen.«

»Nein, danke, ich bin eben erst einen losgeworden«, erwiderte Kylie lachend und versetzte Gwyn einen spielerischen Rippenstoß. Es war fast wieder so wie früher.

»Aber ich komme trotzdem mit«, fügte sie hinzu, denn es machte sie froh, wie aufgeschlossen und glücklich Gwyn wirkte.

So gut gelaunt hatte Kylie sie schon seit Wochen nicht mehr erlebt, und sie schien von innen heraus zu leuchten.

Kylie wollte sich eingehender nach Jerry erkundigen, da sagte Gwyn verlegen: »Versprich mir, dass du keine falschen Schlüsse daraus ziehen wirst. Michael ist vielleicht auch dabei.«

Kylie fühlte sich wie nach einem Magenschwinger. Fest entschlossen – jetzt, da sie sich endlich wieder näher gekommen waren –, keinen Streit anzufangen, murmelte sie etwas Unverständliches und ergriff die Flucht.

Ein paar Stunden später – Kylie hatte sich inzwischen eine ausgiebige Dusche gegönnt und sich umgezogen – machte sie sich auf die Suche nach Gwyn, musste jedoch feststellen, dass diese bereits aufgebrochen war. Kylie unterdrückte Ärger und Enttäuschung und machte sich auf den Weg in die Kneipe.

Offenbar feierte die Clique bereits seit einer Weile. Ein wenig beschwipst lief Gwyn Kylie entgegen und stellte sie Jerry vor. Kylie schüttelte ihm höflich die Hand und versuchte, sich für Gwyn zu freuen, doch je länger sie den Mann beobachtete, desto weniger gefiel er ihr. Jerry war laut und gewöhnlich, hatte einen unsteten Blick, warf mit Geld um sich, brüstete sich mit den Prominenten, die er angeblich kannte, und behandelte Gwyn nicht wie seine Freundin, sondern eher wie einen Dekorationsgegenstand.

»Springt er immer so mit dir um?«, flüsterte Kylie, als Jerry Getränke holen ging.

»Ich mag ihn. Bei ihm und seinen Freunden fühle ich mich irgendwie bedeutend«, rechtfertigte sich Gwyn und warf das Haar zurück.

In ihren Augen stand ein unnatürliches Funkeln, und ihre Aussprache war undeutlich. Sie fing an zu kichern und schilderte Kylie die tollen Partys, die Jerry und seine Freunde veranstalteten.

Kylie war wie vor den Kopf geschlagen und fragte sich, ob Gwyn sich nicht zu eng mit Leuten einließ, die nichts als Geldausgeben und Feiern im Sinn hatten. Ihr fiel das leere Portemonnaie ein. Allmählich bezweifelte sie, dass sie das Geld je zurückbekommen würde.

Aber schon im nächsten Moment schalt sie sich für ihr Misstrauen. Gwyn wollte doch nur ein bisschen Spaß haben. Was war denn schon dabei?

Nur zwei Tage später fand Kylie ihr Portemonnaie erneut leer vor. Wutentbrannt stürmte sie zum Zimmer ihrer Schwester, riss die Tür auf und stand vor Gwyn, die sich gerade anzog, um zur Arbeit zu gehen. Gwyn brach sofort in Tränen aus.

»Ich zahle es zurück, Ehrenwort.«

Sie wirkte sehr nervös, hatte dunkle Ringe unter den Augen, und ihre Hände zitterten, als sie sich die Wimpern tuschte.

»Warum hast du mich nicht gefragt, wenn du so pleite bist? Was hast du denn diesmal gekauft?«, fragte Kylie anklagend.

Plötzlich besorgt, hielt sie inne. Gwyn sah richtiggehend kränklich aus.

»Du brauchst dieses ganze Zeug doch eigentlich gar nicht«, fuhr sie fort und ließ die Hand über die unzähligen knappen Oberteile, die Hosen und die Kleider gleiten, die ordentlich in Gwyns Schrank hingen.

Gwyn drehte sich zu ihrer Schwester um.

»Warum lässt du mich nicht einfach in Ruhe? Was geht es dich an, dass ich gern genügend Klamotten habe? Das ist nicht dein Problem! Weshalb darf ich denn nicht gut aussehen? Schließlich ist es nicht meine Schuld, dass du sämtliche Typen vergraulst.«

Ihre Stimme steigerte sich zu einem Kreischen. Sie verzog das Gesicht zur Grimasse und äffte ihre Schwester mit Quengelstimme nach.

»›Warum machst du dies, Gwyn, warum machst du das?‹ Hau doch einfach ab. Ich bin die Ältere von uns beiden. Ich zahle dir das Geld schon irgendwann zurück. Und jetzt muss ich mich anziehen, sonst komme ich noch zu spät zur Arbeit.«

Vor lauter Schreck über den plötzlichen Angriff trat Kylie zunächst wortlos den Rückzug an. Vor der geschlossenen Tür blieb sie zögernd stehen und öffnete sie dann vorsichtig wieder einen Spalt.

»Fühlst du dich nicht wohl, Gwynny? Habe ich da etwas nicht mitgekriegt?«

Gwyn war gerade dabei, ein Glas Wasser zu trinken.

»Tut mir Leid. Ich brauche einfach eine kleine Pause. In letzter Zeit arbeite ich zu viel. Heute Abend kriegst du dein Geld zurück.«

Gwyn klang fast so wie früher.

Allerdings hatte ihr Verhalten Kylies Besorgnis noch gesteigert. Nie zuvor hatte Gwyn sie so beschimpft. Es war da etwas im Busch, was sie ihr offenbar verschwieg. Kylie verfluchte Jerry und seine Kumpane und wünschte, Gwyn würde sich nicht mit diesen Leuten herumtreiben. Der alte Verdacht, Gwyn könnte ein Verhältnis mit Michael haben, regte sich wieder, aber Kylie tat ihn sofort ab. Schließlich waren sie und Gwyn stets offen und ehrlich zueinander gewesen. Kylie machte sich auf den Weg zur Piste, doch sie wurde das unbehagliche Gefühl einfach nicht los.

Später am Tag kam sie zurück und klopfte an Gwyns Tür. Niemand antwortete. Sie fühlte sich wie eine Diebin, als sie die Tür aufschloss und ins Zimmer schlüpfte. Der Raum war sauber und aufgeräumt, und alles stand an seinem Platz. Es wirkte fast übertrieben ordentlich. Kylie ging umher und fragte sich, woher sie das Recht nahm, ihrer Schwester nachzuspionieren. Zögernd überprüfte sie Gwyns Frisiertisch, warf einen Blick in das Schmuckkästchen, sah im Kleiderschrank nach und stieß auf eine zur Hälfte geleerte Wodkaflasche.

Ohne zu wissen, wonach sie eigentlich suchte, zog sie die Schublade des Nachtkästchens auf und kramte darin herum. Sie wollte sie schon schließen, da entdeckte sie ganz hinten ein winziges Plastiktütchen mit einem weißen Pulver. Mit einem flauen Gefühl griff sie danach. In diesem Moment kam Gwyn ins Zimmer.

»Jetzt schnüffelst du mir schon nach«, brüllte sie, stürmte auf Kylie zu und riss ihr das Tütchen aus der Hand. »Was zum Teufel bildest du dir eigentlich ein, in meinen Sachen herumzuwühlen?«

Entgeistert starrte Kylie ihre Schwester an.

»Sag mir, dass es nicht das ist, was ich denke«, flüsterte sie. Ihr wurde übel.

»Was soll es nicht sein?«, gab Gwyn zurück und verstaute das Päckchen in den Tiefen ihrer Hosentasche. Dabei sah sie Kylie anklagend an.

»Keine Drogen. Bitte, Gwynny, keine Drogen. Du weißt doch, was dieses Zeug aus Menschen macht.« Kylie war entsetzt.

»Wenn du damit erwischt wirst, verlieren wir unseren Job und kommen alle beide ins Gefängnis.«

Gwyn lachte höhnisch auf.

»Du bist so ein Unschuldslamm, Kylie. Alle koksen. Sag

nicht, man hätte dir nicht auch schon einmal etwas angeboten.«

Sie zog das Päckchen wieder heraus, streute sich eine Prise auf den Handrücken und zog sie durch die Nase hoch.

»Hier«, meinte sie und hielt Kylie das Tütchen hin.

Kylie wich zurück, und Gwyn begann zu kichern. Sie versuchte spielerisch, Kylie das Kokain aufzudrängen. Nach einer Weile gab sie es auf, ließ sich aufs Bett fallen und fing an, aufgekratzt über Nichtigkeiten zu plappern und von Jerry, den Partys und dem Spaß zu erzählen, den sie dabei hatte. Kylie betrachtete sie zunehmend besorgt und ratlos.

Gwyn setzte sich wieder auf.

»Mach doch nicht so ein Gesicht, du Schäfchen. Es ist nichts weiter dabei. Ach, Schwesterchen, ich wollte es einfach nur ausprobieren.«

Nun klang sie fast wie die alte Gwyn, die Kylie so sehr liebte.

»Schau, ich schmeiße es weg. Das Zeug wird sowieso stark überschätzt.«

Mit diesen Worten ging sie ins Bad, schüttete den Inhalt des Tütchens in die Toilette und betätigte die Spülung.

Kylie sah zu, wie das Pulver im Abfluss verschwand, und ihr fiel ein riesiger Stein vom Herzen. Sie drehte sich um und umarmte ihre Schwester.

»Ach, Gwyn, du hast mir richtig Angst eingejagt. Versprich mir, dass du das nie wieder tust!« Sie hatte Tränen in den Augen.

Gwyn drückte sie an sich.

»Du bist so eine Schwarzseherin.«

Mit ernster Miene sah sie Kylie ins Gesicht.

»Ich habe dich angelogen«, fuhr sie leise fort. »Ich bin nicht mit Jerry zusammen und war es auch nie. Es ist Michael. Wir lieben uns. Wir müssen momentan nur ein bisschen vorsichtig sein. Sei nicht sauer«, sprach sie rasch weiter, als sie Kylies Miene bemerkte.

»Ich weiß, dass ich dir gleich reinen Wein hätte einschenken müssen. Aber ich habe es einfach nicht geschafft. Wir haben einander geschworen, es geheim zu halten. Außerdem hatte ich keine Lust auf den üblichen Vortrag zum Thema verheiratete Männer, denn zwischen mir und Michael ist es nämlich etwas ganz Besonderes. Ich liebe ihn so sehr.«

Gwyns Mund verzog sich zu einem zärtlichen Lächeln.

»Er ist ein wundervoller Mann, Kylie. So zärtlich und rücksichtsvoll. Es ist nur eine Frage der Zeit, bis er sich von dieser Zicke Marie scheiden lässt. Er sagt, nach Hillarys Geburtstag wird er die nötigen Schritte unternehmen. Dann können wir unsere Liebe endlich in der Öffentlichkeit zeigen. Oh, Kylie! Ich bin selbst erstaunt, wie schnell alles gegangen ist, aber ich bin ja so glücklich!«

Sie tänzelte auf Kylie zu, die wie angewurzelt dastand und sie entgeistert anstarrte.

»Freust du dich denn gar nicht für uns?«

Kylie bebte vor Zorn. Sie war zornig auf Michael, der Gwyns Naivität derart skrupellos ausnützte, und auf Gwyn selbst, weil sie so leichtgläubig war. Gleichzeitig hätte sie sich ohrfeigen können, weil sie sich von Gwyns Lügen hatte einwickeln lassen. Ihre ganze Welt war auf den Kopf gestellt worden, und die lang geleugnete Wahrheit lag nun offen und für jeden sichtbar auf dem Tisch.

»Nimmst du sein Gerede etwa ernst, Gwynny? Verstehst du nicht, was er vorhat? Er benutzt dich nur. Das hat bei ihm Methode. Hillarys Geburtstag ist doch bloß ein Vorwand!«

»Ich wusste, dass du so reagieren würdest. Genau deshalb habe ich dir nichts gesagt.« Gwyn schlang die Arme um ihren mageren Körper. »Mir ist es ganz egal, was du und all die anderen sagen. Michael liebt mich wirklich. Schließlich wäre er nicht der erste Mann, der sich scheiden lässt.«

Sie hielt inne und zwang sich zur Ruhe.

»Michael ist ganz begeistert davon, wie gut du mit den Kindern umgehen kannst. Oh, Kylie«, brach es dann aus ihr heraus. »Ich hätte es dir so gern erzählt, aber wir hatten verabredet …«

Kylie ließ sich erweichen, und sie hoffte von ganzem Herzen, dass Gwyn glücklich werden und diese Beziehung eine Zukunft haben würde.

»Ach, Gwynny, ich vermisse unsere Gespräche. Ich habe dir so viel zu sagen. Wollen wir heute Abend etwas unternehmen und vielleicht ins Kino gehen, nur du und ich?« Sie dachte, dass sie ihrer Schwester vielleicht den Kopf zurechtrücken könne, wenn sie mehr Zeit mit ihr verbrachte.

»Ich würde liebend gern, Kylie, aber ich bin in einer halben Stunde mit Michael in der Stadt verabredet.«

»Oh«, sagte Kylie enttäuscht.

Sie musste sich den Vortrag verkneifen, der ihr auf der Zunge lag, während Gwyn weiter von Michaels Vorzügen schwärmte.

Nachdem ihre Schwester sich in Schale geworfen hatte und gegangen war, setzte sich Kylie in ein nahe gelegenes Café, um etwas zu essen. Während sie in ihre Suppe starrte, fragte sie sich, wie sie nur so blind hatte sein können. Warum hatte sie sich so starrsinnig geweigert, Tom zu glauben?

Ein paar Tage später wedelte Kylie eine Piste des mittleren Schwierigkeitsgrads hinunter. Sie hatte noch immer keine Antwort auf diese Frage gefunden.

In der Mittagspause blickte sie bedrückt in den Schnee hinaus, während die anderen Skilehrer über ihre prominenten Schüler plauderten. Inzwischen verhielt sich Gwyn wieder seltsam und abweisend. Dass inzwischen Marie und die Kinder unangekündigt eingetroffen waren, verbesserte die Lage nicht unbedingt.

Außerdem hatten sich Kylie und Gwyn wieder gestritten. Diesmal war es um Tabletten gegangen, bei denen es sich laut Gwyn angeblich um ein vom Arzt verschriebenes Antidepressivum handelte.

»Was ist los mit dir? Du siehst entsetzlich elend aus«, meinte Meg. »Lass mich raten: Wieder Ärger mit den Männern?«

Bevor Kylie antworten konnte, nahm eine Gruppe von Kindern, die fröhlich auf Russisch miteinander plauderten, an einem Tisch im Sonnenschein Platz.

»Die scheinen einen Riesenspaß zu haben«, stellte Kylie fest, die nicht über ihre Probleme sprechen wollte.

»Das sind ganz tapfere Kerlchen. Sie kommen aus Tschernobyl und werden von einer Hilfsorganisation betreut«, erklärte Meg. »Die Kleinen sind unglaublich lerneifrig. Sie bekommen eine Woche Skikurs bezahlt, bevor sie nach ihrer medizinischen Behandlung wieder in ihre Heimat zurückkehren. Die meisten leiden an Strahlenschäden. Es ist wirklich tragisch. Die Hälfte wird vermutlich den zwanzigsten Geburtstag nicht erleben.«

Kylie schüttelte den Kopf und musste plötzlich die Tränen unterdrücken. Glitzer, Glamour, Geld und Träume – das war die Welt, in der sie gerade lebte. Und das dort drüben war die Wirklichkeit: Diese Kinder würde man zurückschicken ... ins Nichts.

Später am Nachmittag begegnete sie den russischen Kindern zum zweiten Mal. Sie sah zu, wie sie lachend im Schnee herumtollten, und ihr Entschluss stand fest. Sie würde noch einmal ein Gespräch mit Gwyn führen und versuchen, sie zur Vernunft zu bringen.

Ein letzter Anlauf ...

Bei der bloßen Vorstellung wurde ihr flau im Magen.

Da sie sich schrecklich allein gelassen fühlte, überlegte Kylie, an wen sie sich wenden konnte. Kurz spielte sie mit dem Gedanken, die Eltern anzurufen, verwarf ihn aber sofort. Sie würden sich nur Sorgen machen.

Ganz sicher würde Gwyn wieder zur Vernunft kommen, sagte Kylie sich mit Nachdruck. Schließlich hatten sie es früher auch immer geschafft, ihre Probleme zu lösen.

Plötzlich fiel Kylie ein, dass sie sich von Gwyn hatte breitschlagen lassen, sie wieder einmal zu einer Party zu begleiten. Mist, wenn sie pünktlich sein wollte, musste sie sofort zurück ins Hotel.

»Hallo, Schwesterherz, wie geht's?«, rief Gwyn ihr von der Tanzfläche eines eleganten Hotels in Aspen zu.

Sie schmiegte sich eng an Jerry und sah in ihrem neuen Abendkleid hinreißend aus.

Sofort fragte sich Kylie, von welchem Geld ihre Schwester das gute Stück wohl bezahlt hatte, und marschierte auf Gwyn zu.

»Wir müssen reden – sofort«, sagte sie ruhig und ohne auf Jerry zu achten.

»Ach, Schätzchen, sei doch nicht so schrecklich ernst! Jerry, ich bin gleich zurück.«

Sie klimperte mit den dick getuschten Wimpern.

»Schau nicht so finster, wir sind hier auf einer Party«, zischte sie Kylie zu.

»Gwynny, können wir nicht woanders hingehen?«, drängte Kylie.

»Nein! Ich habe dich auf diese Party eingeladen …«

»Guten Abend, meine Damen. Wie ich sehe, genießen Sie Ihre Freizeit. Schön, Sie beide zu treffen.«

Kylie spürte, wie ihr ein Schauer den Rücken hinunterlief, als sie aufblickte und Michael Klein in die Augen sah. Am liebsten hätte sie ihm das arrogante, gekünstelte Grinsen aus dem Gesicht geprügelt. Was trieb dieser Mensch nur für ein Spiel? Hielt er sie für eine komplette Idiotin, oder war es ihm einfach gleichgültig? Gwyn strahlte ihn an, was Kylies schlimmste Befürchtungen bestätigte.

»Sie sehen wie immer hinreißend aus, meine Damen. Darf ich Sie auf einen Drink einladen?«, fuhr Michael höflich fort.

Die Hände zu Fäusten geballt und innerlich kochend vor Wut, nahm Kylie die Einladung an und bestellte einen Campari Soda. In den nächsten quälenden fünfzehn Minuten wurde über Banalitäten geplaudert. Währenddessen schmachtete Gwyn Michael an.

»Ich dachte, Sie hätten vielleicht Lust, mich nach oben zu einer kleinen Privatfeier zu begleiten. Sie haben sich einen angenehmen Abend ohne Bürokram und Kindergeschrei verdient«, meinte Michael. »Leider konnte Marie nicht mitkommen.«

Er sah die beiden Schwestern an, und sein Blick blieb kurz an Gwyn hängen. Jerry hatte sich offenbar in Luft aufgelöst. Gwyn war von der Einladung natürlich begeistert.

Da Kylie ihre Schwester keinen Moment aus den Augen lassen wollte, folgte sie den beiden in die oberen Stockwerke.

Die Party fand in den elegantesten Räumlichkeiten des Hotels statt. Riesige Kronleuchter, schwere Vorhänge aus rot und grün gemustertem Goldbrokat und Samtsofas gaben dem Raum eine viktorianische Note. An der Bar aus blitzblank poliertem Holz, die die ganze Wand einnahm, funkelten die Gläser, und es war jeder Cocktail zu haben, den das Herz begehrte. Kellner mit Tabletts voller Häppchen eilten umher, während ihre Kollegen die Bestellungen der Gäste entgegennahmen.

Michael stellte Kylie einigen seiner Freunde vor und verschwand anschließend mit Gwyn. Ein steifen Lächeln auf dem Gesicht, lauschte Kylie dem neuesten Klatsch aus Aspen – es ging um einen Filmstar, der Frau und Kinder wegen eines aufstrebenden Sternchens verlassen hatte. Sobald es möglich war, ergriff sie die Flucht. Sie warf einen suchenden Blick in einen der angrenzenden Räume, zog sich aber sofort zurück – dort wurde gekokst.

Der ganze Abend war eine einzige Quälerei. Sie musste zusehen, wie ihre Schwester unverhohlen mit Michael flirtete. Die beiden tanzten Wange an Wange, küssten sich und verdrückten sich nach einer Weile ins Nebenzimmer. Als sie kichernd zurückkehrten, merkte man ihnen deutlich an, dass sie unter Drogen standen. Am liebsten hätte Kylie ihre Schwester angeschrien und sie geschüttelt, damit sie endlich zur Vernunft kam. Stattdessen tanzte sie mit jedem Mann, der sie aufforderte, klimperte ein wenig mit den Wimpern und nahm sich, als sie das Schauspiel nicht mehr ertragen konnte, schließlich ein Taxi, um zurück ins Hotel zu fahren.

In ihrem Zimmer angekommen, schleuderte sie das Abendtäschchen auf einen Stuhl und brach in Tränen aus. Was sollte sie nur tun? Es war ein Albtraum.

Kylie durchwühlte ihr Portemonnaie nach Kleingeld für einen Anruf bei ihren Eltern, ließ es dann aber bleiben. Was sollte sie ihnen auch sagen? Dass ihre Schwester Drogen nahm und eine Affäre mit ihrem Chef hatte?

Und was hätten sie dagegen ausrichten können?

Mein Gott, sie musste dringend etwas unternehmen.

Kylie kroch ins Bett, zog die Knie vor die Brust und weinte, bis ihr ganzer Körper erzitterte und sie keine Tränen mehr hatte.

Früh am nächsten Morgen ging Kylie in Gwyns Zimmer, um ein ernstes Wort mit ihr zu reden. Aber ihr Bett war unberührt. Ohne sich um die Folgen zu kümmern, marschierte Kylie daraufhin in Gwyns Büro. Doch auch da war sie nicht.

Endlich entdeckte sie ihre Schwester in einem Café. Sie saß einfach da und starrte ins Leere.

»Du musst dich von Michael trennen«, begann Kylie ohne Umschweife.

Gwyn sah sie nur ausdruckslos an, zog eine Zigarette heraus und zündete sie mit einem goldenen Feuerzeug an.

»Gwyn! Seit wann rauchst du denn? Was ist los mit dir? Wir haben doch sonst immer über alles gesprochen.«

Gwyn zog nur wortlos an der Zigarette und klopfte mit dem Feuerzeug auf den Tisch, bis Kylie es nicht länger ertragen konnte.

»Verdammt, Gwynny, antworte mir. Ich bin deine Schwester, die, mit der du früher immer so gern gelacht hast.«

»Ich brauche Geld«, erwiderte Gwyn mit gepresster Stimme.

Kylie sah Gwyn finster an und hätte am liebsten sofort abgelehnt. Wenn Gwyn wirklich Drogen nahm, war es das Dümmste, ihr auch noch Geld zu geben. Aber sie sah so verzweifelt aus. Kylie zögerte, während Liebe und Vernunft in ihr kämpften. Dann wühlte sie in ihrer Tasche, zog ein paar zerknitterte Banknoten heraus und reichte sie ihrer Schwester.

»Gwynny, was ist los? Was hast du? Bitte lass dir von mir helfen. Bitte«, flehte Kylie.

»Danke.« Gwyn drückte die Zigarette aus und steckte das Geld achtlos ein.

Kylie umfasste Gwyns zitternde Hände und zwang sie, in ihr Gesicht zu sehen.

»Wie kann ich dir helfen, Gwynny?«, flüsterte sie, und es versetzte ihr einen Stich ins Herz.

Noch nie in ihrem ganzen Leben hatte sie einen derart hoffnungslosen Blick gesehen.

Kurz huschte ein Lächeln über Gwyns Gesicht. Sie tätschelte Kylies Hand.

»Keine Sorge, ich schaffe es schon. Hat Dad das nicht auch immer gesagt?« Tränen kullerten ihr die Wangen hinunter.

Kylie legte Gwyn den Mantel um, bezahlte die Rechnung und brachte sie im Taxi ins Hotel zurück, wo sich ihre Schwester widerstandslos mit einer Tasse heißen Tee ins Bett stecken ließ. Dann lief Kylie in die Buchhaltung und meldete, Gwyn habe Migräne und würde an diesem Tag nicht zur Arbeit kommen.

Da ihr der Zustand der Schwester Angst machte, sagte Kylie ihren Skikurs ab und blieb den restlichen Tag bei Gwyn. Sie bestellte ein Abendessen aufs Zimmer, das beide Schwestern kaum anrührten, und schließlich kletterte Kylie zu

Gwyn ins Bett und schlief ein, die Arme beschützend um sie geschlungen.

Am nächsten Morgen wirkte Gwyn fröhlicher und gesprächiger. Allerdings weigerte sie sich, über Michael oder ihr Verhalten vom Vortag zu reden. Sie versicherte Kylie, sie sei in der Lage, zur Arbeit zu gehen, und verabredete sich um eins mit ihr zum Mittagessen.

Wer nicht erschien, war Gwyn.

Kylie hätte sich wegen ihres Leichtsinns ohrfeigen können. Warum nur hatte sie Gwyn aus den Augen gelassen, obwohl sie wusste, wie es um sie stand? Als Gwyn auch am Abend nicht ins Hotel zurückkehrte, bekam Kylie es mit der Angst zu tun.

Sie spielte schon mit dem Gedanken, sich an Michael zu wenden, rief aber stattdessen eine von Gwyns Kolleginnen an. Aber auch diese hatte keine Ahnung, wo ihre Schwester stecken könnte.

Nach dem Einbruch der Dunkelheit irrte Kylie stundenlang durch die Straßen von Aspen und suchte Gwyns Stammlokale und viele weitere Kneipen nach ihr ab, allerdings vergebens. Je später es wurde, desto mehr wuchs ihre Ratlosigkeit.

Die Bars schlossen, und die Nachtschwärmer machten sich gut gelaunt auf den Heimweg. Mit den Tränen kämpfend, lehnte Kylie sich an eine Mauer und zermarterte sich das Hirn, wo Gwyn wohl stecken könnte. Nun kamen nur noch die weniger guten Viertel von Aspen infrage.

Kylie betrat schließlich in ihrer Verzweiflung eine heruntergekommene Kneipe im übelsten Teil von Aspen.

Sie war überzeugt, dass Gwyn normalerweise nicht im Traum daran denken würde, auch nur einen Fuß in ein solches Lokal zu setzen. Beim Anblick des schummrigen und schäbigen Raums lief ihr ein Schauer den Rücken hinunter.

In der dämmrigen Beleuchtung erkannte sie die ausgeblichenen, abgewetzten und verschlissenen Samtpolster der

Bänke. Die Luft war rauchgeschwängert, der süßliche Geruch von Marihuana unverkennbar.

An einem Tisch koksten zwei der ungepflegt wirkenden Gäste, ohne einen Hehl daraus zu machen. Einer verteilte das weiße Pulver auf dem Tisch und teilte es mit einer Kreditkarte in Linien auf. Währenddessen polierte der Mann hinter dem Tresen ungerührt seine Gläser.

Angewidert und verängstigt ging Kylie auf den Barkeeper zu, um nach Gwyn zu fragen. Der Mann schüttelte den Kopf. Kylie spähte erleichtert in die Dunkelheit und wollte schon kehrtmachen, als sie plötzlich vor Entsetzen erstarrte. Denn ihr Blick war auf Gwyn gefallen, und sie traute im ersten Moment ihren Augen nicht.

»Gwynny«, rief sie und eilte auf ihre Schwester zu. »Ist alles in Ordnung? Mein Gott, bin ich froh, dass ich dich gefunden habe!«

Dann entdeckte sie zu ihrem Entsetzen die Linien aus weißem Pulver auf dem Tisch, die Wodka- und Tequilaflaschen und die vielen leeren Gläser. Außer Gwyn saßen drei weitere Personen am Tisch, eine junge Frau und zwei Männer, alle gut gekleidet, mit gelockerten Krawatten, offenen Krägen und stierem Blick.

Einer der Männer rollte einen Geldschein zusammen, offenbar eine Hundertdollarnote, und schnupfte damit eine Prise Kokain. Danach trank er einen kräftigen Schluck Wodka und lehnte sich mit einem Aufseufzen zurück. Das andere Mädchen am Tisch kippte kichernd einen Tequila hinunter. Gwyn schnupfte ebenfalls Kokain.

»Gwyn, Gwyn«, drängte Kylie. »Das kann doch nicht dein Ernst sein. Komm, wir verschwinden.«

Sie versuchte, Gwyn vom Stuhl hochzuziehen. Doch diese riss sich schweigend los.

»Hey, Mädchen, verpiss dich. Die Kleine gehört zu uns.«

Der Mann ohne Krawatte erhob sich und machte drohend einen Schritt auf Kylie zu. Der andere, der offenbar nicht mehr verstand, was um ihn herum geschah, glotzte sie nur stumpf an.

»Hättet ihr Lust auf einen Drink? Kann ich euch einen ausgeben?«, rief Kylie verzweifelt, und überlegte, wie sie Gwyn hier hinausbugsieren sollte. Der Mann ohne Krawatte machte ihr Angst. Er hatte sich zwar wieder gesetzt, doch er warf Gwyn Blicke zu, als wäre sie sein Eigentum.

»Was? Bist du gekommen, um dich über mich lustig zu machen?«, schrie Gwyn, die Kylie endlich zur Kenntnis nahm. »Musst du immer so verdammt anständig sein? Du kommst ja nicht einmal klar damit, dass jemand dich liebt, dich von ganzem Herzen liebt …«

Sie brach in Tränen aus.

»Er wollte das Miststück verlassen. Er hatte es versprochen. Es war nur eine Frage der Zeit …«

Kylie wollte den Arm um Gwyn legen, aber diese stieß sie weg und heulte, dass Michael gesagt habe, er liebe sie. Sie müsse nur Geduld haben, bis Marie ihn endlich freigäbe und verschwände. Dann würden sie, Michael und die Kinder endlich ihren Frieden haben.

»Die Kinder lieben mich wirklich, und Michael liebt mich auch«, plapperte sie weiter. »Wenn diese blöde Kuh nicht gekommen wäre …«

Unvermittelt setzte jemand die Musikbox in Gang, und Kylie machte vor Schreck einen Satz. Sie zwang sich, Gwyn anzulächeln, ruhig zu bleiben und vernünftig nachzudenken. Sie musste einen Weg finden, ihre Schwester von diesen Leuten loszueisen.

»Komm, Gwynny, lass uns etwas essen gehen. Ich verhungere fast.«

Gwyn griff nach der Wodkaflasche, die mitten auf dem Tisch stand, und trank einen Schluck.

»Er hat gesagt, es ist aus. Sie hat ihn dazu gezwungen. Freiwillig hätte er das nie getan.«

Ihre Augen glitzerten, und ihre Stimme war rau – fast nicht

wiederzuerkennen. Wie hatte sich die wunderschöne zarte Gwyn in dieses abgemagerte Wrack verwandeln können?

»Aber wen interessiert das? Wir wissen alle, wie es ist im Leben«, meinte Gwyn, die plötzlich einen klaren Moment hatte. Sie nahm ein kleines Pillendöschen aus der Tasche, schüttete vier Tabletten in ihre Hand, stopfte sie in den Mund und spülte mit Wodka nach.

»Die sollen einen angeblich glücklich machen.«

Der stumpf vor sich hinstierende Mann erwachte kurz aus seiner Trance und nahm einen Schluck aus der Flasche.

Kylie blieb vor Schreck fast das Herz stehen.

»Nein, Gwynny! Nein! Die brauchst du doch nicht. Ich helfe dir. Alles wird gut.« Panik stieg in ihr hoch.

Gwyn lachte höhnisch auf. Sie erhob sich taumelnd und versetzte ihrer Schwester einen Schubs.

»Was verstehst du schon davon? Ich liebe ihn. Er liebt mich. Wir haben tollen Sex.« Dann drehte sie sich um und brüllte: »Diese blöde Schlampe hat ihn gezwungen, Schluss zu machen.«

Wieder griff Gwyn zur Wodkaflasche.

»Schluss! Wir werden sehen, wo Schluss ist.«

Sie schwankte gefährlich hin und her und wedelte Kylie mit der Flasche vor dem Gesicht herum.

»Weißt du, meine kleine Schwester, es kann gar nicht Schluss sein. Ich bin nämlich schwanger, und das Baby ist von ihm.«

Sie beugte sich über den Tisch und nahm einen Geldschein, um noch etwas Kokain zu schnupfen. Offenbar war ihr jedes Mittel recht, um die Trauer zu betäuben.

Kylie schlug Gwyn auf die Hand, und ein Teil des Pulvers fiel zu Boden. Wütend drehte sich Gwyn um, holte aus und versetzte ihrer Schwester einen Fausthieb ins Gesicht, dass diese rückwärts taumelte.

»Verpiss dich! Sie will deine Hilfe nicht«, knurrte der Mann ohne Krawatte, offenbar wütend wegen des verschwendeten Kokains. Er hob die Fäuste, um Kylie, die sich bereits die Nase hielt, noch einmal zu schlagen.

Der Barmann und zwei seiner Freunde setzten sich schnell in ihre Richtung in Bewegung. Plötzlich geriet Gwyn ins Taumeln und begann zu husten. Ihre Beine knickten weg, und sie stürzte zu Boden. Nur noch das Weiße in ihren Augen war zu sehen, und sie wand sich in Krämpfen.

»Gwyn!«, schrie Kylie entsetzt auf.

Sie fiel neben Gwyn auf die Knie und brüllte, jemand solle einen Krankenwagen verständigen. Dabei kam Kylie sich vor wie in einem schlechten Film. Es war zwei Uhr morgens.

»Wir können sein Auto nehmen.«

Das Mädchen am Tisch schwenkte den Autoschlüssel und wies auf den stumpf vor sich hinstarrenden Mann. Währenddessen begann der Mann ohne Krawatte Verwünschungen zu brüllen und verlangte, dass sie ihm Geld für die Getränke zurückließen. Ohne auf ihn zu achten, trugen Kylie und das fremde Mädchen Gwyn zum Wagen. Selbst in bewusstlosem Zustand schien sie kaum etwas zu wiegen.

Voller Angst fuhr Kylie so schnell wie möglich ins nächste Krankenhaus und stürmte, um Hilfe rufend, in die Notaufnahme. Ein Arzt und zwei Pfleger folgten ihr im Laufschritt mit einem Rollwagen, dessen Räder blechern über den Boden schepperten. Sie hoben Gwyn darauf und brachten sie eilig ins Gebäude.

Der Arzt gab eine Reihe von Anweisungen, während Gwyn in ein Behandlungszimmer geschoben wurde. Eine dunkelhäutige Krankenschwester schloss die Vorhänge. Kylie bemerkte, dass ihr krauses Haar kastanienbraun gefärbt war, obwohl das eigentlich gar nichts zur Sache tat.

Plötzlich schien alles wie in Zeitlupe abzulaufen: Die Vorhänge gingen auf, und der Arzt kam auf Kylie zu.

»Es ist zwecklos. Sie ist tot. Wir konnten nichts mehr tun.« Der Arzt seufzte erschöpft auf.

»Kennen Sie die Frau?«, fragte er dann. Er hatte schon zu

viele Drogentote gesehen und konnte einfach nicht verstehen, warum junge Leute ihr Leben so einfach wegwarfen.

»Sie ist meine Schwester«, antwortete Kylie, starr vor Entsetzen.

Ungläubig sah sie den Arzt an, der ihr freundlich erklärte, sie hätten alles getan, um ihre Schwester zu retten.

Gwyn konnte nicht tot sein! Sie hatte noch ihr ganzes Leben vor sich! Sie war ihre große Schwester.

Mit tränenüberströmtem Gesicht lief Kylie an dem Arzt vorbei ins Behandlungszimmer. Gwyn war nicht tot. Das war einfach nicht vorstellbar.

TEIL ZWEI

12

Kylie vergewisserte sich, dass alle Schlauchboote richtig festgezurrt waren und die Kanus ordentlich auf ihren Ständern ruhten. Die Jetskis standen gesichert und in Reih und Glied mit ausgeschalteter Benzinzufuhr auf dem Strand. Taue und Ausrüstung waren ebenfalls weggeräumt. Sie schloss die Tür zum Bootsschuppen, wischte sich mit dem Arm den Schweiß von der Stirn und schlenderte gemächlich den langen weißen Sandstrand hinunter.

Der Abend dämmerte. Es war ein angenehmes Gefühl, die Zehen in den weichen, noch von der Sonne erwärmten Sand zu bohren. Der dünne Baumwollsarong, den sie über ihrem Bikini trug, wehte ihr sanft gegen die Beine. Stimmengemurmel und Gläserklappern drangen zu ihr herüber. Ein paar Touristen gingen, ihren Schlummertrunk in der Hand, von den Zimmern mit Meerblick zu den bequemen, in dezentem Abstand zueinander aufgestellten Liegestühlen am Strand, um den berühmten Sonnenuntergang auf Dunk Island zu beobachten. Kylie ließ sich auf ihrem Lieblingsfelsen nieder, stützte das Kinn in die Hand und blickte über das gekräuselte Wasser. Die große Feuerball der Sonne verschwand langsam hinter dem Horizont und schickte glühende Strahlen über den Himmel, der in allen Rottönen aufleuchtete.

Am Ufer stand ein einsamer Angler, dessen Silhouette sich vom Wasser abhob, während dieses die Farbe von geschmolzenem Gold annahm.

Die Sonnenuntergänge auf Dunk Island waren wirklich eine Sensation, und Kylie schaute gern dabei zu. Sie hatte sich fest vorgenommen, das Schöne in einer Welt zu sehen, die für sie immer noch in Scherben lag.

Seit Gwyns Tod waren inzwischen drei Jahre vergangen. Eine Zeit, in der Kylie die Hölle durchlebt, sich mit Vorwürfen zermürbt, ihre Schwester sehnlichst vermisst und am Sinn des Lebens gezweifelt hatte. Sie hatte sich gewünscht, die Uhr zurückdrehen zu können, und den Tag verflucht, an dem sie nach Aspen gekommen waren, um einen Blick auf den vergänglichen Glanz zu erhaschen, der sie damals so gereizt hatte.

Selbstverständlich waren ihre Eltern, die ebenso fassungslos gewesen waren wie sie selbst, sofort nach Aspen gekommen. Immer wieder hatte ihre Mutter Kylie gefragt, warum sie sich denn nicht schon früher gemeldet und um Hilfe gebeten hätte. Was war geschehen? Warum hatte sich Gwyn so drastisch verändert? Ihr Vater hingegen verhielt sich beängstigend ruhig und beherrscht.

Gwyns Leiche wurde nach Australien überführt und in Lyrebird Falls beigesetzt. Die ganze Stadt kam, um der erschütterten Familie ihr Mitgefühl auszudrücken und sie ihrer Unterstützung zu versichern. Kylie hatte nur ein einziges Mal geweint, und zwar, als ihr Vater am Grab eine Rede gehalten hatte. Ansonsten hatte sie alles nur in stumpfem Schweigen beobachtet und dabei in ihrer Jackentasche mit der kleinen Figur gespielt, die Gwyn ihr am ersten Tag in Whistler geschenkt hatte.

Erst einige Wochen später, nachdem sie von Lyrebird Falls nach Dunk Island zurückgekehrt waren, hatte ihre Mutter von Neuem gefragt, warum Kylie damals nicht angerufen habe und was sie als Eltern falsch gemacht hätten. Da hatte Kylie endlich eine Reaktion gezeigt und ihre Mutter mit tieftraurigen Augen angesehen, unter denen dunkle Ringe lagen.

»Bitte, Mum, lass es einfach. Hör auf damit! Gwyn ist tot, und nichts kann sie wieder lebendig machen.«

Ihre Hände waren zu Fäusten geballt, ihr verhärmtes Gesicht aschfahl.

»Ich habe sie geliebt, und ich vermisse sie so sehr …«

Sie glaubte, die Schuldgefühle und die Trauer nicht mehr ertragen zu können, die sie zu überwältigen drohten.

Kylie war überzeugt davon, dass Susan und Geoff ihr die Schuld für Gwyns Tod gaben. Während sie zusah, wie ihre Mutter sich Tag für Tag bemühte, mit der Tragödie fertig zu werden, vergrub sich Kylie immer mehr im eigenen Elend. Geoff sprach kaum ein Wort, stürzte sich in die Arbeit und investierte viel Energie in den Ausbau der Ferienanlage, die zunehmend beliebter wurde. Offenbar brauchte er diese Ablenkung, um seinem Leben wieder einen Sinn zu geben. Nachts hörte Kylie das gedämpfte Weinen der Mutter und fühlte sich mit jedem Tag mehr ausgeschlossen. Doch sie glaubte, dass sie die Zurückweisung verdient hatte.

Eines Tages ertrug Kylie den Schmerz nicht mehr, packte eine kleine Reisetasche und verkündete, sie werde sich eine Stelle auf dem Festland suchen. Sie flog nach Mission, wo sie tatsächlich Arbeit als Kellnerin in einem Strandcafé fand.

Allerdings kam Kylie auch dort nicht zur Ruhe. Ständig wechselte sie den Arbeitsplatz, so als könne sie dem tragischen Verlust, der sie verfolgte, entrinnen, indem sie ständig in Bewegung blieb.

Manchmal schaffte sie es morgens kaum, aufzustehen und sich dem Tag zu stellen. Dann wieder wurde die Wut auf die Welt und auf Gwyn so groß, dass sie sie zu zerreißen drohte. An solchen Tagen ließ sie ihren Zorn in der Arbeit aus und brach absichtlich einen Streit vom Zaun, damit sie gefeuert wurde, oder kündigte einfach fristlos und stürmte hinaus. Anschließend kam sie eine Weile mehr oder weniger mit dem Leben zurecht, wohl wissend, dass sie nicht davor drücken konnte, sich konstruktiv mit dem tragischen Ereignis auseinander zu setzen.

Zu guter Letzt kehrte sie emotional erschöpft nach Dunk Island zurück. Das war vor zwölf Monaten gewesen.

Inzwischen war ein bewegtes Jahr vergangen, in dem Kylie und Susan sich immer wieder wegen Kleinigkeiten in die

Haare geraten waren. Susan hatte darauf bestanden, dass Kylie sich an der Arbeit in der Ferienanlage beteiligte, denn etwas anderes fiel ihr nicht ein, um ihre Tochter wieder an einen regelmäßigen Lebensrhythmus zu gewöhnen. Währenddessen war Kylie sich ständig dessen bewusst, dass sie die von Gwyn hinterlassene Lücke im Herzen ihrer Mutter niemals würde füllen können, denn sie hatte ihr nie so nah gestanden wie ihre verstorbene Schwester.

»Früher habe ich mir gewünscht, Gwyn würde einfach verschwinden, damit du auch einmal mit mir redest«, gab Kylie eines Tages zu.

Es waren ein paar Monate seit ihrer Rückkehr nach Dunk Island vergangen, und sie fühlte sich ein wenig besser. Sie und Susan waren gerade damit beschäftigt, die Schränke aufzuräumen.

»Und nun muss ich dauernd denken, dass mein Wunsch in Erfüllung gegangen ist. Aber das kann doch nicht sein, oder?«, fragte sie mit verzweifeltem Blick.

Kylie wischte sich mit dem Arm über die Augen und zog einen Karton mit muffigen alten Klamotten aus dem Schrank, auf denen bereits eine Schimmelschicht lag.

»Igitt, Mum! Das ist widerlich. Warum lässt du dir von diesem Zeug den ganzen Schrank verpesten?«

Susan verkniff sich die gereizte Bemerkung, die ihr auf der Zunge lag. Sie sehnte sich danach, ihre Tochter an sich zu ziehen, sie in die Arme zu nehmen und zu trösten. Doch das hatte sie bereits versucht und sich dabei nur eine Zurückweisung eingehandelt. Außerdem zerrte es an ihren Nerven, dass Kylie dauernd wegen Kleinigkeiten wie ein paar muffligen Kleidungsstücken Grundsatzdiskussionen anfing.

»Er war ein aalglatter Kerl«, fuhr Kylie fort. »Wie konnte Gwyn nur so dumm sein, sich in so einen zu verlieben?«

»Sprich nicht so über deine Schwester«, forderte Susan, die sich von den ständigen Stimmungsumschwüngen ihrer Tochter überfordert fühlte.

»Deine Schwester hat einen Fehler begangen, der sie das Leben gekostet hat. Glaubst du, dass dein ständiges Genörgel die Sache besser macht?« Sie fing an, mit einem Lappen an den Regalbrettern herumzuwienern.

Mit Tränen in den Augen sackte Kylie in sich zusammen.

»Merkst du denn nicht, wie elend ich mich deswegen fühle?«, schluchzte sie. »Und zwar, ohne dass du es mir ununterbrochen unter die Nase reibst?«

Susan stieß einen lautlosen Seufzer aus und machte sich wieder einmal auf einen von Kylies Wutanfällen gefasst. Obwohl sie wusste, dass der Zorn zum Heilungsprozess gehörte, wünschte sie sich, sie hätten endlich einmal ein vernünftiges Gespräch über die Sache führen können.

»Du und Dad, ihr hasst mir doch«, sprudelte Kylie hervor. So, jetzt war es heraus! Endlich hatte sie die Schuldgefühle, die sich schon so lange in ihr aufstauten, in Worte gefasst. Nun konnten ihre Eltern sagen, was sie wirklich für sie empfanden und was – wie schließlich alle wussten – die Wahrheit war: Sie, Kylie, hatte sich egoistisch und gedankenlos verhalten. Wenn sie sich mehr Mühe gegeben hätte, wäre Gwyn heute noch am Leben.

Susan sah sie wie vom Donner gerührt an.

»Glaubst du das wirklich?«, flüsterte sie erschrocken.

»Ich habe recht, stimmt's?«, entgegnete Kylie. Sie hatte die Arme um den Leib geschlungen, und Tränen strömten ihr aus den Augen. »Ich kann wieder fortgehen. Dann haben du und Dad endlich Ruhe vor mir.«

»Rede nicht so einen Unsinn und hör auf, ständig um dich selbst zu kreisen! Meinst du wirklich, dass ich beide Töchter verlieren will?« Susan war über ihren heftigen Ton ebenso überrascht wie Kylie.

»Ich hatte von Anfang an einen komischen Eindruck von Michael, aber ich habe es verdrängt«, kam Kylie wieder einmal auf ihre alten Selbstvorwürfe zu sprechen. »Ich wollte so gern noch eine Saison lang Ski fahren, und Aspen bot uns sämtliche Möglichkeiten, die wir uns erträumt hatten. Wenn ich nicht so auf mein Ziel versessen gewesen wäre, wären wir nie nach Aspen gefahren. Ich hätte auf meinen Bauch hören sollen. Sie war so glücklich …«

Susan warf den Lappen in den Putzeimer, wischte sich die Hände an ihrem alten Hemd ab und zog das bebende Mädchen an sich. Zum ersten Mal unternahm Kylie keinerlei Anstalten, sich loszureißen.

»Es nützt nichts, dass du alles wieder und wieder durchkaust. Du wirst nur krank davon. Erstens bist du sowieso schon viel zu mager, und zweitens redest du dummes Zeug«, sagte Susan streng und hielt ihre Tochter fest in den Armen. Dann lächelte sie ihr liebevoll zu. Sie spürte genau, wie Kylie sich quälte.

»Liebes, du musst loslassen. Gwyn ist tot. Wir haben sie alle geliebt. Geoff und ich wissen, dass du alles getan hast, um ihr zu helfen, aber …« Ihre Stimme versagte.

Wie hatte sie so blind sein können, nicht zu sehen, dass Kylie sich die alleinige Schuld an dem Unglück gab?

»Mein geliebtes Mädchen, ich liebe dich so sehr. Wir beide lieben dich so sehr …« Ihre Stimme zitterte.

»Du und Gwyn, ihr wart euch immer so nah, Mum. Ich weiß, wie sehr du sie vermisst«, schluchzte Kylie. Die Tränen liefen ihr übers Gesicht. »Sie war deine beste Freundin. Das hat sie mir immer gesagt. Oh, Mum, ich wünschte, ich hätte sie nie überredet …«

»Die Vergangenheit lässt sich nicht ungeschehen machen, mein Kind. Wir müssen nun wieder nach vorn blicken.«

Sanft wischte Susan Kylie die Tränen mit dem Hemdzipfel weg. Sie drückte ihr einen Kuss aufs Haar, und der frische Duft stieg ihr in die Nase. Sie sah auf einmal ihre beiden geliebten Töchter vor sich, als sie noch kleine Mädchen waren und rund um die Sunburst Lodge durch den Schnee tollten.

»Ich muss dir wohl einiges erklären, Kylie«, begann Susan und musste die Tränen unterdrücken.

Sie erzählte ihr, dass sie mehr mit Gwyn gesprochen habe, weil diese die Ältere gewesen sei. Manchmal hatte sie sich gefragt, ob sie Gwyn nicht überfordere und zu viel Reife von ihr verlange. Schon als Kind hatte Gwyn sich manchmal merkwürdig verhalten und häufig über die Stränge geschlagen. Doch sie, Susan, habe beschlossen, einfach nicht darauf zu achten, weil es so leichter gewesen sei. Außerdem habe sie sich mit Gwyn besser unterhalten können. Kylie sei ihr so ähnlich gewesen, dass es ständig zu Konflikten gekommen sei. Stets habe sie gedacht, dass eher Kylie als Gwyn auf die schiefe Bahn geraten würde. Aber sie hatte sich auf tragische Weise geirrt.

Susan wischte sich die Tränen weg.

»Ich mache mir Vorwürfe«, gestand sie. »Schließlich wusste ich, dass Gwyn zur Zeit eurer Abreise emotional nicht belastbar war. Ich hätte sie ernst nehmen sollen, als sie sagte, sie wolle wieder nach Hause ... Aber nun müssen wir nach vorn schauen und an die Zukunft denken, nicht an die Vergangenheit.«

Kylie bohrte die Zehen tiefer in den Sand. Sie erinnerte sich an den liebevollen Blick ihrer Mutter und die Erleichterung, die sie in diesem Moment ergriffen hatte, und ihr traten Tränen in die Augen. Es war ein Moment des Neuanfangs für sie beide gewesen, der erste Schritt in Richtung einer neuen und engeren Beziehung. Seitdem konnten sie ohne Schuldzuweisungen miteinander reden, und der Schmerz hatte ein wenig nachgelassen. Sie schwelgten wieder lachend in Kindheitserinnerungen, und Kylie war endlich in der Lage, von den schönen Erlebnissen auf ihrer Reise zu erzählen. Dennoch schwang für sie stets der Eindruck mit, dass diese Nähe ohne Gwyns Tod niemals möglich gewesen wäre.

Kylie beobachtete die rasch untergehende Sonne und fragte sich, ob sie sich je wieder umfassend glücklich und voller Tatendrang fühlen würde.

Venus, der Abendstern, funkelte am Himmel. Alles war so ruhig und wunderschön, und man konnte kaum glauben, dass es außerhalb dieser Märcheninsel noch eine andere Welt gab. Kaum vorstellbar, dass der Wirbelsturm Isla, der auf Cairns zusteuerte, gegen zwei Uhr morgens an der Küste erwartet wurde, denn noch regte sich kein Lüftchen.

Kylie schlenderte über den sich langsam abkühlenden Sand zurück. Liegestühle und Menschen waren in der Dunkelheit nicht mehr zu sehen, und sie hörte nur leise Stimmen. An den prachtvollen, leise rauschenden Palmen vorbei, die den gekachelten Swimmingpool säumten, eilte Kylie zu ihrem Vater hinüber, der gerade die Sonnenschirme von den Tischen vor dem inzwischen fast menschenleeren Restaurant entfernte. Geoff lächelte seiner Tochter zu, als sie ihm half, die restlichen Schirme einzusammeln. Dunk Island lag zwar nicht genau auf dem vorhergesagten Weg des Wirbelsturms über das Festland, doch es musste trotzdem mit orkanartigen Winden, Sturmfluten und heftigen Regenfällen gerechnet werden.

In den letzten beiden Tagen hatte Geoff Harris deshalb vorsichtshalber die Fenster mit Brettern verbarrikadiert und alles festgebunden, was nicht an einen windgeschützten Ort geräumt werden konnte. Seine Mitarbeiter hatten bereits Stühle und Tische von der Restaurantterrasse geschafft, die Sonnensegel gesichert und auch sonst alles verstaut, was der Sturm vielleicht mit sich reißen könnte.

Geoff kontrollierte die Tische, deren Stahlsockel fest im Beton verankert waren. Hoffentlich würden sie das Unwetter überstehen.

Der Wirbelsturm, dessen Zentrum eine Kleinstadt einhundert Kilometer nördlich von Cairns völlig in Schutt und Asche legte, traf um zehn nach zwei Uhr morgens auf das Festland. Die Bewohner von Dunk Island verbrachten eine schlaflose Nacht. Kylie fuhr im Bett hoch, als tosender Wind und heftiger Regen an ihrem mit Brettern geschützten Fenster rüttelten. Mit klappernden Zähnen zog sie einen Pulli über und eilte ins Zimmer ihrer Eltern, wo sie gemeinsam abwarteten, während rings ums Haus das Unwetter tobte.

Das aufgewühlte, schäumende Meer ließ gewaltige Brecher an den von Mangroven gesäumten Strand branden. Die größten Wellen reichten bis fast an die Gebäude.

Nach einer halben Stunde war das Schlimmste jedoch ausgestanden, und eine Stunde später konnte man sich wieder ins Freie wagen, ohne weggepustet zu werden. Kylie und Geoff schlüpften in ihre Regenmäntel und gingen los – mit Taschenlampen bewaffnet –, um nach dem Rechten zu sehen. Zwei der wunderschönen Palmen lagen quer über dem Pool und hatten im Sturz einige Kacheln zerschmettert. Drei Tische waren aus ihrer Stahlverankerung gerissen und quer über die Terrasse geweht worden. Das Hauptgebäude des Hotels hatte den Sturm unversehrt überstanden, und bis auf ein paar undichte Dächer und einige von fallenden Ästen zermalmte Steinstatuen und Blumenkübel war die Ferienanlage glimpflich davongekommen.

Vom Festland hingegen kamen weitaus schlechtere Nachrichten. Das Küstenstädtchen, das die volle Wucht des Wirbelsturms abbekommen hatte, war glücklicherweise rechtzeitig evakuiert worden. Doch nun waren viele Häuser zerstört, und die Menschen standen vor den Trümmern ihrer Existenz.

»Ich wünschte, ich könnte helfen«, verkündete Kylie, als sie am Morgen hörte, wie viele Einwohner nach der Katastrophe von der Außenwelt abgeschnitten waren.

Geoff und Susan blickten erstaunt von ihrem Frühstück auf. Zum ersten Mal seit Gwyns Tod schien Kylie sich spontan für etwas zu interessieren.

»Ja, mein Schatz, das würden wir alle gern«, erwiderte Susan und goss mit einer hastigen Bewegung Milch zu ihren Frühstücksflocken.

Es gab so viel zu tun, und da nur wenige Mitarbeiter in der

Ferienanlage zurückgeblieben waren, würden sie alle Hände voll zu tun haben.

»Wirklich, Mum, das meine ich ernst.«

Diesmal bemerkte Susan Kylies drängenden Tonfall und das Funkeln in ihren Augen, und es versetzte ihr einen Stich ins Herz.

»Warum rufst du dann nicht das Rote Kreuz an und fragst, ob sie freiwillige Helfer brauchen?«, schlug sie vor und wagte kaum zu atmen. »Du könntest natürlich auch die Vormittagsmaschine nach Cairns nehmen und dich persönlich vorstellen. Wenn du möchtest, komme ich mit.«

Eine zweite Aufforderung hatte Kylie nicht nötig. Aufgeregt hastete sie zum Telefon, während ihre Mutter sich auf den Weg ins Büro machte.

»Sie suchen Leute, die beim Aufbau einer Suppenküche helfen und Kleider und Decken verteilen. Schon gut, Mum, ich schaffe das auch allein. Aber trotzdem danke.«

Am liebsten wäre Susan in Tränen ausgebrochen. Es war, als hätte der Wirbelsturm Kylie endlich aus der stumpfen Trauer aufgerüttelt, die sie monatelang in ihrem Griff gehalten hatte. Vielleicht war das Mädchen nun endlich in der Lage, eine neue Zukunft für sich zu sehen. Schließlich konnte sie sich nicht für den Rest ihrer Tage auf Dunk Island verkriechen.

Kylie stand mitten in der überfüllten Haupthalle einer Schule in Mackenvale, einhundert Kilometer nördlich von Cairns, und bestrich in der tropischen Schwüle Berge von Broten mit Butter und teilte Suppe an verstörte Familien mit veränstigten Kindern, Alte und Gebrechliche und an erschöpfte und hungrige Hilfskräfte aus. Dabei lauschte sie herzzerreißenden Geschichten, in denen zerstörte Häuser, ruinierte Ernten und vernichteter Besitz die Hauptrollen spielten. Sie versuchte, den Menschen ein paar aufmunternde Worte und ein wenig Hoffnung mit auf den Weg zu geben, damit sie die

Kraft fanden, das Leben wieder in die Hand zu nehmen. Am Ende des langen regnerischen Tages gelang es ihr sogar, einen kleinen Jungen mit großen braunen Augen zum Lachen zu bringen. Er erinnerte sie an die Kinder aus Tschernobyl, die sie in Aspen gesehen hatte, und sie fühlte sich, als hätte sie gerade das schönste Geschenk ihres Lebens erhalten.

Während Kylie neue Tatkraft daraus schöpfte, Menschen zu helfen, von denen viele alles verloren hatten, trat ihr eigenes Elend endlich in den Hintergrund, und sie gewann ihre Lebensfreude zurück. Alle, denen sie begegnete, wussten ihre kindliche Begeisterungsfähigkeit und Offenheit zu schätzen, und ohne dass sie selbst es ahnte, setzte bei ihr der Heilungsprozess ein.

Nachdem sie sich telefonisch vergewissert hatte, dass ihre Eltern auch ohne sie in der Ferienanlage zurechtkamen, blieb sie noch einige Wochen auf dem Festland. Schließlich kehrte sie nach Dunk Island zurück und verkündetete, dass sie dem australischen Roten Kreuz beigetreten sei. Sie habe sich um eine Stelle als freiwillige Helferin beworben und wolle an einem humanitären Projekt im Ausland mitarbeiten.

»Ich weiß nicht, ob sie mich nehmen, weil ich keine wirkliche Erfahrung in diesem Bereich vorweisen kann. Denn hauptsächlich werden Leute mit einer passenden Ausbildung gesucht. Aber Rachael, das Mädchen, mit dem ich gesprochen habe, war sehr nett und meinte, sie werde meinen Namen auf die Warteliste für Notfälle setzen. Außerdem solle ich weiter die Stellenanzeigen durchforsten. Sie habe ihren Job auch nur bekommen, weil sie hartnäckig war. Ich denke, das versuche ich auch.«

Susan und Geoff hätten am liebsten laut gejubelt.

In den nächsten drei Monaten ging Kylie nicht nur ihren täglichen Pflichten auf Dunk Island nach, sondern erkundigte sich immer wieder am Telefon, ob nicht ein Posten frei geworden sei. Sie hatte zwar bald das Gefühl, auf der Stelle zu treten, ließ sich ihre Enttäuschung aber nicht anmerken.

»Was ist eigentlich eine Logistikassistentin?«, fragte sie eines heißen Dienstagmorgens mit einem Seufzer, nachdem sie eine Stunde mit dem Studium der Stellenanzeigen verbracht hatte.

»Da schleppt man Kisten, organisiert, beschafft Ersatzteile, repariert und sagt den Leuten, was sie tun sollen ... Hast du eigentlich nachgesehen, ob die letzte Benzinlieferung schon bestätigt wurde?«, meinte Geoff.

Kylies Miene hellte sich auf.

»Das mache ich doch seit achtzehn Monaten. Na ja, zumindest mehr oder weniger«, rief sie aus, ohne auf die Frage ihres Vaters einzugehen.

»Ja, richtig ... Das Benzin, Kylie?«

»Donnerstag, Dad. Mach keinen Stress!« Kylie kreiste das Wort »Logistikassistentin« mit grünem Filzstift ein. »Da bewerbe ich mich.«

Rachael hatte ihr außerdem erklärt, dass die anspruchsvollen Jobs in interessanten Ländern immer zuerst vergeben waren. Um einen Fuß in die Tür zu bekommen, würde sie zunächst eine weniger aufregend klingende Stelle annehmen müssen. Und da Kylie an Inventurlisten und am Kistenschleppen nichts Spannendes erkennen konnte, gab es allen Grund zur Hoffnung.

Drei enttäuschende Monate, vier Vorstellungsgespräche, einen Berg von Formularen und unzählige Telefonate später bekam Kylie endlich die Mitteilung, dass sie einen Ausbildungsplatz als Logistikassistentin erhalten hatte, und zwar in einem Team, das sich für einen Einsatz in Übersee vorbereitete. Zuvor müsse sie jedoch einen zweiwöchigen Einführungskurs in Brisbane besuchen, der in sechs Wochen beginnen würde, und bis dahin alle ihre Impfungen auffrischen lassen.

Schließlich war der große Tag da. Kylie schmerzten noch die Arme von der Choleraimpfung, und die Malariatabletten waren sicher in der Reiseapotheke verstaut. Nun stand sie vor ihrem Bett, auf dem ihre Sachen ordentlich ausgebreitet lagen. Nachdem sie, unterstützt von ihrer Mutter, alles noch einmal Stück für Stück kontrolliert hatte, stopfte sie ihre Habe in einen Seesack. Susan vergewisserte sich, dass Kylie ihren Pass, den Impfpass und genug Geld bei sich hatte. Dann umarmte sie ihre Tocher und nahm ihr das Versprechen ab, regelmäßig anzurufen.

Unten drückte Geoff Kylie ein Bündel Geldscheine in die Hand.

»Nur für alle Fälle. Man kann ja nie wissen«, meinte er ein wenig verlegen.

Auf dem Weg zum Schuppen am Inselflugplatz schimmerten seine Augen feucht, und er drückte Kylie zum Abschied an sich. »Komm gesund zurück«, meinte er mit belegter Stimme.

Susan zerpflückte eine Hibiskusblüte und gab sich keine Mühe, ihre Tränen zu verbergen. Kylie fiel ihren Eltern noch einmal um den Hals.

»Ich liebe euch so sehr«, sagte sie, ein aufgeregtes Funkeln in den Augen.

Endlich erhielt sie Gelegenheit, anderen Menschen zu helfen. Vielleicht war das der Sinn des Lebens, den sie suchte und der die Schuldgefühle, die sie immer noch zu überwältigen drohten, vertreiben würde.

Kylie trat aus dem Schuppen und stieg nach einer letzten Umarmung in das kleine zweimotorige Flugzeug. Dann beobachtete sie aus zweieinhalbtausend Meter Höhe, wie Dunk Island in der Ferne verschwand. Das azurblaue Meer unter ihr schien endlos, und die Segelboote wirkten wie winzige weiße Pünktchen.

Der Einführungskurs fand in einem kleinen Backsteingebäude in Brisbanes Innenstadt statt. Kylie kam in der Jugendherberge unter und meldete sich am ersten Tag aufgeregt zum Dienst. Sie wurde von einer molligen Frau Mitte Vierzig empfangen, die einen Papierstapel in der Hand hielt. Die Frau musterte sie durch eine Brille, die sie an einer vergoldeten Kette um den Hals trug, warf einen Blick auf ihre Liste und verkündete, Kylie werde einem Ausbildungsteam zugeteilt, das in Osttimor eingesetzt werden sollte.

Ein wenig verdattert erkundigte sich Kylie, wann es denn so weit sein würde.

»Ach, das kann ich dir nicht sagen, meine Liebe. Wir bereiten die Teams nur vor und springen, wenn die hohen Herrschaften uns rufen«, erwiderte sie mit einem strahlenden Lächeln, scheuchte Kylie in die Halle und wandte sich dem nächsten Neuankömmling zu.

In den nächsten beiden Wochen sollten verschiedene Teams ausgebildet werden. Kylie lernte einige der anderen Teilnehmer kennen und hörte ihnen zu, wie sie voller Selbstbewusstsein Anekdoten von ihren Einsätzen »im Feld« austauschten. Dabei wurde ihr immer mulmiger zumute. Sie stand kurz davor, sich einzugestehen, dass sie einen schrecklichen Fehler gemacht habe, und spielte bereits mit dem Gedanken an Flucht. Da näherte sich ein Mann Ende Dreißig mit braunem Haar und markanten Gesichtszügen und begrüßte ihre Begleiter mit Handschlag.

»Ich bin Craig Jarratt, Chef der Logistik und euer Teamleiter«, sagte er und schenkte Kylie einen freundlichen Blick. Ein Lächeln erhellte sein sonnengebräuntes Gesicht. Er hatte einen festen Händedruck, und sein sympathisches Schmunzeln sorgte dafür, dass sich Kylies Herzklopfen ein wenig legte.

Craig wiederholte, was die mollige Dame gesagt hatte, und erklärte ihnen, sie seien zwar eines der Teams, die auf Abruf zum Einsatz in Osttimor bereitstünden, würden so rasch aber nirgendwo hinfahren. Man hielte Mannschaften ständig für den Notfall fit und teilte sie dann einer Reihe verschiedener Organisationen zu.

Kylie war ein wenig enttäuscht zu hören, wie gering ihre

Chancen auf einen Auslandsaufenthalt waren. Aufgrund ihrer mangelnden Erfahrung würde sie vermutlich in der Verwaltung arbeiten. Doch sie schluckte ihren Unmut hinunter und erinnerte sich an Rachaels Rat, man müsse zuerst einen Fuß in die Tür bekommen. Rasch fand sie heraus, dass sie auch von Australien aus eine Menge bewirken konnte, indem sie die Verteilung von Lebensmitteln und anderen Hilfsgütern organisierte und dafür sorgte, dass diese auch rechtzeitig am gewünschten Ort eintrafen.

In den nächsten Wochen arbeitete sie fleißig, fragte sich aber dennoch, wie sie aus der Tretmühle herauskommen und die nötige Erfahrung bekommen sollte. Den ganzen Tag über machte sie sich unablässig Notizen und stellte unzählige Fragen. Vieles, was sie hörte, ging ihr sehr zu Herzen, doch sie straffte die Schultern und versuchte, sich nicht davon entmutigen zu lassen. Jeden Abend fiel sie erschöpft ins Bett und stand am nächsten Morgen erfrischt auf, um den neuen Tag in Angriff zu nehmen. Eigentlich klag es gar nicht so schwierig, Kisten in Flugzeuge zu verladen, Bestellungen auszuführen, Listen zu erstellen, Telefonate zu erledigen, Leute zu bedrängen und sich darum zu kümmern, dass auch nichts vergessen wurde. Doch so anspruchslos ihre Aufgaben auch sein mochten, leistete sie wenigstens einen Beitrag.

Zwei Tage vor Abschluss des Lehrgangs traf Kylie ihre Teamkollegen, die sich aufgeregt um Craig drängten. In Papua-Neuguinea, nördlich der Stadt Rabaul, hatte eine gewaltige Naturkatastrophe stattgefunden. Beim Verlassen der Jugendherberge hatte Kylie ein paar Nachrichten aufgeschnappt, und außerdem stand es in allen Zeitungen: Eine riesige Flutwelle, mehr als zehn Meter hoch, hatte ganze Dörfer dem Erdboden gleichgemacht. Die Menschen, die das Glück gehabt hatten zu entkommen, besaßen nur noch, was sie am Leib trugen. Berichte sprachen von hunderten von Toten. Die Anzahl der Opfer würde vermutlich noch steigen, wenn die Menschen versuchten, ihre Angehörigen aus den nahe gelegenen Mangrovensümpfen und unter eingestürzten Häusern zu retten.

»Es wird sofort ein Team vor Ort gebraucht«, fuhr Craig fort. »Ein in Port Moresby stationiertes Notfallkommando wurde bereits eingeflogen, um das Ausmaß der Schäden abzuschätzen. Doch da unser Team gut vorbereitet ist, sind wir damit beauftragt worden, uns um die Hilfsmaßnahmen zu kümmern. Morgen Abend geht es los. Der Einsatz findet unter der Leitung der Organisation AustWorld statt und wird drei Monate dauern. Flutwellen wie diese richten eine gewaltige Verheerung an, und man kann nicht vorhersagen, welche Bedingungen wir bei unserer Ankunft vorfinden werden. – Wer sich das noch nicht zutraut, soll es gleich sagen.«

Er ließ den Blick über die Gruppe schweifen.

»Kylie, ich könnte dich gut gebrauchen. Meinst du, du schaffst es?«

Kylie nickte, und ihre Hände wurden feucht. Vor Aufregung schnürte es ihr die Kehle zu. Rachael im Büro des Roten Kreuzes hatte also Recht gehabt. Wenn man nicht lockerließ, kam man irgendwann ans Ziel.

Spät am folgenden Abend zwängte sich das Team zwischen die Kisten und Säcke mit Lebensmitteln und Medikamenten sowie eine Wasseraufbereitungsanlage in den Frachtraum einer Herkulesmaschine der australischen Luftwaffe. Es bestand aus zwei Ärzten, zwei Krankenschwestern, einem Ingenieur, einem Experten für Entsorgung und Wasseraufbereitung, Craig und Kylie. Kylie klingelten noch die Ohren von der Aufzählung der vielen Aufgaben, die sie erwarteten. Sie schlang die Arme um den Leib, und das riesige Transportflugzeug stieg in den Himmel hinauf.

13

Zu aufgeregt, um zu dösen, sah sich Kylie im Flugzeug um, lauschte dem Dröhnen der Triebwerke und rutschte unruhig auf ihrem Platz hin und her. Sie waren schon seit zweieinhalb Stunden in der Luft und würden um zwei Uhr morgens in Port Moresby eintreffen.

Wie mochte es in einem von einer Flutwelle verwüsteten Gebiet wohl aussehen? Während der Einweisung in Brisbane hatte man ihnen ein paar verwackelte Aufnahmen von Menschen gezeigt, die sich damit abmühten, unter den Trümmern von Häusern verschüttete Tote zu bergen. Laut Medienberichten ging die Zahl der Todesopfer in die tausende. Die Hilfsaktion erschien Kylie als eine gewaltige Herausforderung.

Craig setzte sich neben sie.

»Alles in Ordnung?«

Kylie nickte, dankbar für seine Gesellschaft. Obwohl sie sich ihre Zweifel nicht anmerken ließ, war ihr ziemlich mulmig zumute. Sie kam sich unfähig vor und fühlte sich wie eine Hochstaplerin.

Craig erzählte ihr von den jüngsten Lageberichten und tat nichts, um seine eigenen Befürchtungen und seine Aufregung zu verbergen. Er war ein magerer Mann und stand im Moment unter Spannung wie eine Drahtfeder. Sein Blick schweifte immer wieder durch die Kabine, während er wild gestikulierend betonte, wie sehr er seinem Team vertraute.

Nach einer Weile übertrug sich sein Tatendrang auch auf Kylie, und sie begann allmählich Land zu sehen. Ihre Nervosität legte sich, als er ihr bestätigte, wie wichtig sie für das Projekt sei. Außerdem versicherte er ihr, die anderen würden sie bei ihren Aufgaben unterstützen. Sie dürfe sich nicht scheuen, Fragen zu stellen, wenn sie sich nicht auskenne.

Inzwischen wusste Kylie, dass Craig sich nicht so leicht aus der Ruhe bringen ließ. Er hatte ausgeprägte Führungsqualitäten und war deshalb nicht bei allen beliebt. Wie sie so dasaß und gemütlich mit ihm plauderte, merkte sie, dass er ein aufrichtiger Mensch war, der sich der Hilfe für die Not leidenden Menschen verschrieben hatte und auf den man sich hundertprozentig verlassen konnte.

Aufgrund dieses Gesprächs fühlte sie sich bei der Landung in Port Moresby schon viel ruhiger.

Der Aufenthalt in Port Moresby dauerte nur knapp vier Stunden, in denen das Team zwei Beamten aus Papua-Neuguinea vorstellt wurde. Diese sollten sie ins Katastrophengebiet begleiten und ihnen helfen, sich zurechtzufinden. Anschließend gab es eine kurze Einweisung, um die Lage vor Ort angesichts der neuen Informationen von Regierungsseite neu einzuschätzen.

Sie erfuhren, dass im Laufe der nächsten beiden Wochen weitere Hilfskräfte eintreffen würden, und baten um einheimische Dolmetscher, da in der Region hunderte verschiedener Dialekte gesprochen wurden. Noch einmal betonte Craig, wie wichtig es sei, die Bevölkerung vor Ort zur Mitarbeit am Wiederaufbau zu motivieren.

»Unsere Aufgabe ist es, den Einheimischen bei den ersten Schritten zu helfen, und nicht, ihnen alles aus der Hand zu nehmen und nach ein paar Wochen weiterzuziehen. Die Leute hier wissen viel mehr über dieses Land und die Zusammenhänge als wir. Vergesst das nie«, meinte er am Ende der Besprechung.

Nachdem sie wieder in der Luft waren, döste Kylie ein und wachte erst auf, als sie das beeindruckende Hochland von Neuguinea überflogen und die Morgensonne die wenigen Wölkchen über den Berggipfeln rosig färbte. Aufmerksam spähte sie aus dem kleinen Fenster, während der Landeanflug über den üppig grünen Dschungel begann, wo sich ein winziger Flugplatz befand.

Kylie verspürte ein leichtes Grummeln im Bauch, als die Maschine den Boden berührte und das Fahrwerk in der Morgendämmerung über den rissigen Asphalt holperte. Inzwischen konnte sie einen Teil der Schäden erkennen, die nicht nur von dem Tsunami, sondern auch von den Winden angerichtet worden waren, denn am Tag vor der Katastrophe hatte ein Sturm mit einer Windgeschwindigkeit von bis zu 270 Stundenkilometern gewütet.

Kylie wurde flau im Magen. Das war eindeutig kein Ferienlager. Sie war im Begriff, sich auf eine Situation einzulassen, die sie bis heute nur aus Informationsbroschüren und aus dem Fernsehen kannte.

Beim Anblick der umgestürzten Bäume weiteten sich ihre Augen vor Entsetzen. Ausgerissene Pflanzen waren am Rand der Landebahn zu Haufen zusammengeschoben worden. Offenbar hatte man sie rasch beiseite geräumt, damit die Maschine landen konnte. Eines der beiden kleinen Gebäude, in denen offenbar die Flughafenverwaltung untergebracht war, hatte einen Teil seines Daches verloren. Kylie holte tief Luft und straffte die Schultern.

Für einen Moment stand ihr Gwyns im Tod so friedliches Gesicht vor Augen. Dann sah sie die verzweifelte Miene ihrer Mutter vor sich und wurde wieder einmal von dem zähen und niederdrückenden Gefühl ergriffen, dass sie es niemals schaffen konnte.

Sie hoffte, dass dieser Einsatz sie zwingen würde, sich auf die raue Wirklichkeit zu konzentrieren. Sie hatte endlich die Möglichkeit, etwas dazu beizutragen, damit es anderen Menschen besser ging.

Schwüle tropische Hitze schlug ihr entgegen. Sie verließ, den Seesack geschultert, mit den anderen die Maschine. Der süße Duft des Hibiskus erinnerte sie an Dunk Island; er wurde jedoch rasch von dem widerlich süßlichen Gestank nach überreifen Früchten, faulenden Pflanzenresten und offenen Abwassergräben überdeckt, während sie vom Flugzeug zum Verwaltungsgebäude ging.

Der Flugplatz befand sich etwa acht Kilometer vom Zentrum der Verwüstung entfernt im Landesinneren und lag zirka hundert Meter höher. Dennoch hatten Sturm und sintflutartige Regenfälle ihren Tribut gefordert. Kylie sah halb umgestürzte Palmen, die sich in alle Richtungen bogen, und riesige Pfützen auf den Schotterstraßen. Neben dem Flugplatz befand sich ein heruntergekommener Hangar, der auf wundersame Weise verschont geblieben zu sein schien.

Einige einheimische Mitarbeiter des Flugplatzes traten aus dem Gebäude und wurden ihnen vorgestellt. Sie waren in Bermudashorts und bunt geblümte Hemden gekleidet, was so gar nicht zu der Katastrophenszenerie passen wollte.

Drinnen im Verwaltungsgebäude war es genauso schwül und stickig wie draußen. Die Deckenventilatoren drehten sich nicht, die Räume wirkten düster und bedrückend. Es gab weder Wasser noch Strom.

Nach einer kurzen Besprechung gingen sie wieder hinaus, wo Craig, der bis jetzt ruhig geblieben war, seinem Ärger Luft machte. Eigentlich hatte er damit gerechnet, das Gebäude als Stützpunkt nutzen zu können. Nun schimpfte er lauthals auf das einheimische Einsatzteam, das ihm mitgeteilt hatte, die Räume seien bereits verteilt. Für die ausländischen Hilfskräfte war kein Platz mehr.

»Das hat uns gerade noch gefehlt. Eine Horde von Erbsenzählern und keine Möglichkeit, einen Stützpunkt einzurichten! Verdammt!«

Doch rasch hatte er sich wieder gefasst. Zumindest waren die Straßen passierbar, wenn auch ein wenig schlammig, und die beiden Fahrzeuge hatten den Sturm überstanden, sodass sie Lebensmittel und Hilfsgüter ohne größere Zeitverzögerung an den Ort bringen konnten, wo sie gebraucht wurden.

Mit finsterer Miene und völlig durchgeschwitzt ließ er den

Blick über den Flugplatz schweifen und bemerkte den Hangar, der Kylie bereits aufgefallen war. Eigentlich sollte er als Lagerhalle dienen.

»Dann müssen wir unser Büro eben auch dort aufbauen. Hoffentlich reicht der Platz für uns und die Vorräte. Ich weiß ja nicht, wie es euch geht, aber ich habe keine Lust, unter den Sternen zu schlafen und von einem Tropengewitter geweckt zu werden.«

Er grinste seiner Mannschaft zu, und sein Wutausbruch von vorhin war vergessen. Zum Glück wusste Craig selbst, dass er ein ungeduldiger Mensch war.

»Gut, schauen wir uns diesen Hangar einmal an«, fuhr er fort und ging mit langen Schritten auf einen Gepäckkarren zu, der zu seiner Überraschung sogar ansprang.

Fünf Minuten später hatten sie den Flugplatz überquert und schoben die schweren Türen des Hangars auf.

Kylie taumelte zurück, als ihr der Gestank ins Gesicht schlug. Überall standen zerfledderte Pappkartons, voll mit faulendem Obst, herum. Dazwischen sah sie einige nicht identifizierbare Kadaver. Der restliche Platz wurde von defekten Geräten, Stacheldrahtrollen, verbogenen Eisenstangen und einem verrosteten Lastwagen ohne Räder eingenommen. Müll bedeckte den ganzen Boden. Der einzige Vorteil des Gebäudes bestand darin, dass es im Inneren verhältnismäßig kühl war.

Wieder stieß Craig einen Fluch aus, nahm mürrisch die Kappe ab und wischte sich den Schweiß von der Stirn. Diesen Hangar auszuräumen würde mindestens einen halben Tag in Anspruch nehmen, wobei man sich nicht allzu sehr hetzen durfte, um nicht etwa eine giftige Schlange oder Spinne, die vielleicht zwischen dem Müll lauerte, zu übersehen. Außerdem gab es kein Wasser, um anschließend gründlich sauber zu machen.

Den Hemdzipfel vor Mund und Nase gepresst, trat Kylie vorsichtig ein.

»Wenigstens ist es einigermaßen trocken«, verkündete sie und rümpfte die Nase.

Ihr fröhlicher Tonfall riss Craig aus seiner Niedergeschlagenheit. Rasch beauftragte er Bill, den Ingenieur, und Frank, den Hygieneexperten, damit, die Wasser- und Stromversorgung wiederherzustellen oder zumindest den Generator in Gang zu setzen. Als er sich umdrehte, stellte er fest, dass Kylie bereits Beth und Miriam, die beiden Krankenschwestern, mit Schutzhandschuhen ausgestattet und hintereinander aufgereiht hatte, um die Kartons mit dem verfaulten Obst nach draußen zu schaffen. Chung Li, einer der Ärzte des Teams, fuhr in einem kurzerhand beschlagnahmten Pick-up vor, was allgemeinen Jubel auslöste. Dann wurden die Kartons auf die Ladefläche gepackt.

»Seid auf der Hut vor einheimischem Getier«, warnte Craig.

Er war beeindruckt von Kylies Eigeninitiative und insgeheim erleichtert. Obwohl sein Instinkt ihm geraten hatte, sie zu diesem Einsatz mitzunehmen, war er damit ein Risiko eingegangen. Doch nun war er sicher, die richtige Entscheidung getroffen zu haben. Er griff nach einem der stinkenden Kartons und beteiligte sich an den Aufräumarbeiten.

Es war eine schmutzige und anstrengende Schinderei, und Kylie rann schon nach fünf Minuten der Schweiß in Strömen herunter. Dann war der Hangar endlich leer, und sie konnten anfangen, ihre Vorräte einzuräumen.

Bill hatte es geschafft, den Generator zu reparieren, sodass er wieder minutenweise Strom lieferte. Morgen würde er den Flughafenmitarbeitern bei der Instandsetzung des alten Kraftwerks helfen und hoffentlich auch die Wasserversorgung wieder in Gang bringen.

Kylie war erschöpft, aber in Hochstimmung, nachdem sie die letzte Kiste auf ihrer Liste abgehakt hatte. Inzwischen wurde es bereits dunkel. Sie half Miriam und Mike, dem anderen Arzt, beim Aufstellen der Schlafgelegenheiten, während Beth belegte Brote machte. Danach ließ sie sich auf eine Bank sinken und stellte fest, dass sie nicht nur Schmerzen am ganzen Körper, sondern auch Hunger hatte. Dankbar biss sie in das leicht feucht gewordene Brot. Die kärgliche Mahlzeit spülte sie mit süßem Tee, gekocht mit Wasser aus ihrem kostbaren Vorrat, hinunter. Anschließend beglückwünschten sie einander zu ihrer Leistung und begannen nach ein paar flapsigen Bemerkungen, das Vorgehen für die nächsten beiden Tage zu planen.

Mit der Hilfe eines Einheimischen würde Kylie sich um das Verladen, die Lagerung und die Auslieferung der Hilfsgüter in die betroffenen Gebiete kümmern. Währenddessen würde die restliche Mannschaft, mit Ausnahme von Bill, die Katastrophenregion besichtigen und überlegen, wie man am besten weitermachen sollte.

Als Kylie, verschwitzt und von Muskelkater geplagt, auf ihrem Feldbett lag – der Schlafsack erwies sich als überflüssig –, fühlte sie sich wie in einem Traum. Erst gestern Vormittag war sie noch in Brisbane gewesen. Und nun hatte sie den Auftrag, die Verladung von gewaltigen Mengen von Hilfsgütern zu überwachen, die Touren der Lastwagenfahrer einzuteilen, ohne den Weg zu den Zielorten zu kennen, und den Überblick über die ganze Aktion zu behalten. Und noch dazu in einem fremden Land, dessen Sprache sie nicht beherrschte.

Das alles klang fast nach einem Abenteuerfilm, der in den Tropen spielte, nur mit dem Unterschied, dass acht Kilometer vom Camp entfernt Menschen ihr Zuhause und in vielen Fällen auch ihr Leben verloren hatten.

Kylie drehte sich um. Die Augen fielen ihr zu, und schon wenige Sekunden später war sie eingeschlafen.

Beth rüttelte sie kurz vor dem Morgengrauen wach. Sie rieb sich die Augen, streckte sich und brauchte eine Weile, um zu begreifen, wo sie sich befand. Es war kein Traum, sondern Wirklichkeit. Sie war Mitarbeiterin eines Hilfsteams in

Papua-Neuguinea. Rasch zog sie sich an und sehnte sich nach einer Dusche.

Als Erstes teilte Craig ihr zwei einheimische Wachleute zu. »Ich will sichergehen, dass dir nichts passiert. In Situationen wie diesen kommt es häufig zu Diebstählen und Plünderungen. Diese Jungs werden auf dich aufpassen und dir bei der Einteilung der Fahrer helfen. Sie kennen jeden hier in der Gegend.«

Kylie nickte Craig kurz – und, wie sie hoffte, selbstbewusst – zu. Er ging, und sie schenkte ihren beiden Leibwächtern ein schüchternes Lächeln.

Im Gegensatz zu den anderen Einwohnern von Papua-Neuguinea, denen sie bis jetzt begegnet war, überragten die beiden sie um einiges. Sie waren schokoladenbraun, hatten dunkles lockiges Haar und trugen Pistolen in dicken Halftern, die sie um ihre beachtlichen Bäuche geschlungen hatten. Offenbar war mit ihnen nicht gut Kirschen essen. Sie merkte jedoch, dass ihnen immer noch der Schock in den Gliedern saß.

Kylie begrüßte die zwei Männer mit Handschlag, und ihre Hand verschwand in den riesigen Pranken.

In den ersten beiden Tagen hielten sich die beiden Hünen schweigend im Hintergrund und taten alles, worum Kylie sie bat. Zuerst stellte sie Zeitpläne für die einheimischen Fahrer auf und bestimmte die Orte, an die die Vorräte ausgeliefert werden sollten.

Mit der Zeit konnte Kylie sich die Namen der einzelnen Fahrer merken, und sie hörte sich ihre herzzerreißenden Geschichten an. Einer hatte fast seine gesamte Familie verloren, manche waren noch auf der Suche nach ihren Angehörigen, andere hatten die schreckliche Katastrophe noch immer nicht verkraftet. Auch sie wirkten, wie die Leibwächter, immer noch betäubt.

Am vierten Tag änderte sich die Stimmung. Die Wachmänner übernahmen das Kommando, auch wenn sie immer wieder schmunzeln musste, wenn Kylie versuchte, ein möglichst einfaches Englisch mit ihnen zu sprechen. Das wachsende Selbstbewusstsein ihrer Helfer vermittelte auch ihr mehr Sicherheit, und sie wagte, den Hangar für längere Zeit zu verlassen, um Ersatzteile für die Lastwagen zu beschaffen und mit den Mitarbeitern im Flughafengebäude zu sprechen.

Ein Mann Anfang Fünfzig, der auf den Namen Mumaki hörte, erwies sich als besonders hilfsbereit. Er war für die Bodenkontrolle zuständig und hatte Glück im Unglück gehabt, denn seine Familie war von der Katastrophe verschont geblieben. Sie hatte gerade seine Schwester in einem Bergdorf besucht. Er verlor zwar sein Haus und den Großteil seiner Habe, doch seine Zuversicht war ungebrochen.

Zu Kylies großer Erleichterung erklärte er sich bereit, das Umladen der Hilfsgüter im Hangar zu überwachen. Er warb noch einige Einheimische an, sodass Kylie mehr Zeit blieb, den Wareneingang zu prüfen und sich um die Reparatur der Lastwagen zu kümmern. Nachdem sie Craig gefragt hatte, ob das so in Ordnung ginge, nahm sie Mumakis Angebot dankbar an.

In der zweiten Woche hatte Kylie sämtliche Aufgaben fest verteilt. Die Lastwagen kamen am späten Nachmittag, die Fahrer aßen etwas, schliefen, beluden am nächsten Tag ihre Fahrzeuge und brachen im Morgengrauen wieder auf.

Weitere Mitarbeiter von Hilfsdiensten aus Japan, Australien, Amerika und Neuseeland trafen ein. Kylie setzte sie rasch in den verschiedenen Dörfern entlang der Küste ein. Währenddessen verlegte Craig den Stützpunkt vom Hangar in eines der Dörfer

Inzwischen erschienen die Transportflugzeuge seltener, sodass nur noch ein bis zwei Mal pro Woche eine neue Lieferung kam. Beeindruckt davon, wie Kylie die Verwaltung der Hilfsgüter schrittweise an die Einheimischen übertragen hatte, verkündete Craig eines Tages, sie solle ebenfalls in das Dorf übersiedeln. Von dort aus könne sie jeden Nachmittag auf der Schotterstraße die acht Kilometer zum Flugplatz fahren, ein paar Stunden lang bei der Beladung der Lastwagen nach dem Rechten sehen und sich um anstehende Probleme oder Verwaltungsfragen kümmern.

Wenn eine neue Hilfslieferung anstand, sollte sie auch dort übernachten, und ansonsten aber zurückkehren, um die Arbeit im Dorf zu unterstützen.

Froh, wieder mit dem restlichen Team vereint zu sein, verließ Kylie um zehn Uhr morgens den Flugplatz, sobald der letzte Lastwagen aufgebrochen war. Sie war bester Stimmung. Der Jeep, den sie sich vor kurzem »organisiert« hatte, holperte über die Straße. Sie erreichte die Stelle, wo vor kurzem noch ein Dorf gestanden hatte, und ihr lief der Schweiß zwischen den Brüsten und unter den Achseln hinunter.

Auf den ersten Blick sah es aus wie in einem tropischen Ferienparadies. Das Unwetter hatte die ganze Gegend dem Erdboden gleichgemacht, sodass sich am früheren Standort des Dorfes nun eine Lagune befand.

Der Sandstrand war strahlend weiß; Sonnenstrahlen tanzten auf dem azurblauen Meer, das an den tieferen Stellen eine dunklere Blautönung aufwies. Wellen mit kleinen Schaumkronen plätscherten an das Ufer, an dem vor kurzer Zeit noch kleine Holzhütten gestanden hatten, vor denen die Frauen kochten und die Kinder spielten.

Hinter dem Strand lagen, wie von einer Riesenhand dorthin geworfen und meterweit vom Wasser entfernt, zwei Fischerboote zwischen den riesigen Kokospalmen. Nur der nach Fäulnis stinkende, aus den Tiefen des Meeres emporgeschleuderte Seetang, der das Ufer bedeckte, störte die Idylle.

Kylie stieg wieder in ihren Jeep und fuhr weiter zum neuen Dorf.

Leichengeruch lag schwer in der heißen Tropenluft, und Kylie kämpfte mit dem Brechreiz. Fliegen umschwirrten ihr Gesicht, als sie sich auf die Suche nach der Kommandozentrale machte. Rings um sie herrschte emsige Betriebsamkeit. Alle waren mit dem Wiederaufbau des Dorfes beschäftigt.

Blaue Planen flatterten an grob gehauenen Pfosten, um den Überlebenden vorübergehend Schutz zu bieten. Dorfbewohner und Hilfsteams arbeiteten Seite an Seite, fällten Bäume im nahe gelegenen Wald und schleppten sie ins Dorf. Die Dächer wurden mit den großen Blättern des Pandanussbaums gedeckt. Mit nacktem schweißnassem Oberkörper und manchmal auch von der Sonne verbrannt, mühten sich die Menschen inmitten von stickiger Hitze und üblem Gestank ab. Die Situation war viel schlimmer als am Hangar.

Kylie begab sich sofort zum Feldlazarett, einem Zelt, vor dem eine lange Reihe von Menschen, sitzend oder stehend, geduldig wartete. Einige Leute starrten ins Leere, andere hielten ihre verletzten Angehörigen in den Armen. Eine Mutter mit tief in den Höhlen liegenden Augen wiegte ein Baby, das vermutlich erst wenige Tage alt war. Ein Stück entfernt kauerte ein alter Mann, kaute Betel und spuckte den blutroten Saft auf den Boden. Frauen schluchzten leise. Die Stille jagte Kylie einen Schauder den Rücken hinunter.

Als Kylie ihren Namen hörte, zuckte sie zusammen. Sie erkannte Craig in Begleitung eines Mannes, offenbar der Häuptling des Dorfes, und eilte erleichtert auf die beiden zu, die im Schatten zweier hoher Bäume saßen.

»Hattest du Probleme, den Weg zu finden?«, meinte Craig nur und stellte Kylie dann seinem Begleiter vor. Nachdem das Gespräch beendet war – für Kylie schien es eine Ewigkeit zu dauern und sich außerdem im Kreis zu bewegen –, stand Craig auf und verbeugte sich. Der Häuptling ging davon, und Craig drehte sich zu Kylie um.

»Du musst mir helfen, die Familien der Verwundeten und der Toten ausfindig zu machen«, sagte er. »Die meisten Leichen wurden bereits beerdigt, aber wir bergen ständig neue Opfer aus den Sümpfen. Deine Aufgabe ist es, in Erfahrung zu bringen, wie sie hießen und welchen Familien sie angehörten, und die Ergebnisse mit der Vermisstenliste abzugleichen. Wir müssen sichergehen, dass alle Beerdigten identifiziert wurden.«

Müde wischte er sich über die schweißnasse Stirn. Es war eine traurige Pflicht.

Kylie schluckte, nickte und fühlte sich auf einmal schrecklich überfordert.

»Komm, ich mache dich mit Ruhana, Mumakis Frau, bekannt. Sie leitet den Frauenrat des Bezirks und kennt jeden im Dorf sowie in den Nachbardörfern. Sie wird dich unterstützen.«

Craig marschierte in Richtung Feldlazarett. Kylie hastete hinter ihm her.

Ruhana war eine attraktive Frau Ende Vierzig mit einem bauschigen schwarzen Lockenschopf und Lachfältchen um Mund und Augen. Sie tröstete gerade eine weinende Mutter, die sich an ein Baby klammerte. Zwei verängstigte Kinder hielten sich an ihrem Rock fest.

»Sie hat ihren Mann, einen Sohn und ihre Eltern verloren«, erklärte Ruhana, nachdem Kylie ihr vorgestellt worden war.

Kylie schüttelte den Kopf und musste die Tränen unterdrücken. Die Frau war ihr auf Anhieb sympathisch. Ruhana war vollbusig, mütterlich, trug ein bunt geblümtes Kleid und strahlte gleichzeitig Feingefühl und Tüchtigkeit aus. Sie setzte sich mit Kylie zusammen, um eine Liste aufzustellen.

Später gingen sie zusammen zu den frischen Gräbern. Ein Mann lehnte weinend auf einem Spaten, andere standen mit leerem Blick herum.

»Wir werden die Namen notieren und die Gräber kennzeichnen. Die meisten Leute kenne ich«, sagte Ruhana leise.

Kylie nickte, mühsam beherrscht.

Nachdem sie so viele Gräber wie möglich gekennzeichnet hatten, gingen die beiden Frauen durchs Dorf und notierten die Namen der Toten und Vermissten. Kylie besorgte das

Aufschreiben, während die ältere Frau so gut wie möglich Trost spendete. Einige hofften noch immer, dass ihre geliebten Angehörigen wieder auftauchen würden.

Kylie und Ruhana sprachen mit einem Vater, dessen kleiner Sohn ein Bein verloren hatte. Kylies Versuch, sich mit Händen und Füßen mit ihm zu verständigen, zauberte ein Lächeln auf das Gesicht des Kleinen, der seinen Vater angrinste. Der Anblick brach Kylie fast das Herz.

Der nächste Tag verlief nicht minder belastend, denn Kylie musste ihre Liste der Opfer weiterführen. Da Ruhana mit Krankenbesuchen in der Klinik beschäftigt war, war Kylie mit ihren Versuchen, klare Aussagen von Menschen zu bekommen, die – noch benommen und unter Schock stehend – nach Familienmitgliedern suchten, auf sich allein gestellt. Bei einigen Dorfbewohnern, die die Trümmer ihrer ehemaligen Häuser durchsuchten, erkundigte sie sich nach Toten und Vermissten.

Während sie sich bemühte, das bruchstückhafte Englisch der Einheimischen zu verstehen, wünschte sie, sie hätte mehr tun können, um in dieser elenden Lage Trost zu spenden. Noch nie in ihrem ganzen Leben hatte sie eine derart lähmende Trauer erlebt.

Als sie am späten Nachmittag zwei Männer beobachtete, die versuchten, ein totes Schwein aus einem Baumwipfel zu befreien, hätte sie fast hysterisch losgelacht. Doch sie beherrschte sich, denn sie sah Craig raschen Schrittes auf sich zukommen.

Dennoch stand ihr im Gesicht geschrieben, dass sie sich von der Situation überfordert fühlte.

»Wie geht es dir?«, fragte Craig und musterte Kylie forschend.

»So einigermaßen«, erwiderte sie rasch.

»Wenn es dir zu viel ist …«

Kylie schnürte das Band fester, das ihr flammend rotes Haar zusammenhielt. Sie hatte versagt. Er würde sie wieder zurück zum Hangar schicken, um Kisten zu zählen, oder sie – noch schlimmer – zurück nach Hause verfrachten.

»Es ist wirklich in Ordnung. Ich bin nur ein bisschen müde. Aber da bin ich wahrscheinlich nicht die Einzige. Tut mir Leid, wenn ich nicht immer alles ...« Mit abgewandtem Blick wartete sie auf die unvermeidliche Standpauke.

»Du schlägst dich sehr wacker«, meinte Craig nach einer Weile und tätschelte ihr freundschaftlich die Schulter.

Er wusste sehr wohl, dass er ihr eine der schwierigsten Aufgaben übertragen hatte. Doch auch sie musste erledigt werden, und er war auf Kylies Mitarbeit angewiesen.

»Was hältst du davon, wenn wir uns was zwischen die Kiemen schieben? Ich bin jedenfalls am Verhungern – und am Verdursten.«

Erleichtert drängte Kylie die Tränen zurück und folgte ihm in den Schatten zweier großer Palmen, wo sich die Feldküche befand.

Beth gesellte sich zu ihnen. In ihrem erhitzten Gesicht war deutlich die Erschöpfung abzulesen.

»Ein Königreich für eine Tasse Tee«, stöhnte sie mit einem müden Lächeln.

Den Teller auf den Knien balancierend, begann Kylie, von den Familien zu erzählen, die sie kennen gelernt hatte. Und sie berichtete alles, was sie sonst noch über das Dorf erfahren hatte. Sie redete und redete und versuchte, dabei nicht auf die Trauer in ihrem Innersten zu achten.

Froh über ihre Begeisterung, gab Beth einige ihrer positiven Erlebnisse zum Besten. Auch sie hatte einen schweren Tag hinter sich, denn sie hatte Chung geholfen, einem jungen Mädchen den Arm zu amputieren.

Einige Patienten waren gestorben, andere kämpften mit schweren Malariaanfällen. Außerdem gingen inzwischen wichtige Medikamente aus. Da es Kylies erster Einsatz war, wollte sie das Mädchen nicht zusätzlich mit ihren Problemen belasten.

Kylie wirkte ziemlich erschüttert, und es war sicher nicht leicht für sie. Aber das galt für alle derartigen Einsätze, auch wenn man sich mit der Zeit an fast alles gewöhnte.

Craig beobachtete Kylie beim Reden. Er sah trotz ihrer Abgeschlagenheit, wie schön sie war, und er spürte die Kraft und den Tatendrang, die von ihr ausgingen. Sie war fleißig, das hatte er schon am ersten Tag bemerkt. Außerdem hatte sie Mut und war sehr attraktiv, wie er, in sich hineinschmunzelnd, feststellen musste.

Am nächsten Tag war Kylie froh, sich in den Hangar flüchten zu können, weil eine neue Hilfslieferung erwartet wurde. Fröhlich begrüßte sie die Lastwagenfahrer, sortierte die Hilfsgüter, füllte die Formulare aus und betrachtete dann die Sonne, die langsam hinter den Bergen unterging. Der malerische Sonnenuntergang wollte so gar nicht zu dem Schmerz und den Leiden der vergangenen Wochen passen.

Plötzlich liefen ihr die Tränen übers Gesicht und wollten einfach nicht mehr versiegen. Sie senkte den Kopf und schlug die Hände vors Gesicht. Ihre Schultern bebten, während sie von heftigen Schluchzern geschüttelt wurde. Auch als sie eine Hand auf der Schulter spürte und eine beruhigende Stimme hörte, konnte sie nicht aufhören zu weinen.

Endlich blickte sie schniefend auf. Es war Mumaki, der sie freundlich lächelnd ansah. Sein wortloses Verständnis gab ihr neue Kraft. Dieses Land war seine Heimat, und die Toten waren seine Landsleute. Und dennoch gelang es ihm, Mitgefühl für sie, eine Fremde, aufzubringen. Sein Mut verlieh ihr wieder Zuversicht.

Am nächsten Tag war Kylie zurück im Dorf und arbeitete weiter an der Vermisstenliste. Sie konnte sich nicht vorstellen, dass sie sich jemals an den Schmerz in den Gesichtern der Hinterbliebenen gewöhnen würde.

Eine junge Frau saß dem Zusammenbruch nah an der Stelle, wo vor kurzer Zeit noch ihre Hütte gestanden hatte. Sie umklammerte ihr totes Kind und weigerte sich, das Baby loszulassen. Ihre Angehörigen waren ratlos. Außerdem wies sie seit drei Tagen Wasser und Nahrung zurück. Auch Kylie wusste im ersten Augenblick nicht, was sie tun sollte.

Da hörte sie eine dunkle Stimme hinter sich. Der Mann mit dem schwarzen Bart und dem einfühlsamen Blick stellte sich als der katholische Priester des Ortes vor. Er segnete das Kind und sprach leise mit der Mutter, die schließlich zuließ, dass man ihr das Baby abnahm und es beerdigte. Der Vater weinte bitterlich, als er das kleine Grab zuschüttete. Kylie sah bei all dem zu und hatte keine Tränen mehr.

Lautlos kam Ruhana auf sie zu und hakte sie unter.

»Wir müssen rasch mit dem Bau einer Schule anfangen, Kylie. Die Frauen sollen sich wieder mit der Zukunft ihrer Kinder befassen.« Ihre Stimme war zwar leise, aber ihr Tonfall klang drängend.

Kylie drehte sich mit einem Nicken um. Auch sie wollte lieber an das Morgen denken.

Später am Nachmittag ging sie zum Rand der Mangrovensümpfe, um bei der Suche nach Toten und Verwundeten zu helfen. Während sie den Rücken streckte und sich die Stirn abwischte, dachte sie über Ruhanas Worte nach. Der Wiederaufbau der Schule und das Unterrichten der Kinder waren ein Projekt, auf das sie sich freuen konnte.

Die Hitze war drückend und die Schwüle kaum zu ertragen. Kylie zupfte an ihrem T-Shirt, das auf ihrer Haut klebte. Im nächsten Moment spitzte sie die Ohren. Hatte sie sich den leisen Schrei nur eingebildet? Nein. Da war er wieder!

Sie kletterte über die verschlungenen Wurzeln der Mangroven und wagte sich ein kurzes Stück den Pfad hinauf, bis sie sah, wer den Ruf ausgestoßen hatte. Es war ein Mädchen, sicher nicht älter als zwölf Jahre, mit blutverkrustetem Gesicht. Es zog einen Fuß nach und kam auf sie zugehumpelt.

Erschrocken eilte Kylie dem Mädchen entgegen und legte ihm den Arm um die Schulter. Die Kleine stand kurz vor dem Zusammenbruch und war leicht wie eine Feder. Auf Kylie gestützt, hinkte sie langsam und mühevoll weiter den Pfad entlang.

Noch ehe sie die Lichtung erreichten, war ein weiterer Schrei zu hören – so gefühlsbeladen, dass einem das Blut in den Adern gefror. Eine alte Frau mit tränenüberströmtem Gesicht lief auf das Mädchen zu und schloss es in die Arme. Ihr Rufen und Winken holten einen alten Mann herbei, der ihnen – ebenfalls unter Tränen – entgegenhastete. Auch Kylie konnte sich beim Anblick des Paares, das dem Mädchen um den Hals fiel, vor Freude das Weinen nicht verkneifen.

Die beiden alten Leute hatten ihre Enkeltochter gefunden, die einzige Überlebende der gesamten Familie. Nachdem Kylie sie ins Lazarett begleitet und sie Miriams Obhut übergeben hatte, kehrte sie an die Arbeit zurück.

Sie schämte sich ihrer Tränen nicht. Aus all dem Elend war ein kleiner Funke Hoffnung entsprungen.

14

Kylie hakte die Liste der Fahrer ab, die gerade vom Flugplatz zurückgekommen waren und am nächsten Tag ihre Lastwagen beladen sollten, um wieder aufzubrechen. Fünf der schweren Fahrzeuge, gesteuert von einheimischem und ausländischem Personal, würden nach Norden und zwei nach Süden fahren.

Mit einem spöttischen Schmunzeln malte Kylie ein Häkchen neben Freds Namen. Der Mitarbeiter einer dänischen Hilfsorganisation hatte einen unaussprechlichen Nachnamen, fand sich selbst unbeschreiblich witzig und liebte es, in ernsten Situationen unpassende Bemerkungen zu machen. Kylie hingegen hätte auf seine schlechten Scherze gern verzichtet.

Der heutige Tag war wieder sehr anstrengend gewesen. Zuerst hatte ein Schwerkranker zum Flugplatz gebracht werden müssen, um ihn von dort aus ins nächste Krankenhaus zu schaffen. Da weder Beth noch Miriam sich von ihren Pflichten hatten loseisen können, war Kylie auf sich allein gestellt gewesen. Sie machte das nicht zum ersten Mal, und man hatte ihr Verhaltensmaßregeln mit auf den Weg gegeben – falls sich der Zustand des Patienten drastisch verschlechtern sollte. Trotzdem war ihr ziemlich mulmig gewesen.

Die Situation erinnerte sie an Gwyns schrecklichen Tod und ihre eigene Hilflosigkeit beim Zusammenbruch ihrer Schwester. Kylie hatte einen der einheimischen Mitarbeiter angewiesen, das Steuer zu übernehmen, und sich zu der jungen Patientin gesetzt, um nach ihr sehen zu können.

Die Lage wurde noch dadurch verschärft, dass es in den letzten beiden Tagen heftig geregnet hatte, was die Arbeiten stark behinderte und die Straßen nahezu unpassierbar machte. Als zwei Reifen des Lastwagens in einer Kurve wegen des schlechten Straßenzustands buchstäblich in der Luft hingen, befürchtete Kylie schon, das Fahrzeug könnte umkippen. Die Kranke stöhnte vor Schmerzen.

Nachdem Kylie ihre Schutzbefohlene wohlbehalten den Sanitätern übergeben hatte, fiel ihr ein Stein vom Herzen. Im nächsten Moment erfuhr sie jedoch, dass die Hälfte der Hilfsgüter, die eigentlich an Bord der Maschine hätten eintreffen sollen, aufgrund eines Missverständnisses anderswo abgeliefert worden war. Und um das Maß voll zu machen, sagte man ihr, dass drei ihrer Fahrer sich verspätet hatten.

Gerade warf sie noch einen Blick auf die Liste, als sie eine Männerstimme hörte: »Entschuldigen Sie bitte, könnten Sie mir sagen, wer hier zuständig ist?«

Kylie blickte auf und sah einen Mann Ende Zwanzig mit Dreitagebart und dunklen Schatten unter den strahlend blauen Augen. Geistesabwesend schickte sie den Neuankömmling zu Mumaki, der am anderen Ende des Hangars beschäftigt war. Craig hatte erwähnt, dass in den nächsten Tagen weitere Mitarbeiter erwartet wurden.

An ihrem Bleistift kauend, blickte Kylie dem jungen Mann nach. Er sah recht gut aus, obwohl sie sein Haar, das ihm lockig in den Nacken fiel, ein wenig zu lang fand. Außerdem war er viel zu dünn, und aus seinem sonnengebräunten Gesicht stachen die Wangenknochen hervor. Aber diese Augen blieben ihr im Gedächtnis. Wie konnte sie auch, denn sie erinnerten sie an einen Sommerhimmel.

Kylie erstarrte, und das Herz krampfte sich ihr zusammen: *Danno O'Keefe!* Das konnte doch nicht möglich sein!

Da drehte sich der junge Mann um und kam auf sie zugerannt.

»Kylie Harris! Du bist es doch, oder? Ich habe dich gar nicht erkannt. Was zum Teufel machst du denn hier?«

Kylie klopfte das Herz bis zum Hals.

»Danno! Dasselbe könnte ich dich auch fragen«, gab sie zurück.

Im nächsten Moment fiel ihr ein, dass sie sicher schrecklich aussah. Sie trug ihr ungewaschenes Haar zu einem Pferdeschwanz zusammengebunden, ihr Gesicht war schmutzig und ihre Kleider durchgeschwitzt und voller Schlamm. Sie lachte, um ihre Verlegenheit zu verbergen.

»Man hat mich von meinem letzten Einsatz abgezogen und mich hierher versetzt, da dringend Ingenieure gebraucht werden. Ich war einverstanden; ist ja egal, wo ich arbeite. Und was ist mit dir? Ich wusste gar nicht, dass du auch bei einer Hilfsorganisation angeheuert hast.«

»Es ist mein erster Einsatz«, gab Kylie grinsend zu, als ihr klar wurde, dass er ein ebenso zerrauftes Bild abgab wie sie selbst – wenn nicht sogar noch schlimmer.

»Super, dass du da bist. War ein Scheißtag heute – entschuldige meine Ausdrucksweise.«

Sie fing an, ihm von den Lastwagenfahrern, den Hilfsgütern und der Fahrt vom Dorf hierher zu erzählen, und unterbrach ihren Redeschwall dann plötzlich mit einem befangenen Auflachen.

»Du hast dich kein bisschen verändert«, meinte Danno grinsend und fuhr sich mit der Hand durchs Haar. »Mit dir konnte ich noch nie mithalten, weder gedanklich noch auf der Piste. Wie läuft es eigentlich mit dem Skifahren? Und wie geht es deiner Familie? Ist mit deiner Mum, deinem Dad und Gwyn alles in Ordnung?«

Kylies Miene verdüsterte sich.

»Gwyn ist tot«, entgegnete sie knapp.

Sie wollte nicht darüber sprechen, ja nicht einmal daran denken.

Danno starrte sie entgeistert an.

»Das tut mir Leid. Ich hatte ja keine Ahnung …«

»Wohin wirst du geschickt?«, erkundigte sich Kylie, um seinen Fragen zuvorzukommen.

»Weiter in den Norden, sofern es sich unsere Bosse nicht anders überlegt haben«, antwortete Danno, der ihr Unbehagen spürte, mit einem Lächeln.

Er erklärte ihr, dass man ihn in einem der größeren Dörfer etwa dreißig Kilometer nördlich von hier einsetzen würde.

»Ich könnte mit allen möglichen Aufgaben betraut werden, von der Reparatur selbst gebastelter Wasserkraftwerke bis hin zum Graben von Quellen, vielleicht lässt man mich auch nur Nägel in die Wand schlagen. Sag nur, was du brauchst, und es wird sofort erledigt. Man hat mir erzählt, ich könnte mit einem der Lastwagen mitfahren, die in diese Richtung wollen.«

»Dann solltest du besser Mumaki kennen lernen. Er ist für die Vorräte zuständig und ein sehr sympathischer Mensch.«

Rasch steuerte Kylie auf den Hangar zu, froh, dass das Thema Gwyn offenbar erledigt war.

Dort angekommen, warf sie einen Blick auf ihre Liste.

»Tumi hat die Tour nach Norden übernommen. Du könntest bei ihm mitfahren«, schlug sie vor. »Er ist einer meiner Lieblingsfahrer und lächelt immer. Ich weiß nicht, wie er das schafft, denn er hat bei der Katastrophe die Hälfte seiner Familie verloren. Außerdem kennt er jede Kurve und jedes Schlagloch auf dieser Strecke – als Straße kann man diese Holperpiste nicht unbedingt bezeichnen.«

Sie lachte auf, um sich nicht anmerken zu lassen, dass Tumis Anblick sie stets traurig stimmte. Außerdem machte Dannos Nähe sie ganz nervös.

Sie stellte Danno und Mumaki einander vor und kehrte an ihre Arbeit zurück. Doch sie konnte sich einfach nicht auf die Aufgabe konzentrieren, die noch fehlenden Fahrer aufzuspüren. Ständig musste sie an Danno und an den unglaublichen Zufall denken, dass er so plötzlich ausgerechnet hier aufgetaucht war.

Eigentlich war Kylie sicher gewesen, dass sie nicht mehr

Herrin ihrer Gefühle sein würde, falls sie ihm je wieder begegnen sollte – aber nichts dergleichen war geschehen. Nach der ersten Überraschung hatte sie eher Geborgenheit empfunden, so, als ob ihr in seiner Gegenwart nichts zustoßen könnte. Das war natürlich völlig absurd, wie sie sich streng vor Augen hielt, während sie sich erneut der Planung für den nächsten Tag zuwandte. Schließlich hatte sie Danno seit Jahren nicht gesehen. Diese Schulmädchenschwärmerei war längst Schnee von gestern. Darüber hinaus hatte er ihr keinen Grund zu der Annahme gegeben, dass er etwas anderes als freundschaftliche Gefühle für sie hegte. Dennoch hatte sie sich über das Wiedersehen gefreut.

»Wie lange arbeitest du schon im Hilfsdienst?«, fragte sie ihn.

Sie taten sich an dem Eintopf gütlich, den Kylie für die Fahrer und die übrigen Mitarbeiter gekocht hatte.

»Das müssen jetzt so knapp fünf Jahre sein. Ich war schon überall auf der Welt und habe einige merkwürdige Dinge gesehen«, antwortete Danno zwischen zwei Löffeln.

Er erzählte Kylie, sein Vater sei nicht sehr begeistert von seinem Entschluss gewesen, Auslandseinsätze für den Hilfsdienst zu machen. Dieser hatte gehofft, dass sein Sohn ihn bei der Führung der Hotels unterstützen würde.

Eigentlich war das ja auch Dannos Plan gewesen. Er liebte Lyrebird Falls, und die Vorstellung, eigene Hotels zu leiten, hatte ihm sehr gefallen. Doch er wollte nach Abschluss seines Ingenieurstudiums mehr von der Welt sehen. Das hatte er seinem Vater erklärt, nachdem dieser ihm endlich einmal zuhörte. Die Tätigkeit bei einer Hilfsorganisation war ihm als spannende Herausforderung erschienen. Widerstrebend hatte sein Vater nachgegeben und war inzwischen stolz auf das Engagement seines Sohnes. Allerdings hatte Danno mittlerweile so viel Freude an seinem Beruf, dass ihm die Aussicht, nach Lyrebird Falls zurückzukehren, nur noch wenig verlockend erschien.

»Und was ist mit dir? Als wir uns zuletzt gesehen haben, warst du noch in der Schule.« Kylie zuckte angesichts dieser letzten Bemerkung zusammen und fing dann an zu erzählen.

Gwyn erwähnten sie beide nicht mehr. Beim Reden musterte Kylie Danno genau. Er hatte sich verändert und war reifer geworden. Außerdem hatte er etwas Abweisendes, nein, Distanziertes an sich, als hätte er wegen der Erfahrungen der vergangenen Jahre um sich einen Schutzwall errichtet. Dennoch erkannte sie in den leuchtenden blauen Augen den Danno wieder, den sie als Schulmädchen so vergöttert hatte.

Danno streckte sich und schob seinen Teller weg. Dann fuhr er sich mit den Fingern durchs Haar und strich sich die langen Locken aus der Stirn.

»Du kannst nicht etwa zufällig Haare schneiden?«, fragte er mit einem verlegenen Grinsen. »Das Gestrüpp nervt mich tödlich, aber die Alternative wäre gewesen, mir von irgendeinem Sergeanten bei der Army eine Glatze scheren zu lassen. Ich habe es selbst mit dem Taschenmesser versucht, aber die Klinge ist ziemlich stumpf. Der Bart muss auch weg«, fügte er hinzu und kratzte sich am Kinn.

»Vom Rasieren lasse ich lieber die Finger, aber wenn du das Risiko eingehen willst, versuche ich es mit deinen Haaren«, erbot sich Kylie.

Sie war sehr erleichtert, dass ihr nicht mehr jedes Mal das Herz stehen blieb, wenn er sie anblickte.

Während Kylie spätabends noch an Dannos Locken herumschnippelte, lauschte sie seinen Erlebnissen in den vielen von Kriegen und Naturkatastrophen verwüsteten Ländern, in denen er Aufbauarbeit geleistet und Gemeinschaftsprojekte gegründet hatte.

Nachdem Kylie die letzte Strähne abgeschnitten hatte, trat sie zurück, um ihr Werk zu bewundern. Sie konnte stolz auf sich sein, denn das Ergebnis war wirklich recht ansehnlich. Sie kramte die Puderdose aus ihrer Tasche hervor, damit Danno sich in dem winzigen Spiegel betrachten konnte.

»Nicht schlecht«, meinte Danno mit einem schiefen Grinsen und strich sein nun kurzes Haar glatt.

»Wenn man bedenkt, dass du mit Messer und Gabel herumgefuhrwerkt hast.«

Kylie versetzte ihm einen spielerischen Schubs.

»Du undankbares Geschöpf! Es sieht toll aus.«

Sie legte die Schere weg, griff nach einer von Dannos Haarlocken und wickelte sie sich um den Finger. »Die behalte ich, um mich an diesen ganz besonderen Abend in dieser sehr fremden Welt zu erinnern.«

In jener Nacht schlief Kylie zum ersten Mal seit ihrer Ankunft in Papua-Neuguinea tief und traumlos durch und wachte am nächsten Morgen erstaunlich frisch auf.

Zwei Tage später brach Danno mit dem Hilfsgütertransport nach Norden auf, und Kylie musste sich eingestehen, dass er ihr sehr fehlen würde.

Kylie ging ihren täglichen Pflichten nach und ertappte sich dabei, dass sie immer wieder an Danno dachte und sich fragte, wo er wohl sein mochte, was er gerade tat und ob er sie schon vergessen hatte.

Die Außenstationen forderten in regelmäßigen Abständen Lebensmittel und Medikamente an, und Kylie wurde von einem freudigen Gefühl ergriffen, als sie eines Tages einen Brief von Danno erhielt, in dem er um zusätzliche Vorräte bat. Nachdem sie ihm eine Kiste mit einem persönlichen Antwortschreiben geschickt hatte, antwortete er ihr regelmäßig und berichtete von seiner Arbeit.

Die den Lieferungen beigelegten Briefe entwickelten sich zu einem kleinen Geheimritual, das ihnen die harte Arbeit ein wenig erleichterte. Bald schon wartete Kylie ungeduldig auf jede seiner Nachrichten.

Eines Tages kam Danno in einem Lieferwagen am Hangar vorgefahren und erklärte der erstaunten Kylie, er habe sich erboten, den erkrankten Fahrer zu vertreten.

Erfreut fiel Kylie ihm um den Hals und wollte genau wissen, womit er die letzte Zeit verbracht hatte. Doch schon im nächsten Moment war es ihr peinlich, ihn so überrumpelt zu haben. Ohne ihm Gelegenheit zu einer Antwort zu geben, erzählte sie ihm von der ersten Unterrichtsstunde in der neuen Schule, die sie und Ruhana abgehalten hatten. Niemanden kümmerte es, dass das Gebäude noch kein Dach hatte. Das Klassenzimmer war völlig überfüllt gewesen. Trotz der Trauer über das tragische Geschehen hatte eine freudige Stimmung geherrscht, als die Frauen und Kinder mit ihren Liedern Gott dankten. Ihre Stimmen waren im ganzen Lager zu hören gewesen.

»Es war unbeschreiblich ergreifend. So viele von ihnen haben alles verloren«, sagte Kylie und reichte Danno eine Tasse Tee.

»Du hast eine Menge geschafft«, meinte Danno leise, und aufrichtige Bewunderung stand in seinen Augen.

Kylie errötete und lächelte ihm zu.

Nach diesem Tag hörte Kylie auf, sich selbst etwas vorzumachen, und gestand sich ein, dass sie sich in Danno verliebt hatte. Diesmal war es keine Schulmädchenschwärmerei mehr, sondern eine tiefe und wahre Liebe.

Immer, wenn ein Lastwagen aus dem Norden kam, hoffte Kylie, Danno könnte wieder mit dem planmäßigen Fahrer getauscht haben. Und wenn er nicht dabei war, schluckte sie ihre Enttäuschung hinunter und packte eine eigene Kiste für ihn. Sie sorgte dafür, dass er alle angeforderten Hilfsgüter erhielt, und legte manchmal sogar ein wenig mehr dazu. Außerdem überredete sie Beth, ihr zusätzliches Verbandmaterial und Insektenschutzmittel zu geben, was ihr einen missbilligenden Blick von Miriam einbrachte. Auch ihre Schokoladenration sparte sie für Danno auf.

Obwohl sie sicher war, dass er nichts weiter als Freundschaft für sie empfand, hatte sie Freude an diesen kleinen Gesten.

Auf dem abendlichen Weg zur Feldküche wischte Craig sich den Schweiß von der Stirn und steckte mit einem zufriedenen Seufzer das Taschentuch weg. Allmählich bekam das Lager wieder Ähnlichkeit mit einem Dorf. Häuser mit ordentlichen strohgedeckten Dächern wuchsen rasch aus dem Boden. Die Schule, mit der Kylie ihm seit Wochen fast täglich in den Ohren lag, hatte inzwischen ein vollständiges Dach, und es fand regelmäßig Unterricht statt. Außerdem gab es annehmbare sanitäre Anlagen, und die Einfassung der Quelle war auch schon fast fertig.

Craig sah, dass Kylie angeregt mit Chung und Bill plauderte. Sie tat dem Team gut.

Er zwang sich, langsamer zu gehen, denn er ertappte sich immer wieder dabei, dass er sich viel zu sehr danach sehnte, in ihrer Nähe zu sein.

Bisher hatte er sich nur ein einziges Mal mit einer Kollegin eingelassen. Er wollte die Frau sogar heiraten, da er geglaubt hatte, dass sie genauso für ihn empfand wie er für sie. Doch als der Einsatz endete, hatte sie sich aus heiterem Himmel von ihm getrennt.

Craig war tiefer verletzt gewesen, als er sich das selbst eingestehen wollte. Allerdings wusste er, dass er gegen das ungeschriebene Gesetz einer strikten Trennung von Beruf und Privatleben verstoßen hatte. Jedenfalls hatte er diesen Fehler nicht noch einmal gemacht.

Doch seine Gefühle für Kylie waren nach und nach gewachsen. Er hatte beobachtet, wie sie immer mehr an Selbstbewusstsein gewann. Er liebte ihre Unbekümmertheit und Lebensfreude und die positive Wirkung, die sie auf andere Menschen hatte – insbesondere auf ihn selbst.

Wenn sie sich niedergeschlagen fühlte und trotzdem tapfer weiterarbeitete, musste er sich beherrschen, sie nicht in die Arme zu nehmen und sie zu küssen, bis es ihr wieder besser ging. Bei der bloßen Vorstellung, wie er mit den Händen durch ihr flammend rotes Haar fuhr, bekam er begehrliche

Gefühle. Selbst durchgeschwitzt und schmutzig war sie ausgesprochen attraktiv.

»Na, heute schon die Welt gerettet?«, scherzte er, während er sich eine lauwarme Cola nahm.

Kylie errötete und erklärte ihm dann ihren Plan, eine Schulbuslinie einzurichten.

»Ruhana und ich haben genaue Vorstellungen«, verkündete sie.

»Das kann ich mir denken«, erwiderte Craig grinsend.

»Nein, im Ernst! Ruhana sagte, die Frauen aus den anderen Dörfern …«

»Ich könnte nicht ernster sein«, entgegnete Craig, und sein Grinsen wurde breiter.

»Dann unterbrich mich nicht ständig«, gab Kylie keck zurück.

Während Craig seine Cola trank und zuhörte, sehnte er sich danach, allein mit ihr zu sein. Vielleicht gab es für sie beide Hoffnung. Nichts war unmöglich.

Zwei Tage später – Kylie war gerade auf dem Weg zum Verwaltungszelt – kam ein Lastwagen ins Dorf gerast. Erschrocken machte sie die Straße frei und erbleichte, als Danno mühsam vom Beifahrersitz kletterte. Er umklammerte seinen Arm, um den ein schmutziger, blutgetränkter Verband gewickelt war.

»Was ist passiert?«, fragte sie ihn, während sie ihn rasch zum Lazarett brachte.

»Ein Schwein hat mich aufgespießt, als ich den Dorfbewohnern helfen wollte, es einzufangen.«

Er drückte fester auf den Verband und zuckte zusammen. Da er ziemlich viel Blut verloren hatte, war er recht wackelig auf den Beinen.

»Es wird noch ein paar Tage wehtun, und du musst deinen Arm eine Weile schonen, aber es ist nur eine Fleischwunde«, verkündete Beth knapp, nachdem sie die Verletzung untersucht, gereinigt und frisch verbunden hatte.

Sie zog ihm rasch die Unterhose herunter und jagte ihm eine Spritze in die rechte Gesäßhälfte. Danno stieß einen Schrei aus.

»Schon erledigt. Das war die Tetanusimpfung.«

Sie tätschelte ihn.

»Sadistin! Das hat dir Spaß gemacht!«

Danno zog die Hose hoch, setzte sich zu schnell auf und wäre fast umgekippt.

»Oho, wir sind wohl ein bisschen voreilig. Du musst dich ein oder zwei Tage lang ausruhen. Lass die Wunde jeden Tag reinigen, und komm in einer Woche wieder. Kylie wird dir alles geben, was du brauchst.«

Sie warf einen Blick auf Kylie, die das Schauspiel mit bleichem Gesicht beobachtet hatte.

»Männer sind Memmen, wenn Nadeln ins Spiel kommen. Er ist bald wieder wie neu. Und kümmere dich um ihn.«

Sie zwinkerte Kylie zu, denn ihr war das innere Leuchten aufgefallen, das seit Dannos Ankunft plötzlich von ihrer Kollegin ausging. Kylie lief puterrot an, zischte Beth eine Warnung zu und half Danno beim Aufstehen.

In den nächsten beiden Tagen pflegte sie ihn aufopferungsvoll, wechselte seine Verbände und wusch sein durchgeschwitztes Hemd, damit er sich wohler fühlte. Sie sorgte zudem dafür, dass er in der drückenden Hitze auch genug trank. Als er in den Norden zurückkehren musste, steckte sie ihm einen Apfel zu, den sie sich vom Mittagessen aufgespart hatte, und hielt ihm einen langen Vortrag: Er dürfe keinen Schmutz in die Wunde kommen lassen und solle einen großen Bogen um Schweine machen.

Danno grinste sie an.

»Danke, Mama, ich verspreche, alles so zu machen, wie du sagst.« Doch in seinen Augen stand kein Spott. Dann beugte er sich vor und hauchte ihr einen Kuss auf die Wange.

Sprachlos vor Überraschung stand Kylie da, als der Lastwagen davonfuhr. Während sie dem Gefährt nachwinkte, musste sie das Gefühl der Einsamkeit unterdrücken, das sie aus heiterem Himmel überkam. Sie berührte ihre glühende Wange, die seine Lippen gestreift hatten.

»Woher kennst du ihn denn?«, wollte Beth von Kylie wissen, als sie ein paar Minuten Ruhe hatten.

Kylie erzählte ihr die ganze Geschichte.

»Er hat keine Ahnung, was ich für ihn empfinde. Das war auch schon früher so. Für ihn bin ich nur die kleine Schwester.« Sie seufzte auf. »Aber man kann auch aus der Ferne lieben.« Lächelnd nahm sie einen Verband von dem wirren Haufen in einer Schachtel und begann, ihn aufzuwickeln.

Sie war froh, als zwei Wochen später eine Nachricht von Danno im Hangar eintraf. Sie wurde von einem hastig in braunes Papier gehüllten Päckchen begleitet. Neugierig wickelte Kylie es aus und schnappte überrascht nach Luft. Es war ein winziges aus Holz geschnitztes Schwein.

Kylie drehte das Figürchen in der Hand, betastete die glatte Oberfläche und schnupperte den würzigen Geruch des Holzes. Das Gesicht des Schweins war sorgfältig und detailgetreu ausgearbeitet.

Kylie entfaltete Dannos Brief und musterte voller Vorfreude die krakelige Handschrift. Er berichtete, er könne schon wieder Nägel einschlagen. Sein Arm sei so gut wie neu. Das Jagen von Schweinen habe er allerdings aufgegeben – er schnitze nur noch welche. Schon seit einer Weile mache er Spielsachen für die einheimischen Kinder, was in der drückenden Hitze eine entspannender Zeitvertreib sei. Außerdem freue er sich über die leuchtenden Augen der Kleinen, wenn er ihnen die Sachen überreichte. Zum Schluss fügte er hinzu, er habe sich in die Liste der regelmäßigen Fahrer aufnehmen lassen und werde Kylie bald am Flugplatz besuchen. Ob sie wohl so gut sein könne, ihm eine warme Cola aufzuheben?

Kylie faltete den Brief ordentlich zusammen und verstaute ihn, zusammen mit dem kleinen Schwein, in ihrer Hosentasche. Sie hatte gar nicht gewusst, dass Danno so gut schnitzen konnte. Schmunzelnd stellte sie sich vor, wie er – umringt von einer Horde Kinder, die ihn mit großen Augen beobachteten – an einem Holzstück herumschabte. Danno steckte voller Überraschungen, und sie entdeckte immer wieder neue und liebenswerte Seiten an ihm.

Glücklich seufzte sie auf und wünschte sich, sie könnte glauben, dass Danno sich nur ihretwegen auf die Liste der Fahrer hatte setzen lassen. Jedenfalls gehörte er nun dazu. Und das hieß, dass sie ihn alle zwei Wochen sehen würde.

Sie ließ den Finger die Liste hinuntergleiten und ging los, um einen gerade eingetroffenen Fahrer zu begrüßen.

»Wo ist Fred?«, fragte sie, als der Einheimische dem Wagen entstieg, der sonst im Geleitzug mit Fred fuhr. Die Route des Dänen umfasste einige Dörfer im Süden, wo die Straßen ziemlich gefährlich waren. Doch Fred war bisher immer gut durchgekommen.

Der Fahrer zuckte die Achseln und kratzte sich am schwarzen Lockenkopf.

»Diesemal nich mitfahre.«

Kylie runzelte besorgt die Stirn. Das Problem wurde noch dadurch verschärft, dass es in dieses Gebiet noch keine Telefonverbindung gab und Freds Funkgerät in letzter Zeit häufig gestreikt hatte.

Als Fred am dritten Tag noch immer nicht zurück war, bekam Kylie es mit der Angst zu tun. Craig stimmte zu, einen Kundschafter auf dem Motorrad loszuschicken, um nach dem Rechten zu sehen. Der Kundschafter kehrte mit ernster Miene zurück.

Der Lastwagen des Dänen sei von der Straße abgekommen und – zusammen mit einem Teil der Straßenbefestigung – in einen Fluss gestürzt. Fred selbst habe man mit einem gebrochenen Bein, zwei gebrochenen Rippen und einer ausgekugelten Schulter in eines der Dörfer gebracht. Zum Glück gab es in diesem Dorf ein Hospital. Es wurde von einer französischen Krankenschwester betrieben, die vor fünfzehn Jahren nach Papua-Neuguinea ausgewandert war. Unterstützt von den Dorfbewohnern, tat sie für Fred, was sie konnte, bis man den Verletzten in ein richtiges Krankenhaus schaffen konnte. Die geladenen Hilfsgüter waren entweder verdorben oder vom Fluss weggespült worden.

Als Kylie von der Existenz der Krankenschwester erfuhr, legte sich ihre Sorge ein wenig, doch sie hatte noch immer Bedenken. Fred musste so schnell wie möglich abgeholt werden. Doch alle Lastwagen samt Fahrer waren mit Lieferungen unterwegs und wurden erst mit dem Eintreffen der nächsten Transportflugzeuge zurückerwartet – und das war erst in sechs Tagen.

Fluchend warf Kylie einen Blick auf die Liste. Halt, einer war noch frei: Danno! Eigentlich müsste er heute am späten Abend ankommen, denn er war wegen eines Defekts an der Elektrik seines Fahrzeugs aufgehalten worden. Also rief Kylie Craig an und schlug vor, sie und Danno könnten früh am nächsten Morgen aufbrechen, um Fred abzuholen und ihn ins Lazarett zu bringen.

Da die Klinikmitarbeiter alle Hände voll zu tun hatten und auf Kylies umsichtige Art Verlass war, stimmte Craig zu. Eine andere Alternative gab es sowieso nicht. Außerdem verfügte Danno als erfahrener Mitarbeiter über eine Erste-Hilfe-Ausbildung. Craig war dennoch nicht überzeugt, dass die beiden es schaffen würden.

Er versuchte, sich seine Zweifel nicht anmerken zu lassen, und wünschte Kylie viel Glück.

15

Bei Morgengrauen kontrollierte Kylie noch einmal die Ausrüstung im Lastwagen und nahm dann auf dem Beifahrersitz Platz. Trotz ihrer Vorfreude auf die Fahrt mit Danno graute dem Mädchen ein wenig vor der anstehenden Aufgabe.

Ihr tat jeder Knochen im Leib weh. Den Großteil des gestrigen Abends hatte sie damit verbracht, zusammen mit Danno Kisten in den Lastwagen zu laden. Sie wollten zusätzliche Vorräte mitnehmen, um einen Teil der verloren gegangenen Hilfsgüter zu ersetzen. Allerdings mussten sie sich zurückhalten, um den Laster nicht zu überladen – schließlich kannten sie die miserablen Straßenverhältnisse.

Danno sprang auf den Fahrersitz, grinste Kylie zu und betätigte den Zündschlüssel. Der Motor stotterte kurz und starb ab.

»Komm schon, altes Mädchen«, flehte Danno.

Diesmal sprang der Motor an. Danno stieß zurück, wendete und fuhr auf der schmalen gewundenen Schotterpiste nach Süden. Das laute Motorengeräusch machte ein Gespräch nahezu unmöglich. Der Wagen holperte durch Schlaglöcher und über Felsbrocken, und Kylie wurde durchgerüttelt, dass ihr die Zähne klapperten. Die Straße war gerade breit genug für ein Fahrzeug.

Beim Durchfahren von ein paar scharfen Haarnadelkurven hielt Kylie vor Schreck den Atem an. Die Straßenverhältnisse wurden zusehends schlechter. Keuchend quälte sich der Laster bergan, und sie mussten sogar einmal anhalten, damit der Motor abkühlen konnte.

Kylie und Danno nützten die Gelegenheit, um etwas zu trinken und ein paar Kekse zu essen, und stiegen dann gestärkt wieder ein. Erneut sprang der Motor nicht an. Nach zwei weiteren Versuchen gaben sie es auf.

»Bestimmt ist es nichts Schlimmes«, meinte Kylie aufmunternd zu Danno, der sich bereits tief in den Motorraum gebeugt hatte. Ihr gefiel die Vorstellung gar nicht, mutterseelenallein im Dschungel mit einem defekten Lastwagen festzusitzen. Sie warf einen dankbaren Blick auf die Kiste mit der Ausrüstung zur Wasserreinigung und dachte an ihren geliebten zerbeulten Jeep, den sie nur ungern zurückgelassen hatte; doch er hätte nun mal nicht genug Platz für die Vorräte geboten.

»Sie braucht bloß ein bisschen Aufmunterung«, verkündete Danno voller Hoffnung und wandte Kylie eine mit Motoröl verschmierte Wange zu. Er zupfte an einigen Drähten, reinigte die Zündkerzen, schraubte noch ein wenig herum und hob zu guter Letzt den Kopf.

»Jetzt müsste das alte Mädchen wieder laufen«, meinte er, knallte die Motorhaube zu und wischte sich die Hände an einem öligen Lappen ab.

Diesmal sprang der Motor sofort an. Danno gab mit einem Aufheulen Gas, legte den Gang ein, und sie waren erneut unterwegs.

»Hoffentlich stirbt er nicht ausgerechnet dort oben wieder ab«, überbrüllte Kylie besorgt das Dröhnen.

Zweifelnd betrachtete sie das dicht bewaldete und gebirgige Gelände, das sie auf dem Weg zur Küste überwinden mussten.

»Hab Vertrauen, mein Kind«, rief Danno mit einem breiten Grinsen zurück.

»Vielen Dank«, erwiderte Kylie, doch seine Zuversicht vertrieb ihre Besorgnis ein wenig.

»Man fragt sich, wie sie es überhaupt geschafft haben, in dieser Wildnis so etwas wie eine Straße anzulegen«, stellte sie nach einer Weile fest.

»Es ist fast wie zu Hause«, antwortete Danno.

»Die Hitze fühlt sich anders an«, sagte Kylie, pustete sich eine Haarsträhne aus dem Gesicht.

Sie versuchte, nicht mehr an die im Schlamm durchdrehenden Räder oder den Erdrutsch zu denken, den sie, gefährlich nah an einem steilen Abgrund, hatten umrunden müssen.

»Aber der Staub ist der gleiche«, gab Danno, der ihre Angst spürte, scherzhaft zurück.

Grinsend sah er sie an und betrachtete ihr sauberes Khakihemd, ihre Shorts und ihre hübsch goldbraun getönten Arme. Sie roch leicht nach Babypuder, und man merkte ihr an, wie mulmig ihr war. Kurz trafen sich ihre Blicke.

Kylie überlief ein Schauer. Sie wandte sich rasch ab, verschränkte die Arme und gab sich Mühe, nichts in diesen Blick hineinzugeheimnissen.

»Wahrscheinlich hast du Recht. Hey, schau mal!«, rief sie dann und wies auf zwei bunt gefiederte Vögel, die über den Weg schossen. Die Szene glich einem Dokumentarfilm von David Attenborough. Für einen Moment war der Abgrund links von ihnen vergessen.

Gerade setzte Kylie zu einem schlechten Witz an, als Danno eine besonders spitze Kehre umrundete, ruckartig abbremste und einen leisen Pfiff ausstieß. Kylie schnappte erschrocken nach Luft.

Der Großteil der Straße fehlte und war auf der Beifahrerseite den Berg hinuntergerutscht. Die Lage war noch viel schlimmer, als der Kundschafter es geschildert hatte. Mit dem Lastwagen einfach weiterzufahren wäre Selbstmord gewesen. Da der Hang rechts neben der Straße aus nacktem Fels bestand, gab es keine Möglichkeit, den Fahrweg zu verbreitern.

»Sieht nicht gerade rosig aus.« Danno war ernst geworden.

Vorsichtig stieg er aus, pirschte sich zum Rand des Abgrunds und spähte hinunter. Kylie folgte ihm. Der Magen krampfte sich ihr zusammen, als sie in die Schlucht blickte.

Unten lag Freds Laster auf der Seite. Das Führerhaus war fast vollständig im Fluss versunken.

Dannos Fuß rutschte ab. Kleine Felsbrocken rollten den Hang hinunter ins schlammige Wasser. Mit einem Aufschrei packte Kylie Danno am Arm.

»Mach das nicht noch einmal«, rief sie.

»Danke, das hatte ich auch nicht vor. Ich habe nämlich keine Lust, dem Lastwagen Gesellschaft zu leisten«, antwortete Danno lächelnd. Dann fügte er, ein wenig fröhlicher, hinzu. »Jetzt wäre mir eine Tasse Kaffee in einem guten Hotel recht.«

»Dagegen hätte ich auch nichts einzuwenden«, entgegnete Kylie, während sie sich fragte, was sie nun tun sollten.

Bei der Vorstellung, im Rückwärtsgang auf demselben Weg zurückzufahren, wurde ihr flau im Magen. Sie erinnerte sich an ein paar umgestürzte Bäume, die kurz hinter der letzten Kurve lagen, und schlug vor, daraus eine Behelfsbrücke zu bauen.

Danno nickte.

»Das könnte klappen.«

Er wies auf das Stück Straße dicht neben der Felskante. »Wenn wir sie dort drüberlegen und kleinere Äste dazwischenklemmen …«

Er kratzte sich am Kinn. Es war ziemlich gefährlich, doch alle Alternativen wären noch riskanter gewesen.

Er fuhr rückwärts den Hügel hinunter, und immer wieder gerieten dabei die Räder ins Rutschen. Gemeinsam befestigten sie einige Baumstämme am Abschlepphaken und hievten Äste auf die Ladefläche. Dann schleppte der ächzende Lastwagen die Ladung den Hügel hinauf, wo sie so dicht wie möglich an dem Erdrutsch stoppten. Die letzten Meter mussten sie die Baumstämme tragen.

Der erste Stamm purzelte, mit lautem Getöse und von einer Wolke aus Sand und kleinen Steinen begleitet, den Abhang hinunter. Kylie machte vor Schreck einen Satz rückwärts. Mit angehaltenem Atem beobachteten sie, was mit dem zweiten, ein wenig kleineren Baumstamm passierte. Er blieb zu ihrer Erleichterung liegen.

Vorsichtig zogen sie sich zurück, um weitere Baumstämme heranzuzerren. Wegen der drückenden Hitze mussten sie immer wieder stehen bleiben, um zu verschnaufen. Dann schoben sie keuchend und stöhnend den nächsten Baumstamm an seinen Platz. Die Lücken füllten sie mit kleineren Ästen, die sie quer über die dicken Stämme legten und mit Seilen an den großen Felsen neben der Straße verankerten. So entstand eine verhältnismäßig stabil wirkende Fläche.

Vorsichtig setzte Danno einen Fuß auf die provisorische Brücke, um ihre Belastbarkeit zu prüfen, und verlagerte langsam sein volles Gewicht auf die Konstruktion.

»Pass bloß auf!« Ängstlich kaute Kylie an ihren Fingernägeln, während Danno einen Schritt machte und dann noch einen. Schließlich machte er zu Kylies Schreck einen kleinen Satz.

»Nicht!«, schrie sie, und das Herz klopfte ihr bis zum Hals.

Mit zwei großen Schritten hatte er wieder festen Boden erreicht und tänzelte ausgelassen auf sie zu. Kylie versetzte ihm einen freundschaftlichen Klaps, und er zog sie in die Arme. Sie hielt den Atem an und versank in seinen himmelblauen Augen, während er sie musterte. Ein wenig verlegen umarmte er sie brüderlich und ließ sie dann los.

»Ich denke, wir sollten versuchen, das alte Mädchen rüberzufahren«, meinte er mit leicht belegter Stimme.

»Ganz deiner Ansicht«, krächzte Kylie, gleichzeitig von Sehnsucht und Enttäuschung ergriffen. Ihr Körper prickelte noch von seiner Umarmung.

»Glaubst du, du könntest fahren? Du wiegst weniger als ich, und in dieser Situation zählt jedes Kilo. Ich lotse dich.«

»Klar«, erwiderte Kylie und versuchte, sich auf die anstehende Aufgabe zu konzentrieren.

Schließlich war sie Mitarbeiterin einer Hilfsorganisation. Fred musste dringend in ein Krankenhaus gebracht werden, und deshalb war es unumgänglich, dass sie diese Brücke überquerten. Für Gefühle war nicht der richtige Zeitpunkt. Also lächelte sie Danno ängstlich zu, stieg ein und ließ den Motor an.

»Gib so viel Gas wie möglich, kümmere dich nicht um den Lärm«, rief Danno.

Kylie nickte und trat aufs Gaspedal. Der Motor befand sich noch im Leerlauf. Aber ihr rechtes Bein wollte einfach nicht aufhören zu zittern.

»Also los«, meinte Danno von der anderen Seite der Brücke aus, reckte den Daumen in die Luft und winkte Kylie mit Handzeichen langsam zu sich herüber.

Mit schweißnassen Händen umklammerte Kylie das Lenkrad und versuchte, den Weg einzuschätzen. Vorsichtig legte sie den ersten Gang ein und rollte dann, Zentimeter um Zentimeter, auf die provisorische Brücke zu, wobei sie sich so weit rechts hielt wie nur möglich. Immer wieder blickte sie zwischen Danno, der sie lotste, und der Fahrspur hin und her. Inzwischen streifte der Lastwagen beinahe die Felswand, der sie sehr nah gekommen war. Dann befand sie sich auf der Brücke. Sie spürte, wie das Fahrzeug ein Stück einsackte, und zwang sich zur Ruhe. Danno winkte sie weiter. Kylie hatte die Brücke bereits zur Hälfte überwunden, als sie ein Unheil verkündendes Krachen hörte. Ohne nachzudenken, riss sie das Lenkrad herum und trat das Gaspedal durch, sodass der Lastwagen einen Satz vorwärts machte und die inneren Räder fast vom Boden abhoben. Wenige Meter hinter der Brücke kam sie zum Stehen und zitterte am ganzen Leib. Sie drehte sich um und sah gerade noch, wie das Ergebnis ihrer harten Arbeit langsam über die Felskante rutschte.

Danno öffnete die Wagentür und zog Kylie aus dem Fahrzeug.

»Alles in Ordnung?«

Kylie nickte, allerdings war sie ziemlich blass um die Nase.

»Du hast es geschafft! Du hast den Laster rübergebracht. Eine Spitzenleistung!« Auch er bebte von Kopf bis Fuß.

Er nahm sie in die Arme und küsste sie fest auf den Mund. Kylie zitterte immer noch. Er drückte sie an sich.

»Alles ist in Ordnung. Dir kann nichts mehr passieren.« Danno streichelte ihren Rücken und umarmte sie, bis sie sich wieder beruhigt hatte. Dann führte er sie zu einem Felsen, damit sie sich setzen konnte.

»Ich habe Todesängste ausgestanden, und dabei saß ich gar nicht im Laster«, meinte Danno mit einem kurzen Auflachen.

Er ließ sich, die Hände auf den Knien, neben ihr nieder. Anfangs sagte keiner ein Wort, so sehr saßen ihnen der Schreck wegen der überstandenen Gefahr und die Verwirrung nach ihrem Kuss noch in den Gliedern.

»Ich wusste gar nicht, dass du Stuntfrau bist«, brach Danno schließlich das beklommene Schweigen.

Kylie sah ihn fragend an und wünschte sich, er würde sie wieder in die Arme nehmen – oder sich zumindest wie ein Mann benehmen, der sie soeben geküsst hatte.

»Was meinst du damit?«

»Du bist über diese Brücke gerast wie ein weiblicher James Bond. Hast du eigentlich gemerkt, dass du nur auf zwei Rädern gefahren bist?«

»Wirklich?«, gab Kylie lachend zurück und sonnte sich in seiner Bewunderung.

Nach kurzem Zögern stand Danno auf. Kylie folgte ihm und hielt sich das schweißdurchtränkte T-Shirt vom Körper ab. Sie gingen zu dem Loch und blickten hinunter in die Schlucht.

»Da läuft es mir kalt den Rücken hinunter. Lass uns verschwinden«, schlug sie vor und kletterte auf den Fahrersitz.

»Bist du sicher, dass du selbst fahren willst?«, fragte Danno und stieg ebenfalls ein.

»Keine Angst. Die nächsten Haarnadelkurven sind ein Kinderspiel, anschließend rutschen wir auf zwei Rädern den Hügel hinunter, und dann ist alles in Butter«, rief sie grinsend.

Erneut machte sich Hochstimmung in ihr breit. Seine Bewunderung war unverkennbar gewesen – ebenso wie der Umstand, dass er sie eindeutig nicht mehr als kleine Schwester betrachtete.

»Aber mal im Ernst«, rief sie, während sie die Straße entlangrumpelten, Felsbrocken umrundeten und sich immer wieder unwillkürlich duckten, wenn Zweige die Windschutzscheibe streiften. »Wie zum Teufel sollen wir den Rückweg mit Fred schaffen?«

Entspannt lehnte Danno an der Wand des Führerhauses. Sein Arm ruhte auf der Rückenlehne, sodass seine Finger nur wenige Zentimeter von ihrer Schulter entfernt waren. »Danno!«

Er zuckte nur die Achseln und beobachtete ihr gerötetes Gesicht und ihre strahlenden Augen. Wie sehr sehnte er sich danach, sie wieder in die Arme zu nehmen. Aber was hatte er ihr zu bieten? Eine kurze Liebelei, die nur wenige Wochen dauern und ihnen sicher die missbilligenden Blicke ihrer Kollegen einbringen würde. Und dann? Ihm genügte das nicht. Wenn er sich auf Kylie einließ, musste es fürs Leben sein. Allerdings standen die Chancen gut, dass man ihn schon bald ans andere Ende der Welt versetzen würde. Beim Gedanken, Kylie vielleicht nie wieder zu sehen, legte sich ihm eine eiskalte Hand ums Herz.

»Eines habe ich inzwischen gelernt«, sagte er und zwang sich dazu, sich wieder mit der Gegenwart zu befassen, »nämlich, dass sich für solche Probleme normalerweise immer eine Lösung findet. Schauen wir, ob den Einheimischen etwas dazu einfällt.«

Ich sollte mich besser an meine eigenen klugen Ratschläge halten, fügte er in Gedanken spöttisch hinzu.

Den Rest der Fahrt wurde wenig gesprochen, da das Motorengeräusch die Verständigung schwierig machte und sie beide ihren eigenen Gedanken nachhingen. Immer wieder spürte Kylie Dannos Blick auf sich. Aber wenn sie sich zu ihm umdrehte, starrte er entweder auf die Straße oder wies sie rasch auf einen Vogel oder ein anderes Tier hin, das sich gerade in den Dschungel flüchtete.

Ihr Mittagessen verspeisten sie während der Fahrt und wechselten auf dem Weg bergab zur Küste die Plätze. Endlich, am späten Nachmittag, erreichten sie das Dorf, wo sie von einer Gruppe von Dorfbewohnern begrüßt wurden, die ihnen entgegenliefen.

Fred lag in der Klinik auf einer dünnen Matratze. Er war bleich und litt offenbar unter starken Schmerzen. Wegen seiner gebrochenen Rippen tat ihm das Sprechen, ja sogar das Atmen ziemlich weh.

Die französische Krankenschwester erklärte, Freds Schulter sei zwar nicht die erste gewesen, die sie habe einrenken müssen, doch die Verletzung mache ihm trotzdem ziemlich zu schaffen.

»Wird er noch ein paar Tage durchhalten?«, erkundigte sich Kylie besorgt. Zu ihrer Erleichterung hatte sich die Schwester als tüchtige Person entpuppt.

»Da die Straße, auf der wir gekommen sind, unpassierbar ist, werden wir zurück einen anderen Weg nehmen müssen – sofern es einen gibt. Und ich kann ihm jetzt schon versprechen, dass die Fahrt ziemlich beschwerlich werden wird.«

»Ich könnte ihm zusätzliche Schmerzspritzen geben, aber er gehört dringend in die Hände eines Arztes. Sein Blutdruck schwankt stark, und sein Bein muss unbedingt in einem richtigen Krankenhaus geröntgt werden. Aber angesichts der Umstände hält er sich recht wacker«, antwortete die Krankenschwester.

Kylie stattete dem Patienten einen Besuch ab.

»Hallo, Fred, offenbar geht es dir nicht sehr gut. Du

brauchst nicht zu sprechen. Wir werden dich so bald wie möglich rausholen und dafür sorgen, dass du ärztlich behandelt wirst.« Sie lächelte.

Fred hob kurz die Hand und ließ sie dann wieder aufs Laken sinken. Im Zelt war es heiß und stickig, obwohl die Schwester hinter Freds Bett eine Klappe geöffnet hatte, damit wenigstens ein bisschen frische Luft hereinwehte.

»Was die Straße betrifft, hast du wirklich ganze Arbeit geleistet, Kumpel«, meinte Danno, der hinter Kylie stand und Fred angrinste.

Die beiden waren sich schon einige Male beim Beladen auf dem Flugplatz begegnet, und Danno wusste die Schlagfertigkeit des Dänen zu schätzen.

»Wir haben dein Werk gerade vollendet. Es gibt gar keine Straße mehr! Es könnte also ein paar Tage dauern, bis wir eine Möglichkeit finden, dich wegzubringen. Tut mir echt Leid, alter Junge.«

Mit einem schwachen Lächeln deutete Fred auf den gedrungenen dunkelhäutigen Dorfbewohner, der im hinteren Teil des Zeltes saß.

Der Mann hatte Fred aus dem Lastwagen gerettet und hielt es nun für seine Pflicht, bei ihm zu bleiben, bis er entweder starb oder ins Krankenhaus gebracht wurde. In gebrochenem Englisch erklärte er, es existiere eine andere Straße weiter oben in den Hügeln, die zurück zum Hauptlager führe.

Obwohl diese Strecke doppelt so weit war, konnten sie so gefahrlos zurückfahren. Vorausgesetzt, dass es in nächsten vierundzwanzig Stunden nicht zu sintflutartigen Wolkenbrüchen kam.

Nachdem sie beim Abladen der mitgebrachten Medikamente geholfen hatten, ließen sie Fred schlafen und machten sich auf die Suche nach dem Dorfvorsteher.

Das Dorf hatte zwar durch den heftigen Sturm einige Schäden davongetragen, war von der Zerstörungswut der Flutwelle jedoch weitgehend verschont geblieben. Die meisten

Hütten waren unversehrt, und aus den kleinen Feuern, auf denen die Frauen das Essen zubereiteten, kräuselten sich fröhlich Rauchwolken.

Danno und Kylie berichteten, dass sie Fred am nächsten Morgen zurück zum Basislager bringen würden. Anschließend wurden sie vom Dorfvorsteher und seiner Familie zum Essen eingeladen. Kleine Kinder, einige von ihnen nackt, wimmelten herum, überhäuften die Gäste mit Fragen und schwatzten in ihrer Stammessprache auf sie ein – ein Anblick, der Zuversicht vermittelte.

Nach der Mahlzeit schlenderten Danno und Kylie zum Wasser hinunter, um nach der Fahrt durch die drückende Schwüle die kühle Abendbrise zu genießen. Da sie den Frieden, der sie umgab, nicht stören wollen, stapften sie schweigend durch den Sand und stiegen über Haufen von Seetang hinweg, die das Meer an den Strand geworfen hatte. Wenn sich ihre Hände gelegentlich durch Zufall berührten, wurde Kylie von kleinen Schauern überrieselt.

Im Mondschein wirkte die Landschaft wie ein tropisches Paradies. Kylie zog die festen Schuhe und die Socken aus, lief barfuß durchs Wasser und ließ die Wellen sanft über die Zehen schwappen.

»Ist es nicht wunderschön?«, flüsterte sie mit leuchtenden Augen. Sie reckte das Gesicht zum Mond empor, sodass seine Strahlen ihr Haar silbrig schimmern ließen. So glich sie eher einer Nymphe als einem Menschenwesen.

Danno, der nicht länger widerstehen konnte, trat hinter sie und schlang ihr die Arme um die Taille.

»Hmmm«, murmelte er, die Lippen an ihren Hals gelegt.

Kylie erschauderte wohlig. Dann drehte er sie zu sich herum und küsste sie. Sie ließ sich in seine Umarmung sinken, während Wellen des Verlangens ihren Körper durchpulsten.

Endlich gab er sie wieder frei.

»Ich habe mich geirrt. Du hast dich verändert«, meinte er, nahm ihre Hand, musterte sie und strich sanft über ihre abgebrochenen Fingernägel. Ihre Hände waren stark und tüchtig.

»Du bist eine Frau, eine wunderschöne, tapfere, mutige Frau«, sagte er mit belegter Stimme.

Als er ihr in die Augen sah, wurde seine Miene weich. Fasziniert von seinen leuchtend blauen Augen, erwiderte sie sein Lächeln. Sanft zog Danno sie wieder an sich und küsste sie noch einmal. Kylie ließ sich im köstlichen Strudel der Gefühle treiben.

»Diese Nacht ist wie ein tropischer Traum. Alles fühlt sich so unwirklich an«, flüsterte sie, als sie sich schließlich voneinander lösten. »Du, ich, der Mond, der Strand, dieser wunderschöne, schimmernde ...«

»... muffig riechende Strand«, unterbrach Danno und wies auf die Haufen von Seetang und Treibgut, die überall im Sand verstreut lagen.

»Es riecht wirklich ein bisschen streng«, räumte Kylie kichernd ein, als sie wieder den allgegenwärtigen Geruch nach verfaulenden Pflanzen wahrnahm.

Danno bückte sich, um ein Stück Holz aufzuheben. Sie beobachtete, wie er es hin und her drehte und seine kräftigen, von der Arbeit rau gewordenen Hände darüber gleiten ließ. Man hätte ihm so zarte Schnitzereien nie zugetraut.

»Wo hast du das Schnitzen gelernt?«, fragte sie.

»Ich weiß nicht. Schon als Kind habe ich mit Taschenmesser und Holz herumgespielt. Welches Tier, glaubst du, verbirgt sich in diesem Stück?« Er untersuchte das Stück Treibholz und reichte es ihr dann.

»Keine Ahnung«, erwiderte Kylie.

»Auch wenn es komisch klingt, hatte ich immer das Talent, in Holzstücken Dinge zu ›sehen‹. Ich weiß zwar nicht, wie ich das mache, aber wenn ich anfange, fühle ich mich, als würde ich einfach nur die äußere Hülle entfernen, um das freizulegen, was sich darunter verbirgt.«

Kylie wurde von Liebe zu ihm überwältigt. Sie ließ das

Holzstück fallen, schlang Danno die Arme um den Hals und küsste ihn. Er streichelte ihr Haar und erwiderte leidenschaftlich ihren Kuss, als könne er nicht genug von ihr bekommen. Dann gab er sie widerstrebend frei und betrachtete sie voll Bewunderung.

»Bald ist mein Einsatz zu Ende, und ich fliege zurück nach Australien«, seufzte Kylie. »Es war so schnell vorbei. Ich habe keine Ahnung, was ich als Nächstes tun werde.«

Sie hielt inne.

»Aber ich wünsche mir, dass ich es zusammen mit dir tun kann«, beendete sie schüchtern den Satz.

»Ich auch«, antwortete Danno. Er legte ihr den Arm um die Schulter, zog sie an sich und griff nach ihrer Hand. »Komm, wir sollten besser umkehren, bevor man noch einen Suchtrupp losschickt.«

Die Rückfahrt zum Basislager verlief mehr oder weniger ereignislos. Mit Morphium vollgepumpt, war Fred den Großteil der Zeit kaum bei Bewusstsein und stöhnte nur auf, wenn sie eine besonders holprige Strecke unter den Rädern hatten. Außerdem lockerte seine Gegenwart die leicht verlegene Stimmung auf, die zwischen Danno und Kylie entstanden war. Sie waren vollauf damit beschäftigt, dafür zu sorgen, dass er es so bequem wie möglich hatte.

Sobald sie in Reichweite waren, meldete Kylie bei Craig per Funk, sie seien auf dem Rückweg. Fred schwebe zwar nicht in Lebensgefahr, sei allerdings ziemlich schwer verletzt.

Craig erwiderte, in vier Tagen werde ein Transportflugzeug erwartet, das den Patienten ins Port-Moresby-Hospital bringen könne.

Das bedeutete auch, dass Danno mit einer neuen Ladung Vorräte in den Norden würde aufbrechen müssen.

Nach ihrer Rückkehr ins Basislager hatte der Alltag Kylie bald wieder im Griff. Da bis zur Ankunft des Transportflugzeugs keine weiteren Hilfsgüter erwartet wurden, gab es am Flugplatz kaum etwas für sie zu tun. Deshalb verbrachte sie den Großteil der Zeit im Dorf. Sie war froh, in Dannos Nähe sein zu können, denn der Moment des Abschieds rückte unerbittlich heran.

Craig, der die beiden eingehend beobachtete, bemerkte die zärtlichen Blicke, die Danno Kylie zuwarf, und auch sein Lächeln, wenn sie wieder einmal von ihrem gemeinsamen Abenteuer berichteten. Plötzlich wurde der Wunsch in ihm übermächtig, dieser besonnene und tüchtige Australier, der allgemeine Hochachtung genoss und an Kylie zu kleben schien wie ein Schatten, würde sich einfach in Luft auflösen.

»Unglaublich, welche Talente meine Mitarbeiter haben«, rief Craig mit einem Lachen aus, als sie am dritten Abend nach ihrer Rückkehr zusammensaßen.

Die Kollegen taten sich an ungekühltem Bier gütlich und lauschten Kylie, die sie mit weiteren Anekdoten ihres Ausflugs unterhielt.

»Während ihr in der Gegend herumgefahren seid, haben wir geschuftet wie die Sklaven. Aber im Ernst, Kylie, dank deiner und Ruhanas Anstrengungen ist eure Schule ein großer Erfolg und platzt aus allen Nähten. Du solltest dich morgen gleich mit ihr treffen. Sie hat schon wieder ein paar neue Projekte ausgeheckt.«

»Klasse!«, begeisterte sich Kylie und freute sich über das Interesse, das Craig an ihrer Zusammenarbeit mit Ruhana zeigte. »Dann sollte mir nicht langweilig werden. Schließlich muss ich zwischendurch ständig zum Flugplatz flitzen, um die Fahrer einzuteilen. Danno, was hältst du davon, mein kleines Autochen ein bisschen zu frisieren?«

»Wehe, wenn du die Karre anfasst, Danno«, drohte Craig scherzhaft in dem Versuch, seine wachsende Gereiztheit zu unterdrücken. »Das Auto funktioniert prima. Wenn es noch schneller fahren würde, käme ich vor lauter Sorge nicht mehr zum Arbeiten.«

»Ach, sei kein Frosch, nur ein bisschen«, bettelte Kylie und versetzte Craig einen freundschaftlichen Klaps. Sie zuckte zusammen, als sie spürte, wie er erstarrte.

»Okay, okay, du hast Recht! Das Auto ist so schon in Ordnung«, sagte sie deshalb rasch.

»Nett von dir, dass du dir Sorgen um mich machst. Ist es nicht wundervoll, einen Chef zu haben, der sich so um seine Mitarbeiter kümmert?«, fügte sie hinzu und ließ den Blick über die Anwesenden schweifen.

Dabei entging ihr, dass Danno und Craig sich kurz musterten. Craig wandte sich als Erster ab. Er wollte sich seine wachsende Abneigung nicht anmerken lassen.

16

Kylie stand am Fenster des Lastwagens. Sie spürte einen dumpfen Schmerz im Herzen. Sie hätte sich so gern richtig von Danno verabschiedet.

Das war irgendwie albern, wie sie sich selbst eingestand. Schließlich würde er in wenigen Tagen zurück sein, um weitere Hilfsgüter abzuholen.

Obwohl es ihnen gelungen war, sich unter dem Vorwand, nach dem Lastwagem sehen zu müssen, einige Male zu verdrücken, hatten sie einfach keine Ruhe gefunden und sich ständig beobachtet gefühlt. Deshalb hatten sie sich nur einige gehetzte und verstohlene Küsse gestattet.

Wie sehr sehnte Kylie sich danach, Dannos Lippen auf ihren zu spüren. Sie sehnte sich nach seinen Küssen, die so forschend und fordernd und gleichzeitig zärtlich und liebevoll waren. Mit jedem Tag verliebte sie sich mehr in diesen Mann, und die Abschiede fielen ihr von Mal zu Mal schwerer. Sie hoffte jedoch, dass man ihr das nicht ansah.

»Kopf hoch! Das Ende der Welt kommt erst in ein paar Wochen«, lachte Danno, bemüht fröhlich.

Auch er verabscheute diese Trennungen und wünschte sich, Kylie in die Arme zu nehmen und ihre Trauer wegzuküssen.

Aber er wollte verhindern, dass sie Schwierigkeiten mit Craig bekam, dem er nicht über den Weg traute. Also umarmte er sie nur rasch und stieg sofort ein.

»Ehe du dich versiehst, bin ich wieder da, um dir auf die Nerven zu fallen.« Grinsend ließ er den Motor an. Der alte Lastwagen begann zu keuchen und zu stottern.

Kylie hielt sich die Ohren zu, während Danno Gas gab.

»Die Kiste ist so laut wie eh und je!«, schrie sie und sprang aufs Trittbrett des Wagens.

»Aber du schreibst mir doch weiter kleine Briefchen, oder?«, fragte sie und streckte den Kopf ins Führerhaus.

»Natürlich. Aber nur, wenn du mir deine Schokoladenration schickst«, gab er keck zurück, nahm den Fuß vom Gas und ließ den Motor im Leerlauf brummen.

»Vielleicht!«, erwiderte Kylie mit einem frechen Grinsen.

Da kam Craig in seinem Landrover angefahren. Fred war, so bequem wie möglich, auf den Rücksitz gebettet und wurde von einer einheimischen Krankenschwester versorgt.

»Bist du so weit, Danno?«, rief er.

»Ich warte nur noch auf dich.« Danno winkte, beugte sich aus dem Führerhaus und lächelte Kylie zu. Diese machte rasch einen Schritt vom Lastwagen weg.

Ein kleiner Muskel verspannte sich an Craigs Wange.

»Ruhana erwartet dich, Kylie. Sie wollte einige Dörfer in den Hügeln besuchen. Lass dir ruhig Zeit.«

»Prima!« Kylie winkte Fred zu. »Du wirst uns fehlen. Werde schnell wieder gesund.«

»Dank eurer Bemühungen wird er es sicher schaffen«, antwortete Craig. »Bis bald.«

»Bis bald«, echote Kylie, winkte rasch und unterdrückte ihre Enttäuschung.

Zum ersten Mal ärgerte sie sich wirklich über ihren Chef. Schließlich wäre es für sie und Danno kein Problem gewesen, Fred selbst zum Flugplatz zu fahren. Das hätte ihnen noch ein paar kostbare gemeinsame Stunden verschafft. Immerhin hatten sie den Verletzten wohlbehalten aus den Bergen herausgeholt. Offenbar interessierte das Craig jedoch nur wenig, und er beharrte darauf, dass Kylie nach diesem Abenteuer ein wenig Erholungszeit brauchte.

Er hatte ihr freundlich, aber bestimmt mitgeteilt, sie brauche sich keine Gedanken zu machen, da er sich um alles kümmern werde. Er werde nicht nur für Freds Abtransport sorgen, sondern sie in den nächsten Tagen auch beim Verteilen der eintreffenden Vorräte und der Erstellung der Dienstpläne für die Fahrer vertreten. Kylies Proteste waren auf taube Ohren gestoßen.

Sie blickte den beiden Fahrzeugen nach, die auf dem holprigen Pfad zum Flugplatz verschwanden, und ihr standen Tränen in den Augen. Erfüllt von der Wut auf Craig, stürmte sie zum Dorf zurück und hätte fast Beth umgerannt, die gerade, mit einem Stapel Pappkartons beladen, auf sie zuhastete.

»Hey, Kylie, hast du einen Moment Zeit?«, rief sie.

Kylie wischte sich mit der Hand über die Augen und lächelte Beth gezwungen zu.

»Klar. Was gibt's denn?«

»Die letzte Liste mit Medikamenten, die ich angefordert habe ... Ich habe tonnenweise Kram gekriegt, den ich nicht brauche. Und das wirklich Notwendige war leider nicht dabei.« Beth seufzte entnervt auf. So etwas war nun schon zum dritten Mal passiert.

Froh, sich von den Gedanken an Danno ablenken zu können, folgte Kylie Beth ins Lazarett, um die Verwechslung aufzuklären. Schließlich würde er in zwei Wochen wiederkommen und ihr bis dahin nette Briefchen schreiben. Warum also weinen und jammern, sagte sie sich, während sie die Bestellliste mit der tatsächlichen Lieferung verglich.

Danno bog zum Verladeplatz ab, während Craig zum Gebäude der Flugplatzverwaltung fuhr. Auch Danno war über die Entscheidung seines Vorgesetzten verärgert und enttäuscht. Außerdem war er überzeugt, dass der Blick, den Craig ihm bei der plötzlichen Änderung von Kylies Einsatzplan zugeworfen hatte, kein Zufall gewesen sein konnte.

Danno umrundete den Lastwagen, trat prüfend gegen die Reifen und öffnete die Motorhaube, um die Elektrik zu kontrollieren. Seit dem Zwischenfall auf der Brücke hatte er einige Reparaturversuche gestartet, doch hundertprozentig konnte man sich auf den Motor noch immer nicht verlassen. Er nahm sich fest vor, sich nach der Rückkehr ins Dorf gründlicher damit zu befassen.

Er musste an Kylie denken. Immer noch hatte er ihren weichen, warmen Geruch in der Nase und spürte das Glücksgefühl der Momente, in denen sie seinen Kuss auf der Bergstraße erwidert und mit ihm im Mondlicht am Strand gestanden hatte. Wie sehr sehnte er sich danach, sofort und an Ort und Stelle mit ihr zu schlafen. Sie war so wunderschön und ganz anders als alle Mädchen, die er kannte. Das hatte er schon damals in Lyrebird Falls geahnt. Das Problem war nur, dass sie nie auch nur das leiseste Interesse an ihm zeigte. Und nun hatte sie sich zärtlich seinem Kuss hingegeben; außerdem waren sie einander auch als Freunde näher gekommen ... Er war überglücklich.

Gerade als er die Motorhaube zuklappte, spürte er eine Hand auf der Schulter: Craig.

»Ich wollte schon länger einmal mit dir reden.«

»Tu dir keinen Zwang an«, sagte Danno argwöhnisch.

»Nur ein paar Kleinigkeiten, Verhaltensregeln und so.« Kurz hielt Craig inne. »Diese Briefchen, die du Kylie schickst, müssen aufhören. Und außerdem auch die Geschenke.«

Danno wollte etwas erwidern, aber Craig unterbrach ihn mit einer Handbewegung.

»Pass auf, ich weiß, dass nichts dahintersteckt, aber wir müssen vorsichtig sein. Wenn auch nur der geringste Verdacht entsteht, dass die Mitarbeiter von Hilfsorganisationen sich selbst bedienen, könnten wir alle eine Menge Schwierigkeiten bekommen. Ich weiß, dass Kylie es nicht böse meint, wenn sie dir hin und wieder eine zusätzliche Verbandrolle zusteckt, aber ...« Craigs Tonfall wurde hart. »Das ist ein ernst zu nehmendes und straff durchorganisiertes Projekt, O'Keefe. Und bisher waren wir sehr erfolgreich. Nun stehen wir kurz vor dem Abschluss, und ich möchte nicht, dass mein restliches Team unter euren Fehlern zu leiden hat.«

Er legte den Arm um Danno und schob ihn zum Hangar.

»Von nun an keine geschwätzigen Briefchen mehr, sondern nur noch Fakten. Keine Geschenke, keine Zuwendungen außer der Reihe. In Zukunft wirst du deine Bestellungen an Mumaki richten. Ich werde Kylie mitteilen, dass wir das so beschlossen haben, damit es keine Missverständnisse gibt. Mumaki!«, rief er und nahm endlich die Hand von Dannos Schulter, um den Mitarbeiter heranzuwinken.

Danno stand kurz vor einem Wutausbruch.

»Moment mal! Kylie und ich haben nichts Falsches getan.« Er musste an sich halten, um Craig keine Ohrfeige zu verpassen.

»Du tust, was ich sage.« Craigs Stimme war gefährlich ruhig. »Ich lasse mir nicht vorwerfen, dass ich unangemessenes Verhalten dulde.«

»Unangemessenes Verhalten! Das ist doch absoluter Schwachsinn!«, brüllte Danno.

»Du gehorchst meinen Befehlen, oder ich lasse dich abziehen«, gab Craig zurück. »Habe ich mich klar genug ausgedrückt?«

»Jawohl, Chef«, erwiderte Danno missmutig.

»Braver Junge!« Leutselig klopfte Craig ihm auf die Schulter. »Wie ich schon sagte, handelt es sich nur um Kleinigkeiten. Wir alle schlagen hin und wieder mal über die Stränge. Ich war sicher, dass du mich verstehen wirst.«

Danno verstand nur zu gut. Der Mann war ein verschlagener und hinterhältiger Mistkerl. Wütend stürmte er davon, um seine Vorräte abzuholen, brüllte die Einheimischen an und belud seinen Lastwagen doppelt so schnell wie gewöhnlich. Wie konnte dieser Bursche es wagen, auch nur anzudeuten, dass er, Danno, sich bereichern wollte? Eine Unverschämtheit von ihm zu behaupten, er nehme seine Arbeit nicht ernst und verleite Kylie zu Unregelmäßigkeiten!

Allerdings wusste er, dass er vorsichtig sein musste. Craig war durchaus zuzutrauen, dass er seine Drohung wahrmachte und Dannos berufliche Zukunft im Hilfsdienst ruinierte.

Zwei Tage später, Danno war inzwischen in sein Dorf im Norden zurückgekehrt, wurde er als verantwortlicher Ingenieur noch weiter die Küste hinauf versetzt. Man teilte ihm mit, ein anderer Mann werde seine Pflichten als Fahrer übernehmen. Fluchend ließ Danno sich auf einen Stuhl fallen, und Tränen der ohnmächtigen Wut stiegen ihm in die Augen. Bestimmt steckte Craig dahinter. Zum Teufel mit diesem Dreckskerl! Seine Entscheidung hatte eindeutig keine beruflichen Hintergründe, sondern einzig und allein mit Kylie zu tun.

Kylies wartete im Hangar auf die Lastwagen aus dem Norden, und ihre Stimmung wurde deutlich besser. Alle bis auf Danno waren schließlich eingetroffen, und ihre Zuversicht bekam einen argen Dämpfer.

»Er nich mehr mit Wagen«, erklärte sein Ersatzmann, ein Dorfbewohner mit bruchstückhaften Englischkenntnissen.

Kylie schluckte ihre Enttäuschung hinunter und beschloss, bei Craig nachzufragen. Dieser erklärte ihr, Danno werde dringend für Aufbauarbeiten in einem anderen Dorf gebraucht, das noch einige Stunden weiter nördlich lag als sein ursprünglicher Einsatzort.

»Er hat gesagt, er werde sich mit dir in Verbindung setzen. Ich weiß wohl, dass ihr beide bei der Bestellung von Vorräten miteinander gemauschelt habt.«

Craig lachte auf.

»Geh und kontrolliere die Bestelllisten. Aber halt dich mit den Geschenken zurück.«

»Woher weißt du davon?«, fragte Kylie und errötete heftig.

»Ich bin schließlich nicht blind.« Craig war sehr zufrieden mit sich und marschierte davon.

Kylie hastete in den Hangar und griff nach dem Bestellformular. Als sie Dannos vertraute Handschrift erkannte, starrte sie Mumaki entgeistert an.

»Mehr war nicht dabei?«, fragte sie erschrocken.

Auf dem Blatt Papier stand lediglich »Hallo, Kylie«; danach kam die Liste der Bestellungen. Keine witzige Bemerkung, kein freundliches »Wie geht es dir?« oder »Rate mal, was bei uns los ist!« – kein einziges Wort!

»Neuigkeiten von Danno dem Großen?«, meinte Mumaki und kam grinsend auf sie zu. Seine weißen Zähne hoben sich von der dunklen Haut ab. Wortlos reichte Kylie ihm die Liste. »Vielleicht er zu viel Arbeit oder zu müde«, schlug Mumaki rasch vor, als er Kylies Enttäuschung bemerkte. »Nächstes Mal sicher alles wieder gut.«

Er war genauso traurig wie Kylie, denn ihre Übersetzungen von Dannos Briefen hatten seinen tristen Arbeitsalltag häufig aufgelockert.

Kylie schluckte ihre Enttäuschung hinunter. Sie hatte große Angst, Danno könnte auf diese Weise versuchen, ihre Beziehung einschlafen zu lassen. Rasch kritzelte sie ein paar bemüht fröhliche Zeilen, schrieb, sie hoffe, Danno sei nicht zu sehr im Stress, und drückte Mumaki den Zettel in die Hand.

Den ganzen Tag kämpfte sie mit den Tränen. Sie erinnerte sich an den Mondscheinspaziergang am Strand, an Dannos Umarmungen und an seine Küsse. Seine Gefühle für sie waren doch sicherlich echt gewesen. Davon war sie felsenfest überzeugt. Warum also der plötzliche Wandel?

Die nächste Bestellung wurde von einer knappen Notiz begleitet: »Hier läuft alles prima. Viel zu tun. Grüß das Team von mir. Danno«.

Kylie traute ihren Augen nicht. Sie schluckte die Tränen hinunter und fragte sich erneut, aus welchem Grund sich Dannos Ton so drastisch verändert hatte. Sie konnte nur hoffen, dass der nächste Brief wieder so vertraut klingen würde wie früher.

Doch sie wurde ein drittes Mal enttäuscht. Die Mitteilungen blieben knapp und sachlich und enthielten nur wichtige Informationen und Anfragen. Nach einer Weile waren sie nicht einmal mehr direkt an Kylie gerichtet.

Kylie verstand die Welt nicht mehr, und mit jeder Lieferung wuchs ihre Trauer.

Kurz fragte sie sich, ob Craig womöglich Druck auf Danno ausgeübt hatte, doch sie verwarf den Gedanken sofort und kam sich wie eine Verräterin vor. Schließlich hatte Craig von den Briefen gewusst und sie sogar zum Schreiben ermuntert.

Also fraß sie ihr Elend in sich hinein und sagte sich, ihre Liebelei mit Danno sei nur ein Strohfeuer gewesen, eine kleine Ablenkung von dem Grauen, mit dem sie sich tagtäglich auseinander setzen mussten. Bestimmt hatte sie zu viel in die Angelegenheit hineingeheimnist, weil sie sich so verzweifelt nach seiner Liebe gesehnt hatte. Nun musste sie sich eben den Tatsachen stellen: Es gab keine Beziehung zwischen ihr und Danno. Sie hatten sich nur ein paar Mal geküsst, mehr steckte nicht dahinter. Und der Mondscheinspaziergang war der romantische Abschluss eines emotional aufgewühlten Tages gewesen. Dennoch weinte Kylie sich Nacht für Nacht in den Schlaf.

Eines Nachts kam Beth nach der Spätschicht in Kylies Zelt, zog das Moskitonetz zurück und rüttelte sie wach. Sie beobachtete schon seit einiger Zeit, dass ihre Kollegin sich immer mehr zurückzog.

»Wir müssen miteinander reden, und zwar sofort.«

»Was ist los?«, stammelte Kylie und versuchte, ihr tränennasses Gesicht mit dem Arm zu verdecken.

»Es geht um dich. Steh auf und trink einen Kakao mit mir.«

»Aber ich bin so schrecklich müde«, flehte Kylie.

»Du bist nicht müde, sondern traurig, und ich mache mir große Sorgen um dich«, flüsterte Beth, griff nach Kylies Hand und drückte sie.

Das war zu viel für Kylie: Sie brach wieder in Tränen aus und stopfte sich das Laken in den Mund, um ihr Schluchzen zu dämpfen.

»Komm schon, du Dummerchen«, meinte Beth und schob Kylie aus dem Zelt.

Sie setzten sich im Mondschein unter eine alte Palme, umgeben von den seltsamen Geräuschen der Nacht, die ihnen inzwischen so vertraut geworden waren. Es war eine große Erleichterung für Kylie, endlich mit jemandem über Danno sprechen zu können. Tassen mit rasch erkaltendem Kakao in den Händen, saßen die beiden Frauen da, und Kylie schüttete Beth ihr Herz aus.

»Ich weiß nicht, was ich verbrochen habe, dass er mir nicht mehr schreiben will, und es gibt keine Möglichkeit, es herauszufinden«, stieß sie schließlich hervor.

»Vielleicht steckt ja gar nichts dahinter. Es kann sein, dass es eine ganz einfache und alberne Erklärung gibt – zum Beispiel, dass er völlig erschöpft ist und nicht mehr weiß, wo ihm der Kopf steht«, murmelte Beth und drückte Kylie an sich.

»Ich wünschte, ich könnte das glauben«, erwiderte Kylie. Schweigend beobachtete sie, wie das Mondlicht in den Bäumen tanzte.

»Oh, Beth, es war so schön. Wir waren uns beide darüber im Klaren, dass wir keine richtige Beziehung führen können, solange wir zusammenarbeiten, aber wir standen uns so nah. Ich hatte das Gefühl, wirklich gebraucht zu werden.«

»Und du bist sicher, es lag nicht daran, dass er einfach da war und dass es sonst wenig Grund zur Freude gibt?«, fragte Beth, realistisch wie immer.

Kylie warf ihrer Freundin einen verzweifelten Blick aus tränennassen Augen zu.

»Ich habe ihn geliebt, seit ich ihn zum ersten Mal auf der Skipiste gesehen habe. Nie konnte ich wirklich etwas für einen anderen Mann empfinden. Ich dachte, es wäre nur eine alberne Schulmädchenschwärmerei, aber das stimmt nicht, Beth, wirklich nicht. Er ist der einzige Mann, den ich je geliebt habe und den ich je werde lieben können.«

Ihre Stimme klang heiser vor Leidenschaft.

Angesichts von Kylies aufgewühlten Gefühlen bekam Beth einen Kloß im Hals. Danno sah wirklich sehr gut aus – da waren sich alle im Team einig gewesen. Außerdem war sie sicher, dass Kylies Gefühle erwidert worden waren. Sie hatte Danno dabei beobachtet, wie er ihre Freundin ansah: seine Miene, den weichen Gesichtsausdruck und das Knistern zwischen den beiden. Beth hatte ganz weiche Knie bekommen und war sogar kurz ein wenig neidisch geworden.

»Vielleicht war mir einfach nicht mehr vergönnt«, seufzte Kylie mit einem traurigen Achselzucken.

Sie ließ den Finger über den Rand ihrer Tasse gleiten, und ihre Unterlippe bebte.

»Schließlich hat er nie ausdrücklich gesagt, dass er mich liebt. Manche Dinge sollen eben nicht sein.«

»Du bist ab und zu ganz schön vernagelt, Kylie Harris. Wem versuchst du, etwas vorzumachen? Das ganze Lager weiß, dass er verrückt nach dir ist.«

Kylies Kopf fuhr hoch.

»Wirklich?«

»Wirklich!« Beth nickte lachend und gähnte dann. »Und nun hör mit der Heulerei auf, bevor du noch sämtliche Moskitos ertränkst.«

»Im Ernst, Beth. Glaubst du tatsächlich, dass er mich liebt? Warum schreibt er dann nicht?«, beendete Kylie tonlos den Satz.

»Wie ich schon sagte, hat er vielleicht keine Zeit. Du weißt nicht, was da im Norden los ist. Diese Gegend eignet sich nicht unbedingt als Schauplatz einer leidenschaftlichen Liebesgeschichte.« Sie hielt Kylie die Hand hin. »Alles wird gut werden. Und das Team braucht dich. Mike hat letztens den Nagel auf den Kopf getroffen, als er sagte: ›Solange du nur traurig herumhängst, ist es, als hätte jemand das Licht ausgeschaltet.‹ Also mach es wieder an, Kylie. Damit wir so richtig geblendet werden!«

Kylie lachte auf.

»Hat er das wirklich gesagt?«

Sie schüttete den restlichen Kakao weg. Beth hatte Recht. Sie konnte im Moment nichts tun, um das Problem zu lösen. Dass sie Danno liebte, stand unabänderlich fest. Warum sich also mit Sorgen zermürben?

Sie sagte sich, dass sie wahrscheinlich nur überarbeitet war, und auf dem Weg zum Zelt spürte sie schon, wie ihre Kräfte zurückkehrten.

»Danke, dass du mir zugehört hast, Beth. Du bist eine gute Freundin«, meinte sie und umarmte die andere.

»Gute Nacht und süße Träume«, erwiderte Beth lächelnd und schlüpfte in ihr Zelt.

Kurz blieb Kylie stehen, blickte zum Mond hinauf und fragte sich, ob Danno in diesem Moment vielleicht auch irgendwo den Mond betrachtete. Als sie sich mit dem Finger über die Lippen fuhr, erinnerte sie sich an die weiche Berührung seines Mundes und daran, wie er die Arme um sie geschlungen hatte. Ein wohliger Schauer durchlief sie. Seufzend warf sie dem Mond eine Kusshand zu und ging zu Bett.

Am nächsten Tag auf dem Flugplatz meldeten sich ihre Zweifel wieder.

»Was ist aus unserem Sonnenschein Kylie geworden?«, fragte Craig, als sie zurückkam, nahm neben ihr Platz und ließ die verschränkten Hände zwischen die Knie sinken.

»Die Rückfahrt war nicht gerade ein schönes Erlebnis«, antwortete Kylie.

Das stimmte, denn die Straße zum Dorf versank förmlich im Morast und war streckenweise ziemlich gefährlich. Kylie gab sich alle Mühe, vergnügt zu sein.

»Nur noch zwei Wochen, dann sind wir weg«, meinte sie gezwungen fröhlich.

»Das bringt mich zu etwas, das ich dir schon seit einiger Zeit sagen wollte.«

Kylies Herz machte einen Satz, denn sie hoffte, dass es dabei um Danno ging. Doch sie wurde enttäuscht.

»Du hast Hervorragendes geleistet, Kylie. Ich bin ein Risiko eingegangen, als ich dich ins Team aufgenommen habe, aber du hast dich sehr wacker geschlagen.« Nicht einmal Kylie war entgangen, wie sehr Craig sie bewunderte. »Du hast alle dir übertragenen Aufgaben grandios gemeistert und vom ersten Tag an dein Bestes gegeben.«

Er hielt inne und freute sich zu sehen, dass dieses Lob ein Strahlen auf Kylies Gesicht zauberte.

»Du sollst wissen, dass ich mit deiner Arbeit sehr zufrieden bin, und deshalb wollte ich dich fragen, ob du auch bei meinem nächsten Team dabei sein willst. Ich kann dir allerdings noch nichts versprechen und habe auch keine Ahnung, wo man uns einsetzen wird.«

Kylie blickte überrascht auf.

»Echt?«, fragte sie. Dann sprang sie ohne nachzudenken auf und fiel Craig um den Hals. Er erwiderte die Umarmung so lange, wie er es wagte. Sie fühlte sich so warm und weich und verlockend an.

»Das ist einer der Gründe, warum ich so gern mit dir zusammenarbeite«, erwiderte er lächelnd. »Du bist so lebensfroh und voller Tatendrang. Ich bin lange genug in diesem Geschäft tätig, um zu wissen, wie Teamarbeit funktioniert, und du hast etwas ganz Besonderes in unsere Mannschaft eingebracht.«

Er hatte immer noch die Arme um sie gelegt.

»Du beflügelst deine Mitmenschen zu höheren Leistungen und hast das Talent, ihre Schokoladenseiten zum Vorschein zu bringen. Und deshalb möchte ich dich aus ganz egoistischen Gründen auch beim nächsten Mal dabeihaben.«

Kylie lächelte ihn an, und ihre Wangen waren vor Stolz gerötet. »Sehr gern«, rief sie.

Nachdem sie Craig einen raschen Kuss auf die Wange gehaucht hatte, lief sie los, um Ruhana zu suchen, mit der sie noch etwas zu besprechen hatte.

Nun standen die Chancen gut, dass sie einen neuen Einsatz bekommen würde. Beth hatte Recht: Sie musste ihr Leben weiterführen. Wenn Danno Interesse an einer Beziehung hatte, lag der nächste Schritt bei ihm.

Der Hilfseinsatz neigte sich dem Ende zu, und Kylie fühlte sich hin und her gerissen. Es machte ihr zu schaffen, dass Danno sich noch im Norden aufhielt. Sie würde abreisen, ohne ein Wort des Abschieds mit ihm zu wechseln. Gleichzeitig teilte sie die Freude des Teams über die gelungene Leistung und fand es an der Zeit, dass die Hilfskräfte sich aus der Region zurückzogen.

Im Dorf war fast wieder Normalität eingekehrt. Die Frauen kochten auf ihren mit Holz beheizten Öfen. Köstliche Düfte und Rauch wehten durch die heiße Abendluft. Die Kinder tollten fröhlich jubelnd auf den ungeteerten Straßen herum. Daran wäre bei Kylies Ankunft nicht zu denken gewesen. Einige von ihnen spielten mit winzigen Autos und Zügen, die Danno geschnitzt hatte, was Kylie einen Stich ins Herz versetzte. Einige der Kleinen stürmten mit keck funkelnden Augen auf Kylie zu und wedelten ihr mit den Spielsachen vor dem Gesicht herum. Kylie zog die Kinder an sich, bewunderte nacheinander jede Schnitzerei und spürte, wie die Ausgelassenheit ihr ans Herz ging.

Allerdings hatten Kylie und der Rest von Craigs Mannschaft nur wenig tun können, um die seelischen Wunden zu heilen. Das würde noch Jahre dauern, während sich die Familien langsam aus den Trümmern ihres alten Lebens eine neue Existenz aufbauten. Doch wenigstens hatte Kylies und Ruhanas Arbeit etwas zu diesem neuen Dasein beigetragen.

Die Familien aus den verschiedenen zerstörten Dörfern lernten zusammenzuleben, und allmählich bildete sich wieder eine funktionierende Gemeinschaft heraus. Es war schön zu wissen, dass das zum Teil ihren Bemühungen zu verdanken war.

Als Kylie und die anderen über das stickig heiße Rollfeld zu der wartenden Herculesmaschine der australischen Luftwaffe gingen, sah sie sich noch ein letztes Mal um. Irgendwo da draußen war Danno bei der Arbeit, dachte sie traurig, während sie den Blick über den Dschungel gleiten ließ.

Körperlich und emotional erschöpft, verschlief sie den Großteil des Rückflugs nach Australien. Beim Aufwachen machte ihr Herz vor Freude einen Satz, als sie unter sich die weiten braunen Ebenen sah.

Alle jubelten und stimmten das Lied »I Still Call Australia Home« an, während die Maschine auf dem Flughafen von Brisbane landete.

Im Hotel, wo Craig für sein Team Zimmer reserviert hatte, ließ Kylie sich in ein wohlig warmes Schaumbad gleiten und versank in der Wanne, bis nur noch ihr Gesicht aus dem Wasser ragte. Das lange leuchtend rote Haar umwehte sie wie Seetang; während sie es träge durch das Wasser zog, dachte sie an gar nichts. Es war wundervoll.

Am nächsten Tag beraumte Craig eine Abschlussbesprechung an. Er gratulierte allen zu der Arbeit in Papua-Neuguinea, wünschte ihnen viel Glück und sagte, er werde sich melden, sobald ein neuer Einsatzort feststehe.

Kylie verbrachte den restlichen Tag mit Einkäufen, besorgte sich neue Hemden, Shorts, Stiefel und Socken und gönnte sich ein wenig Luxus in Form von Parfüm, einem neuen Lippenstift und einem Badeanzug. Dann erkundigte sie sich nach dem nächsten Flug nach Cairns und Dunk Island.

Bei ihrer Rückkehr ins Hotel fand sie eine Nachricht von Craig vor. Also griff sie zum Telefon und rief ihn in seinem Zimmer an.

»Willst du mich auf den Arm nehmen?«, erwiderte sie, als sie hörte, was er ihr zu sagen hatte.

»Ganz und gar nicht. Wir treffen uns in einer Stunde an der Bar auf einen Drink.« Kylie legte den Hörer auf und ging hastig unter die Dusche.

»In Sri Lanka ist es ein wenig gefährlicher als in Papua-Neuguinea, aber die Aufgaben sind mehr oder weniger dieselben«, erklärte Craig, während sie sich an Barcardi Cola aus großen eisgekühlten Gläsern labten.

»Mach ein paar Tage Urlaub. In zwei Wochen sehen wir uns dann zu einer Besprechung. Was hältst du davon?«

»Ich fasse es nicht!«, erwiderte Kylie und betrachtete ihn über den Rand ihres Glases hinweg.

Sie wurde auf einmal ganz aufgeregt. Sie hatte einen neuen Einsatz, ohne dass sie sich darum hätte bemühen müssen – ohne lange Diskussionen und ohne Klinkenputzen. Inzwischen galt sie offenbar als erfahrene Mitarbeiterin.

Die beiden verspeisten ihr Abendessen in Gesellschaft von Beth, die keinen früheren Flug nach Hause hatte ergattern können. Anschließend schlenderten sie in der milden Abendluft am Fluss entlang und betrachteten die Lichter der Stadt.

Kylie konnte kaum glauben, dass sie wirklich wieder in Australien war. Nach drei Monaten in Papua-Neuguinea fühlte sie sich vom Ansturm der vielen Lichter und des Lärms fast überwältigt.

17

Kylie stieg auf dem winzigen Flugplatz auf Dunk Island aus der Maschine. Als Erstes sah sie ihre Mutter. Sie hatte einen riesigen Strauß aus gelben und rosafarbenen Hibiskusblüten im Arm, und ihr geblümtes Kleid hob sich wie ein leuchtender Farbklecks vom Grün der Palmen ab. Susan stand im Schatten und suchte zwischen den aussteigenden Touristen nach ihrer Tochter.

Kylie ließ ihr Gepäck stehen, eilte über die schmale Rollbahn und fiel ihrer Mutter um den Hals, sodass die bunten Blüten in alle Richtungen flogen. Der zarte vertraute Duft mischte sich mit dem dezenten Parfüm ihrer Mutter, als sie sich lachend und weinend in den Armen lagen und einander mit Küssen überhäuften.

»Kylie, mein Kind, Gott sei Dank, dass du wohlbehalten zu Hause bist. Lass dich anschauen«, stieß Susan hervor.

Sie wischte sich die Freudentränen weg und trat einen Schritt zurück, wobei sie ihre Tochter fest an der Hand hielt.

»Nun, wenigstens hat dir die Abwesenheit nicht geschadet. Du siehst zwar ein bisschen müde um die Augen aus, aber sonst sehr gut.« Sie betrachtete Kylies sonnengebräuntes Gesicht und ihre durchtrainierte Figur.

»Das sagst du immer, Mum«, meinte Kylie lachend und küsste ihre Mutter noch einmal. »Es ist so schön, wieder zurück zu sein.«

Sie holte tief Luft und ließ die frische salzige Meeresluft in ihre Lungen strömen. Dann blickte sie sich um.

»Hier riecht es so sauber«, meinte sie. Im nächsten Moment begann sie zu erzählen und redete wie ein Wasserfall. Ihre Worte überschlugen sich, denn ihre Mutter musste unbedingt sofort alles erfahren, was sie in den letzten drei Monaten erlebt hatte.

Die Stellen, die Susan vermutlich ängstigen würden, ließ sie jedoch lieber aus. Ihre Mutter unterbrach sie hin und wieder, weil sie eine Frage hatte oder eine Erklärung brauchte.

»Bei uns ging es auch ziemlich hoch her, während du weg warst«, stellte Susan schließlich fest.

»Ach ja, und wir haben uns einen kleinen Hund angeschafft«, verkündete sie, als sie das Haus erreichten.

Während die Mitarbeiter der Ferienanlage Kylies Gepäck hineintrugen, tapste der Hund, ein junger Retrievermischling, die Treppe herunter, stürmte mit wedelndem Schwanz auf Kylie zu und sprang an ihren Beinen hoch.

Kylie stieß einen Jubelruf aus.

»Ach, Mum, der ist ja so niedlich! Du süßes kleines Hündlein. Ich dachte, du wärst immer strikt gegen einen Hund gewesen. Hat er auch einen Namen?«

Sie nahm das zappelnde weiche, gelbe Fellbündel in die Arme.

Der kleine Hund fing an, ihr das Gesicht und alle übrigen erreichbaren Körperteile abzulecken.

»Tiger«, antwortete ihre Mutter.

»Hallo, Tiger«, lachte Kylie und schob die feuchte Hundeschnauze von ihrem Gesicht weg.

Der Welpe begann daraufhin, mit seinen scharfen Milchzähnen auf ihren Fingern herumzubeißen. Mit einem Aufschrei zog Kylie die Hand weg, drückte den Welpen noch einmal an sich und setzte ihn dann auf den Boden.

»Warum hast du deine Meinung geändert, Mum?«, fragte sie und umarmte ihre Mutter noch einmal.

»Och, nachdem du fort warst, ist es bei uns ziemlich still geworden«, erwiderte Susan und wandte den Blick ab.

Im nächsten Moment drehte sie sich lächelnd wieder um. Sie wollte Kylie nicht die Wiedersehensfreude verderben, indem sie sie an Gwyn erinnerte.

»Ich bin so stolz auf dich und das, was du geschafft hast. Das weißt du doch, oder?«

Kylie spürte einen Stich in der Brust. Auch sie vermisste Gwyn. Obwohl seit dem Tod ihrer Schwester bereits vier Jahre vergangen waren, hatte sich Kylie beim Aussteigen aus dem Flugzeug ganz automatisch nach ihr umgesehen und erwartet, ihre fröhliche Stimme zu hören, während sie auf sie zulief, um sie zu begrüßen.

»Sitz, Tiger! Los! Braver Junge! Wo ist Dad?«

Kylie schob die traurigen Gedanken weg und spielte lieber mit dem Welpen. Wieder musste sie lachen, als sie bemerkte, dass der Hund in kreisförmigen Bewegungen mit dem Schwanz wedelte. Sie wollte nicht an Gwyn denken. Nicht jetzt.

»Er repariert ein geplatztes Wasserrohr in einem der Gebäude am Bogenschießplatz. Aber er müsste bald fertig sein. Er hat dich auch vermisst«, antwortete Susan, ein wenig fröhlicher.

»Das will ich doch auch schwer hoffen«, sagte Kylie.

Sie ging ins Haus, streifte die Schuhe ab und genoss den kühlen Marmor unter ihren nackten Fußsohlen. Tiger trabte los, um sich etwas zum Zerbeißen zu suchen.

»Du wirst nie darauf kommen, wen ich in Papua-Neuguinea getroffen habe«, fuhr Kylie fort.

»Da hast du völlig Recht«, sagte da eine tiefe Stimme hinter ihr.

»Dad!«, rief Kylie aus und wirbelte herum.

Sie schlang die Arme um ihren Vater und küsste ihn, während er sie herumschwenkte. Nachdem er sie wieder auf den Boden gestellt hatte, musterte er sie, so wie zuvor Susan.

»Wenigstens haben sie dir genug zu essen gegeben. Schön, dass du wieder da bist, Kleines.« Er lächelte.

»Ich freue mich auch.« Kylie strahlte übers ganze Gesicht.

Beim Abendessen erzählte Kylie Susan und Geoff von ihren Abenteuern im Ausland. Sie schilderte das wunderbare

Team, mit dem sie zusammengearbeitet hatte, erklärte, dass Craig ein Traum von einem Chef sei, und berichtete von ihrer erstaunlichen Begegnung mit Danno ausgerechnet im Dschungel von Papua-Neuguinea. Dann beschrieb sie das Entsetzen, das sie bei ihrer Ankunft kurz nach dem Tsunami empfunden hatte – welch ein himmelweiter Unterschied zu der Situation bei ihrer Abreise drei Monate später.

»Ich liebe diesen Beruf. Es war so schön zu wissen, dass wir wenigstens ein bisschen helfen konnten.«

Kylie hielt inne und versuchte, die Erinnerung an die gemeinsame Zeit mit Danno zu verdrängen.

»Ich habe eine sehr sympathische Frau namens Ruhana kennen gelernt ...«

Sie erzählte weiter und verkündete zu guter Letzt, Craig habe ihr angeboten, beim nächsten Mal wieder mit von der Partie zu sein.

»Wir werden in Sri Lanka ganz ähnliche Aufgaben haben.« Kylie schob eine Gabel voll Salat in den Mund. »Ich habe zwei Wochen Urlaub, und dann geht es los. Ich kann es kaum fassen. Das alles geht so schnell ... Während ich hier bin, werde ich einfach nur faulenzen – segeln, schwimmen, in der Sonne liegen ... nichts tun eben.«

Sie schob den Teller weg, streckte sich und lächelte ihren Eltern zu. Als Kylie bemerkte, wie still ihre Mutter geworden war, fuhr sie hoch.

»Was hast du denn?«

»Das hast du dir wohl so gedacht, mein Kind«, meinte ihr Vater gutmütig. »Solange du unter unserem Dach wohnst, kannst du auch mit anpacken.«

Wortlos stand Susan auf und begann, das Geschirr abzuräumen.

Besorgt beugte Kylie sich zu ihrem Vater hinüber.

»Habe ich was Falsches gesagt? Was hat Mum denn? Sie ist so ruhig.«

»Schließlich hast du ja die ganze Zeit geredet wie ein Wasserfall. Sie ist gar nicht zu Wort gekommen. Nein, war nur ein Witz. Schön, dass du dich so freust.« Geoff hielt inne.

»Gib ihr Zeit. Sie hat dich schrecklich vermisst«, erklärte er leise. »Obwohl sie dich nie daran gehindert hätte, war sie gar nicht erfreut darüber, dass du in diese gefährlichen Länder reist.«

Er seufzte auf.

»Sie hat Gwyns Tod noch immer nicht verwunden.«

»So geht es uns allen, Dad.« Tränen traten Kylie in die Augen.

Kurz legte Geoff seiner Tochter die Hand auf die Schulter.

»Nimm's nicht so schwer, Kleines. Du fängst es genau richtig an, indem du dein Leben in Angriff nimmst, und ich weiß, wie viel Mut du dazu gebraucht hast.«

Er schenkte sich Wein nach und trank einen großen Schluck.

»Kümmere dich ein bisschen um deine Mum. Sie braucht dich«, flüsterte er, als Susan mit Kaffee und dem Verdauungsschnaps hereinkam.

Kylie wurde vom Plätschern der Wellen am Strand und von den Schreien der Elstern und Papageien in den Bäumen geweckt. Sie räkelte sich wohlig und genoss die Kühle in ihrem großen gefliesten Schlafzimmer. Dann warf sie die Decke zurück und ging rasch ins Bad. Sie hatte auf den Rat ihres Vaters gehört und darauf bestanden, wieder ihre alten Aufgaben im Segelbootverleih zu übernehmen, solange sie zu Hause war.

Nach einem gemütlichen Frühstück schlenderte sie mit ihrer Mutter plaudernd hinunter zum Bootsschuppen am Strand. Die kühle Augustbrise strich über ihre Wangen, und sie lachten, als Tiger ihnen vor den Füßen herumtollte und dann über den Strand davonstob, Schatten jagte, über Muschelschalen stolperte und immer wieder zusammenzuckte, wenn eine Möwe tief über ihn hinwegflog.

»Ich liebe dich, Mum«, sagte Kylie, hakte ihre Mutter unter und zog sie zu einem hohen Mangrovenbaum, der ins Meer hineinwuchs. Verglichen mit den Stränden, die sie in letzter Zeit gesehen hatte, war dieser wirklich blitzsauber.

»Ich liebe dich auch, mein Kind«, erwiderte Susan.

Inzwischen hatten sie den Bootsschuppen erreicht. Kylie schnappte erstaunt nach Luft.

»Du heiliger Strohsack, ihr habt die Bude richtig auf Vordermann gebracht«, rief sie und musterte den frisch gestrichenen Schuppen und die schmucken neuen Tische und Stühle mit den bunten Sonnenschirmen.

Dann ging sie hinein, um sich umzusehen. Ein junger Mann erschien, den Susan als Guy vorstellte. Er war der für den Wassersport zuständige Mitarbeiter, und Kylie schüttelte ihm die Hand.

»Dein Dad hat sehr hart gearbeitet, und wir sind wirklich zufrieden mit dem, was wir geschafft haben«, verkündete Susan stolz, als sie wieder hinaus in den Sonnenschein traten.

»Dir gefällt es sehr hier, richtig, Mum?«, erkundigte Kylie sich schmunzelnd.

»Stimmt, aber das heißt nicht, dass du auch bleiben musst«, erwiderte Susan rasch. »Wir haben lange über deinen nächsten Einsatz gesprochen, und wenn es das ist, was du tun möchtest, wollen wir dir nicht im Wege stehen. Wir wünschen uns, dass du glücklich wirst, mein Kind.«

Sie winkte einer Gruppe von Gästen zu, die über den Strand auf die Boote zustapften. Dann versetzte sie Kylie einen Rippenstoß.

»Los, Kleines, nimm dir ein Boot, und fahr ein bisschen raus. Ich sehe doch, wie es dir in den Fingern juckt. Mit der Arbeit kannst du morgen anfangen!«

Kylies Miene hellte sich auf.

»Bist du sicher?«

Susan nickte lächelnd.

»Du bist einfach super, Mum!«

Kylie ließ sich kein zweites Mal bitten, griff vergnügt nach einer Schwimmweste, lief zu einem der kleinen Katamarane hinüber und zog ihn zum Ufer. Lachend und rufend – denn Tiger stürmte auf sie zu und lief ihr kläffend zwischen den Beinen herum – schob sie das Boot ins Wasser, kletterte hinein, setzte das Segel, nahm das Steuerruder und glitt in die kleine Bucht hinaus.

Bald war ihre Mutter nur noch als kleiner bunter Punkt am Strand zu sehen. Tiger, ein noch winzigerer Punkt, sprang laut bellend hin und her.

Kylie richtete das Segel aus, sodass sich der Wind darin fing. Das kleine Boot wurde schneller. Kurz darauf sauste sie über die Wellen. Einer der beiden Rümpfe hob sich aus dem Wasser. Sie stieß einen Freudenschrei aus, als der Wind ihr ins Gesicht wehte und die Gischt über den Bug spritzte, und genoss den Anblick des leuchtend blau, grün und lila schillernden Meeres. Es war dasselbe Glücksgefühl, das sie beim Skifahren empfand.

Den Kopf in den Nacken gelegt, lachte sie auf und ließ sich von der Geschwindigkeit berauschen.

Schließlich änderte sie den Kurs und steuerte auf die weit entfernte Landzunge zu, die die Bucht begrenzte. Danno hätte das sicher auch gefallen.

Sie hatte ihn häufig bei Skirennen beobachtet, sein Gesicht gesehen und gespürt, dass er ebenso aufgeregt und begeistert war wie sie. Tränen traten ihr in die Augen. Wäre es nur möglich, die Zeit zurückzudrehen – bis zu dem Moment, als sie sich in jener Nacht am Strand im Mondschein geküsst hatten …

Doch sie wusste im tiefsten Innersten ihres Herzens, dass das nicht möglich war.

Plötzlich bemerkte sie etwas im Wasser. Sie drosselte das Tempo und fuhr langsam auf den dunklen Gegenstand zu. Vielleicht war es eine Flasche oder eine leere Dose – und eine der Grundregeln in diesem Feriengebiet lautete, den Strand stets sauber zu halten. Doch im nächsten Moment erkannte sie zu ihrer Freude, dass es sich bei der vermeintlichen »Dose« um den Kopf einer gewaltigen Wasserschildkröte handelte, der aus dem Wasser ragte und sich nun in alle Richtungen wandte.

Für gewöhnlich waren Schildkröten scheue Tiere, doch diese schwamm umher, unbeirrt von Kylies Gegenwart, tauchte dann ab und verschwand.

Kylie wartete.

Und da war sie wieder, diesmal sogar noch näher am Boot! Fast hätte Kylie den harten Panzer berühren können, und sie sah das hübsche Muster auf seinem Rücken.

Eine Weile paddelte die Riesenschildkröte um das Boot herum, tauchte, ließ sich treiben, kam zurück an die Oberfläche, um Kylie zu grüßen, und schwamm anschließend wieder eine Kehre.

Zu guter Letzt tauchte die Schildkröte endgültig unter, und ihr ovaler Panzer schimmerte, als sie in den Tiefen verschwand.

Wieder spürte Kylie, wie ihr die Tränen in die Augen traten. Diesmal aber waren es Freudentränen. Sie war dankbar für dieses Geschenk der Natur und die Gelegenheit, so ein wunderschönes Geschöpf beobachten zu können.

Den restlichen Vormittag segelte Kylie ziellos hierhin und dorthin, ließ sich vom Wind durch die Bucht tragen und suchte vergeblich nach weiteren Schildkröten. Als sie ihr eigenes Magenknurren nicht mehr überhören konnte, kehrte sie zum Strand zurück.

Ihre Arme und ihr Gesicht waren von der Sonne gebräunt. Nachdem sie sich ein riesiges Brötchen mit Salat und eine Dose eiskalte Cola genehmigt hatte, verbrachte sie den restlichen Nachmittag damit, Guy bei den Kanus und Jetskis zu helfen, mit den Gästen zu plaudern und die Takelage eines Katamarans zu reparieren. Immer wieder musste sie an die Begegnung mit der Schildkröte denken.

Die Tage auf Dunk Island vergingen wie im Flug, da Kylie mit den Booten alle Hände voll zu tun hatte. Fast war es, als sei sie nie fort gewesen.

Sie hörte auf den Rat ihres Vaters, kümmerte sich so oft wie möglich um ihre Mutter und genoss die Nähe, die sich schon vor ihrer Abreise nach Papua-Neuguinea zwischen ihnen entwickelt hatte.

An den Abenden setzte sich die Familie meistens mit einem kühlen Getränk an den Strand, um den Sonnenuntergang zu beobachten. Als Kylie und Susan einmal allein dort waren und zusahen, wie die Sonne hinter den Hügeln verschwand und die Welt in einen rosa-goldenen Schein tauchte, erzählte sie ihrer Mutter endlich von Danno.

»Wahrscheinlich sollte es einfach nicht sein«, meinte sie abschließend und versuchte, dabei möglichst überzeugend zu klingen. Fest entschlossen, nicht zu weinen, stocherte sie mit einem Stöckchen im Sand herum.

Susan legte Kylie den Arm um die Schulter und drückte sie fest an sich, während ihr selbst die Tränen in die Augen traten. Verstohlen versuchte sie, sie wegzuwischen.

»Was ist, Mum?«, fragte Kylie, die die Trauer ihrer Mutter spürte.

Susan schluchzte leise auf und schüttelte den Kopf, da ihr die Stimme versagte.

»Ich liebe dich, Kylie, und ich wünsche dir ein wunderschönes Leben. Ich will dich nicht auch noch verlieren.« Ihre Stimme war nur ein Flüstern. »Ich vermisse Gwyn so sehr.«

Ihre Worte versetzten Kylie einen Stich ins Herz. Die Schuldgefühle wegen Gwyns Tod, die sie nie ganz hatte ablegen können, drohten sie zu überwältigen.

»Ich vermisse sie auch, Mum«, erwiderte sie leise. »Ich hatte nie wieder eine Freundin wie sie.«

Ihre Stimme erstarb. Dann wischte sie sich die Augen und sah ihre Mutter an.

»Immer wenn ich in Papua-Neuguinea traurig oder überfordert war, und das ist häufig passiert, Mum, hat Beth zu mir gesagt: ›Falls du etwas nicht ändern kannst, lass es los und kümmere dich um die Dinge, auf die du Einfluss hast.‹ Und weißt du, was? Ich habe dabei an dich gedacht und daran, wie du dich einfach nicht unterkriegen lässt. Erst in der Sunburst Lodge, dann mit den Familienproblemen und nun auf Dunk Island.«

Sie drückte ihre Mutter fest an sich, wohl wissend, wie wenig hilfreich ihre Worte in diesem Moment waren.

Susan zuckte die Achseln.

»Was kann ich sonst schon tun? Vielleicht gibt es für Dannos Verhalten einen vernünftigen Grund. Ich fand den Jungen immer sehr sympathisch.«

Ehe Kylie sich versah, waren die zwei Wochen beinahe um. Einige Tage vor ihrer Abreise saß sie, teils nervös, teils voller Vorfreude, in der Abenddämmerung vor den offenen Terrassentüren im Wohnzimmer auf dem Fliesenboden und flickte einen Gurt ihres Rucksacks. Im angrenzenden Büro beschäftigte sich Susan mit Verwaltungsarbeit, und Geoff war noch irgendwo in der Anlage unterwegs.

Kylie spürte Sonne und Wind auf Schultern und Rücken. Gerade dachte sie daran, wie schön der heutige Tag draußen auf dem Wasser gewesen war, als das Telefon läutete. Ihr Herz machte einen hoffnungsfrohen Satz – das konnte sie einfach nicht ablegen, obwohl in der Ferienanlage ständig Anrufe eingingen.

»Kylie, es ist für dich«, rief ihre Mutter im nächsten Moment.

Vor Überraschung fuhr Kylie so ruckartig hoch, dass sie sich mit der riesigen Nadel in den Finger stach.

»Autsch«, schrie sie und sprang auf.

Ihre Knie zitterten. Sie stürmte ins Büro.

»Wer ist dran?«, flüsterte sie ihrer Mutter zu, während sie nach dem Hörer griff.

Es war Craig. Schlagartig wurde Kylie ihre Enttäuschung bewusst. Doch sie ließ sich nichts anmerken, als sie, bemüht fröhlich, zu plaudern begann.

Craig rief an, um sie daran zu erinnern, dass die einwöchige Einweisung am kommenden Dienstag in Brisbane beginnen würde. Anschließend teilte er ihr mit, in welchem Hotel sie einquartiert war. Kylie unterhielt sich noch eine Weile mit ihm, erzählte ihm, wie schön es auf Dunk Island sei, und schlug vor, er solle sie doch irgendwann besuchen kommen.

Nachdem sie aufgelegt hatte, sank sie in einen Sessel und starrte über den gebeugten Kopf ihrer Mutter hinweg aus dem Fenster.

»Er ist ein netter Mann«, sagte sie schließlich, mehr zu sich selbst, stand auf und ging hinaus.

Zehn Minuten später streckte ihre Mutter den Kopf zur Tür herein.

»Telefon für dich ...«

So tief war Kylie in Gedanken versunken gewesen, dass sie es gar nicht hatte läuten hören. Sie erhob sich und nahm den schnurlosen Apparat von ihrer Mutter entgegen. Bestimmt war es noch einmal Craig, der etwas vergessen hatte.

»Dunk Island Ferienclub, Kylie Harris.«

»Kylie! Hallo, ich bin es, Danno«, hörte sie eine vertraute Stimme.

Kylies Herz machte einen Satz.

»Hallo, Danno, wie geht es dir?«, erwiderte sie steif.

»Gut, und dir? Ich habe dich erst gar nicht erkannt. Du klingst so ... offiziell.«

»Ach ja?«, stieß Kylie hervor.

Ihr Mund war ganz trocken. Es gab so vieles, was sie ihm sagen wollte und was sie in Gedanken wieder und wieder durchgegangen war. Und nun brachte sie keinen Ton heraus.

»Genießt du deinen Urlaub?«, fragte Danno im Plauderton. Er klang ein wenig verlegen.

»Ich bin gerade in Brisbane aus dem Flieger gestiegen. Es

ist so schön, deine Stimme zu hören. Ich habe dich so vermisst«, meinte er leise. »Ich rufe an, um dir zu sagen, dass ich mit ein paar Kumpels das Wochenende in Perisher verbringen wollte, bevor wir wieder über die ganze Welt verteilt werden. Ich habe mich gefragt, ob du vielleicht mitkommen möchtest.«

Kylie musste sich auf den Boden setzen, da ihr plötzlich die Knie weich wurden. Die Finger, mit denen sie sich den Hörer ans Ohr presste, waren schweißnass. Was sollte sie nun tun? Sollte sie ihm sagen, er könne sich zum Teufel scheren – oder riskieren, dass er ihr wieder das Herz brach?

»Ich kann mir einfach nicht vorstellen, eine Piste runterzuflitzen, ohne dass du dabei bist. Bitte sag ja«, flehte Danno.

»Klingt prima.« Kylies Stimme stockte.

Sie räusperte sich und ging durch die Terrassentüren hinaus ins Freie.

»Kylie, bist du noch dran?«

»Klar. Warum hast du mir nicht mehr geschrieben?«, platzte sie heraus.

»Können wir nicht beim Skifahren darüber reden?«

»Ich habe doch noch nicht zugesagt.«

»Ich dachte, das hättest du gerade getan.«

Seine jungenhafte Zuversicht brachte Kylie zum Lachen.

»Du kannst doch nicht einfach sämtlichen Kontakt zwischen uns abbrechen und dann an dem Wochenende, bevor ich für sechs Monate wegfliege, vor mir verlangen, dass ich alles stehen und liegen lasse, um mit dir Ski fahren zu gehen!«

»Hört sich aber fast so an. Ich kann dir alles erklären, Ehrenwort. Bitte sag, dass du kommst.«

»Moment.« Kylie eilte in Susans Büro. »Danno hat mich übers Wochenende zum Skifahren eingeladen. Das würde heißen, dass morgen meine letzte Nacht hier ist. Hättest du was dagegen?«

Ein Blick auf Kylies strahlendes Gesicht und das sehnsüchtige Leuchten in ihren Augen genügte Susan, und sie erwiderte, ohne zu zögern: »Wenn du noch einen Flug kriegst, nur zu.«

»Du hast Glück, dass meine Mutter so viel Verständnis hat«, meinte Kylie kichernd zu Danno.

»Dann also abgemacht!«

Als Kylie Dannos offenbar erfreuten Tonfall bemerkte, musste sie schmunzeln.

»Vergiss nur nicht, dass wir einiges zu klären haben«, fügte sie dennoch streng hinzu, nachdem sie sich die genaue Adresse notiert hatte.

»Wir können das ganze Wochenende lang Tag und Nacht reden«, versprach Danno.

Kylie legte den Hörer auf und wusste nicht, ob sie in die Hände klatschen oder in Tränen ausbrechen sollte. Sie fragte sich, ob es naiv von ihr gewesen war, mitzufahren. Das alles war so verwirrend, doch zumindest würde sie drei ganze Tage mit ihm verbringen können.

»Will er mich als seine Freundin oder nur als guten Kumpel dabeihaben?«, fragte sie sich, während sie Tiger, der gerade dabei war, ihren Rucksackgurt zu zerkauen, in den Arm nahm, ihr Gesicht in seinem weichen Fell vergrub und sich von ihm ablecken ließ.

18

Der Flug von Brisbane nach Canberra dauerte eine Ewigkeit. Doch Kylie hielt sich vor Augen, dass sie gewaltiges Glück gehabt hatte, so kurzfristig noch einen Platz in der Maschine zu ergattern. Sie ließ den Blick über die Busse schweifen, die am Flughafen darauf warteten, die Passagiere auf die Skipisten zu bringen, und bekam es kurz mit der Angst zu tun, denn sie konnte Danno nirgendwo entdecken.

Da hörte sie einen Jubelruf, und Danno sprang, übers ganze Gesicht strahlend, hinter einem Bus hervor. Er packte Kylies Taschen und ihre Skier, verstaute beides im Gepäckabteil, und sie stiegen in den Bus.

Danno stellte sie seinen Freunden vor, sieben Männern und Frauen unterschiedlichen Alters. Sie arbeiteten alle für verschiedene Hilfsorganisationen und wollten sich am letzten Wochenende vor dem nächsten Einsatz in Übersee noch einmal amüsieren. Bald plauderte die Gruppe angeregt über die vorhandene oder fehlende Technik im Schnee.

Kylie beteiligte sich an dem freundlichen Geplänkel und merkte, dass es unmöglich sein würde, unter vier Augen mit Danno zu reden. Insgeheim war sie darüber erleichtert.

Allerdings fiel es ihr nicht leicht, wie unbeteiligt neben ihm zu sitzen. Jedes Mal, wenn er zufällig ihren Arm streifte oder ihre Schulter berührte, überlief sie ein wohliger Schauer. Außerdem fragte sie sich ständig, was sie ihm nun eigentlich bedeutete und ob er sie als seine Freundin oder einfach nur als gute Bekannte eingeladen hatte.

So viel Schnee wie in dieser Saison hatte es in Perisher Valley seit zwölf Jahren nicht mehr gegeben, und überall lag die weiße Pracht knietief. Selbst der Parkplatz war jetzt, zur Mittagszeit, mit einer dünnen Schicht bedeckt. Der Wetterbericht hatte für die Nacht weitere heftige Schneefälle vorhergesagt. Jauchzend und lachend stiegen alle aus dem Bus, sammelten ihre Sachen ein und gingen mit knirschenden Schritten über den festgetretenen Schnee zu der Pension, in der sie untergebracht waren.

Die malerische Highpeak Lodge gehörte Freunden von Dannos Vater. Das Haus lag hoch auf einem Hügel, bot einen Blick aufs Skigebiet und war im Baustil einer luxuriösen Skihütte in den Vereinigten Staaten nachempfunden. Es hatte eine hübsche Terrasse mit einem Sitzbereich, dessen Stühle und Tische jedoch von einer zentimeterdicken Schneeschicht bedeckt waren.

Das Innere des Hauses war modern ausgestattet und verfügte auch über einen Whirlpool, eine Sauna und einen Billardraum. Doch der größte Vorzug bestand darin, dass um die Highpeak Lodge fast immer genügend Schnee lag. So kam man auf Skiern in nur drei Minuten zum nächsten Lift. Und die von den Pisten zurückkehrenden Gäste sparten sich den mühevollen Fußmarsch bergauf, mit den Skiern auf der Schulter. Sie hatten stattdessen die Möglichkeit, direkt bis vor die Tür zu fahren.

Kylie blickte sich begeistert um. Perisher zeigte sich von seiner besten Seite, und selbst sie hatte hier noch nie so gute Schneebedingungen erlebt. Sie stimmte den anderen zu, dass es ein Jammer gewesen wäre, diese nicht sofort auszunutzen, zog rasch ihre Skisachen an und stand schon zwanzig Minuten nach der Ankunft oben am Sessellift.

»Wer zuerst unten ist«, rief Danno.

»Einverstanden!«, erwiderte Kylie, rückte ihre Skibrille zurecht und fuhr los.

Bis zum Abend hatten sie die Hälfte von Perishers Pisten hinter sich gebracht. Danno war zwar aufgeräumter Stimmung, verhielt sich aber ein wenig distanziert.

Kylie ließ sich von einem Schlepplift einen verhältnismäßig flachen Hang hinaufziehen und war so geistesabwesend, dass sie stürzte und mit ineinander verkeilten Skiern liegen blieb. Sofort verließ Danno den Lift, fuhr zu ihr hinunter und riss Witze über ihren Sturz, bis sie sich wegen ihrer Ungeschicklichkeit nicht mehr so albern vorkam.

»Hoffentlich schneit es heute Nacht noch einmal richtig«, meinte Kylie ein paar Stunden später auf dem Rückweg zur Highpeak Lodge.

Sie hatte beschlossen zu warten, bis sich am späteren Abend ein ruhiger Moment ergab, um Danno die Fragen zu stellen, die sie auf dem Herzen hatte. Inzwischen fühlte sie sich angenehm müde. Es war ein viel versprechender Anfang gewesen, und sie wollte die Stimmung nicht verderben.

Nachdem sich alle mit Bergen von köstlichen hausgemachten Spagetti und einigen Gläsern kalten Biers gestärkt hatten, wurde, begleitet von viel Gelächter, Billard gespielt.

Kylie stellte fest, dass sie sich viel zu gut amüsierte, um eine Diskussion mit Danno zu beginnen. Als alle anfingen, Anekdoten über ihre Auslandseinsätze auszutauschen, legte Danno kurz den Arm um Kylies Taille. Anschließend war er wieder am Billardtisch an der Reihe, nahm das Queue, versenkte den schwarzen Ball und meinte leichthin, jetzt habe er wohl das Spiel verloren.

Alle beschlossen, nun zu Bett zu gehen, und Kylie verstand die Welt nicht mehr. Sie spähte durch einen Spalt zwischen den schweren Vorhängen vor ihrem Fenster und beobachtete die schweren Pistenraupen, die die Pisten plattwalzten. Ihre gelben Scheinwerfer durchdrangen die Dunkelheit. Sie fragte sich, was der morgige Tag wohl bringen würde, und schlüpfte in ihren Pyjama. Bevor sie einschlief, überlegte sie sich, wie sie Danno wohl am besten auf das Problem ansprechen sollte, ohne allen das Wochenende zu verderben.

Am nächsten Morgen schien die Sonne strahlend hell. Riesige Eiszapfen hingen von den schneebedeckten Dächern. Die jungfräuliche Schneedecke gleich unterhalb von Kylies

Zimmerfenster war nur von den winzigen Spuren zweier Tiere gezeichnet. Kylie eilte hinunter in den Frühstücksraum, wo sie sich vergeblich nach Danno umsah.

»Der ist schon seit Stunden weg«, erklärte Cindy, eines der Mädchen in der Gruppe, und nahm sich etwas von den Frühstücksflocken.

Enttäuscht schlenderte Kylie zur Terrassentür hinüber, um die traumhafte Winterwelt zu betrachten. Die Schnee-Eukalyptusbäume, einige noch von einer zarten Schneeschicht bedeckt, wiegten sich im Wind. Im nächsten Moment sah sie Danno, der sie zu sich winkte. Ihr Herz machte einen Satz. Sie drückte die Türklinke herunter und stellte fest, dass nicht abgeschlossen war.

Ohne daran zu denken, dass sich ihre Schuhe ganz und gar nicht für einen Schneespaziergang eigneten, stürmte Kylie hinaus und rannte auf ihn zu. Vor Ungeduld hätte sie losschreien können, als sie im Schnee versank und immer langsamer wurde. Ihre Zehen wurden von Sekunde zu Sekunde kälter. Danno eilte ihr entgegen und lachte sie an.

»Bist du endlich aufgestanden, du Schlafmütze!«, rief er ihr zu, während sie auf und ab sprang, um ihre Füße aufzuwärmen.

»Ich habe eine Überraschung für dich.«

Er nahm sie auf die Arme und trug sie ums Haus herum, wo er sie vorsichtig wieder abstellte.

Kylie blickte sich um und stieß einen überraschten Schrei aus. Auf der vor dem Wind und den Strahlen der Morgensonne geschützten Seite des Gebäudes stand, aufgerichtet auf die Hinterbeine, ein kunstvoll geformtes Schneepferd.

Kylie vergaß ihre halb erfrorenen Füße und trat näher, um die detailgetreu ausgearbeitete Mähne, die Hufe und die Augen zu bewundern. Dann sah sie voller Entzücken das Horn, dass dem Pferd aus der Stirn wuchs. Es war ein Einhorn.

Das Fabeltier hatte in den schwülheißen Nächten Papua-Neuguineas zu einigen heftigen Debatten zwischen ihnen geführt. Kylie war davon überzeugt, dass dieses Geschöpf über die Menschen wachte und sie beschützte. Danno hielt das alles für Unsinn und unterstellte Kylie, sie habe als Kind zu viele Märchen gelesen. Die Diskussionen hatten immer mit einer freundschaftlichen Rempelei oder – wenn sie allein waren – mit einem langen und zärtlichen Kuss geendet.

»Das ist ein Einhorn, das dich beschützen soll«, sagte Danno leise.

Dann schnappte er erschrocken nach Luft, denn Kylie fiel ihm so unvermittelt um den Hals, dass er beinahe gestürzt wäre.

»Es ist wunderschön! Es ist traumhaft! Hast du das wirklich für mich gebaut?« Eine Hand umfasste die seine, mit der anderen berührte sie das Einhorn und ließ sie über die kunstvolle Schneefigur gleiten. »Um wie viel Uhr bist du denn aufgestanden?«

»Früh. Aber du bist mir jede Mühe wert.«

Danno küsste sie, und Kylie glaubte trotz der Kälte in seinen Armen dahinzuschmelzen.

»Komm, wir gehen frühstücken. Ich verhungere.« Abrupt ließ er sie los.

Nach dem Frühstück beschlossen sie, zuerst sämtliche Pisten zwischen Perisher und Smiggins und anschließend die von Blue Cow nach Guthega abzufahren. Voller Tatendrang stürmte Kylie als Erste aus dem Haus und fuhr mit Danno und den anderen um die Wette zur Warteschlange am Lift. Zwischen Cindy, Danno und Ben, einem anderen Mitglied ihrer Gruppe, in den engen Sessellift gezwängt, dachte Kylie immer wieder an das Einhorn und daran, welche Mühe sich Danno ihretwegen gemacht hatte. Ihre Lippen prickelten von seinem überraschenden Kuss. Sie ließ den Blick über die Pisten schweifen und wurde von einem Hochgefühl ergriffen.

An den Schneeverhältnissen gab es nichts auszusetzen. Die weiße Winterwelt funkelte in der Sonne, die auf die frischen Skispuren und die verkrüppelten Eukalyptusbäume schien.

Diese wiegten sich unter dem Sessellift am Berghang hin und her.

»Sie sehen aus, als würden sie tanzen«, rief Kylie und deutete mit dem Finger auf die Bäume. Ein heftiger Windstoß fegte den Schnee von den niedergebeugten Baumwipfeln.

»Stimmt, du hast Recht«, erwiderte Cindy.

Danno schwieg.

Oben angekommen, machten sich Cindy und Ben auf den Weg zu den Pisten in Blue Cow. Kylie und Danno beschlossen, Perisher noch eine Chance zu geben.

»Wohin willst du zuerst?«, fragte er und fuhr zu Kylie hinüber, die gerade ihre Skistiefel enger schnallte.

Er zog eine Karte aus der Tasche und sah sie an.

»Ich bin froh, dass du gekommen bist«, sagte er leise und beobachtete, wie Kylie sich eine flammend rote Haarsträhne aus der Stirn strich. Sie war so wunderschön, so begehrenswert – und doch so weit weg.

Mein Gott, wie einsam hatte er sich während der letzten beiden Wochen in Papua-Neuguinea ohne sie gefühlt. Sie war es wirklich wert gewesen, noch vor Morgengrauen aufzustehen, um ihr das Schnee-Einhorn zu bauen.

Er steckte die Karte weg und runzelte die Stirn. Sie hatte das plötzliche Abreißen des Briefkontakts mit keinem Wort mehr erwähnt. Vielleicht nahm er das Ganze zu wichtig. Es konnte schließlich durchaus sein, dass ihr seine Briefe gar nichts bedeutet hatten.

Verzweifelt sehnte er sich danach, ein offenes Gespräch mit ihr zu führen, fürchtete sich aber gleichzeitig vor den Antworten, die er vielleicht bekommen würde.

»Warum nehmen wir nicht diese Piste und fahren dann mit dem Sessellift nach Sun Valley? Dort gibt es eine traumhafte Strecke, die durch die Bäume verläuft.«

Er stand ganz dicht bei ihr und roch den zarten Duft ihres Haars. Er musste unbedingt mit ihr reden und ihr alles erklären.

Kylie bemerkte sein Lächeln, und plötzlich wurden ihr die Knie weich.

Immer eins nach dem anderen, sagte sie sich streng. Zuerst würden sie ein wenig Ski fahren; anschließend wollte sie ihm auf den Zahn fühlen.

»Klingt gut.«

Sie erwiderte sein Lächeln und fuhr los.

Gemeinsam kurvten sie im Zickzack den Hang hinunter. Der Wind wehte ihnen ins Gesicht, und die Sonne brannte auf sie herunter. In Schussfahrt sausten sie das letzte Stück auf den Sessellift zu, wo sie ruckartig zum Stehen kamen. Ihre Skier ließen den Schnee aufstieben. Oben auf dem Berg setzten sie ihre Fahrt mit dem Schlepplift fort, bis sie allein in einer weißen Traumwelt waren.

Kylie machte eine scharfe Kurve von der breiten Piste hinunter und suchte sich dann einen Weg zwischen den Eukalyptusbäumen hindurch. Da versank einer ihrer Skier im weichen Schnee am Pistenrand.

Kylie verlor das Gleichgewicht, kippte nach vorne und landete kichernd am Fuße eines riesigen knorrigen Baumes, dessen Stamm mit Signalfarbe markiert war. Ihre Skier steckten bis zu den Stiefeln im Schnee fest. Kylie zappelte, doch so sehr sie sich auch bemühte, schaffte sie es nicht, sich zu befreien. Ihr blieb nichts anderes übrig, als auf Dannos Hilfe zu warten.

Wenige Sekunden später kam er zwischen den Bäumen hindurchgestürmt und stoppte geschickt neben ihr.

»Ich hasse dich«, rief sie lachend und fand die Situation ausgesprochen peinlich.

»Mit solchen Sprüchen bringt eine Dame einen Mann bestimmt nicht dazu, sie aus einer Notlage zu retten«, neckte er sie.

»Bitte, Danno, hilf mir«, flehte Kylie und ruderte hilflos mit den Armen.

Rasch nahm Danno die Skier ab, entfernte den lockeren

Schnee, löste Kylies Skier von den Stiefeln und half ihr beim Aufstehen. Dann grub er ihre Skier aus.

»Danke, eigentlich bin ich doch Meisterskifahrerin«, lachte sie, immer noch verlegen. Ihre Stimme versagte, als Danno sie an sich zog.

»Das bist du«, flüsterte er.

Er küsste sie, nicht so überfallartig wie zuvor, sondern lang und leidenschaftlich. Ein wärmendes Feuer pulsierte durch ihre Adern. Sie nahm nichts mehr um sich herum wahr, nur noch, dass er sie küsste und sie in seinen Armen lag. Sie spürte, dass er am ganzen Leib bebte, und gab sich ihrer Sehnsucht hin, dem köstlichen Gefühl, das ihren gesamten Körper durchströmte.

Schließlich ließ Danno von ihr ab.

»Das wollte ich schon tun, seit du zuletzt in meinen Lastwagen hineingeschaut und mich gebeten hast, dir weiter lustige Briefchen zu schreiben«, murmelte er mit belegter Stimme.

Kylie blickte in seine tiefblauen Augen, und ihr Herz war erfüllt von der Liebe zu ihm.

Ganz gleich, was er getan hatte und welche Gründe auch dahinterstecken mochten, es spielte keine Rolle mehr.

Niemand würde ihr diesen Moment jemals wegnehmen können.

Ein zarter Schneeschauer regnete auf sie hernieder, als der Wind an den Zweigen rüttelte. Mit vor Freude strahlendem Gesicht blickte Kylie auf.

»Sieh nur! Der Schnee-Eukalyptus tanzt.«

»Und er tanzt nur für uns«, flüsterte Danno und presste seine Lippen wieder auf ihre.

Diesmal schlang sie ihre Arme um seinen Hals und ließ sich ganz in seiner Umarmung aufgehen. Eng aneinander geschmiegt und bebend standen sie da.

»Warum hast du aufgehört, mir die lustigen Briefchen zu schreiben?«, fragte sie schließlich mit heiserer Stimme.

»Ich wollte dir schreiben …«, begann er und strich mit den Fingern über ihren Hals.

»Ich dachte, ihr wärt inzwischen schon in Guthega!«, rief da eine Stimme.

Mist!, dachte Kylie, während sie sich rasch nach ihren Skiern bückte.

»Hat es euch etwa zerlegt?«, fragte lächelnd einer der Jungen aus der Gruppe.

»Das sagst ausgerechnet du!«, erwiderte Kylie. Sie grinste und ihre Wangen glühten.

Der Sprecher, der vor diesem Wochenende noch nie auf Skiern gestanden hatte, hatte erst am Vortag einen grandiosen Sturz auf einem Idiotenhügel gebaut und dabei beide Skier, die Stöcke und seine Gürteltasche verloren. Doch er hatte sich davon nicht beirren lassen und sich heute voller Elan sogar auf Pisten des mittleren und höchsten Schwierigkeitsgrads gestürzt.

»Du solltest es mit der Olympiaabfahrt versuchen. Die ist einfach super. So schnell war ich noch nie im Leben. Ich habe Todesängste ausgestanden.«

»Du bist total durchgeknallt«, erwiderte Kylie, während sie mit zitternden Fingern an ihren Handschuhen herumnestelte.

»Hast du damit gerechnet, dieses Wochendende mit vernünftigen Menschen zu verbringen?«, meinte Danno schmunzelnd, obwohl er seine Freunde insgeheim dafür verfluchte, dass sie ausgerechnet jetzt aufgetaucht waren.

»Wie konnte ich das nur annehmen! Jedenfalls habe ich einen Mordshunger. Was haltet ihr davon, wenn wir nach Blue Cow fahren?«, schlug Kylie vor und machte sich durch die Bäume auf den Weg zur Piste.

Auf der Fahrt nach Blue Cow ergab sich keine weitere Gelegenheit mehr zu einem Gespräch. Nach dem Mittagessen ging es am Nachmittag weiter nach Guthega und zu guter Letzt zurück nach Perisher. Kylie erwischte den letzten

Schlepplift zurück zur Pension, und ihr tat jeder Knochen im Leib weh.

»Jetzt wäre ein Bad im Whirlpool nicht schlecht«, rief sie.

»Dann treffen wir uns dort«, erwiderte einer der anderen, und sie flitzten den Hügel zur Highpeak Lodge hinunter.

Kylie war als Erste im Whirlpool und lehnte sich, umwabert von dem stark chlorhaltigen Dampf, im Wasser zurück. Allmählich entspannten sich ihre Muskeln, und die prickelnden heißen Bläschen aus den Düsen strichen angenehm über ihren Rücken und lockerten ihre steifen Gliedmaßen.

Mit geschlossenen Augen dachte sie an Dannos Küsse und spürte seine Lippen auf ihren und auch, wie sein Körper sich gegen sie presste ... Kurz dachte sie auch an Aspen und an den Tag, als sie im Whirlpool gelegen und sich gewünscht hatte, der Richtige möge einfach zur Tür hereinspaziert kommen.

Nun würde der Richtige jeden Moment bei ihr sein – das Problem war nur, dass sie nicht wusste, ob er sich auch darüber im Klaren war, was sie für ihn empfand, und dass er eine Horde von Freunden im Schlepptau hatte. Mit einem lauten Seufzer ließ Kylie sich tiefer ins Wasser gleiten und hielt die Beine in den Massagestrahl.

Die Tür ging auf, und Danno kam – in einer gut sitzenden Badehose und ein Handtuch über der breiten sonnengebräunten Schulter – herein.

»Wie ist das Wasser?«, fragte er, während er das Handtuch auf eine Bank warf und auf die Duschen zusteuerte.

»Klasse! Auf jeden Fall heiß!«, überschrie Kylie das Brausen des Duschwassers.

Ihr Puls raste, und sie versuchte, ihre Gedanken einigermaßen zu ordnen. Zwei Minuten später kehrte Danno zurück, ging zur Tür und drehte den Schlüssel um.

»Was tust du da?«, erkundigte sich Kylie.

»Ich mache dort weiter, wo wir aufgehört haben«, verkündete er. »Ohhh! Autsch, ist das heiß!«

Ein Grinsen auf den Lippen, ließ er sich vorsichtig ins dampfende Wasser gleiten. Dann holte er tief Luft, tauchte bis zum Hals ein und schwamm zu Kylie hinüber.

»Ich fand, dass ich … dass wir beide eine Weile ungestört sein sollten. Komm her!«

Bevor Kylie Zeit zum Nachdenken hatte, zog er sie in die Arme und küsste sie lang und leidenschaftlich.

»Ich habe dich so vermisst«, meinte er und sah ihr in die Augen. Dann setzte er sie sanft auf sein Knie. Eine Hand ruhte noch immer auf ihrer Taille, die andere streichelte ihre Schulter und fuhr den Träger ihres Bikinis nach.

»Du bist unbeschreiblich«, murmelte er, beugte sich vor, küsste ihre warme Haut und streifte ihr den Träger von der Schulter.

Kylie zog den Träger wieder hoch und küsste ihn liebevoll.

»Wir müssen reden«, begann sie streng.

Sie wusste, dass sie ihm nicht würde widerstehen können, wenn sie ihm jetzt nicht Einhalt gebot.

Erneut küsste Danno ihre Schulter.

»Das weiß ich, und ich versuche auch nicht, mich vor dem Gespräch zu drücken … ich will es nur ein bisschen verschieben.« Als er den Kopf hob, waren seine Lippen nur wenige verführerische Zentimeter von ihren entfernt.

Kylie fuhr ihm durchs Haar und strich dann mit einem zitternden Finger seine Wange, seinen markanten Kiefer und seine Lippen entlang.

»Warum hast du aufgehört, mir zu schreiben?«, fragte sie in sachlichem Ton und legte ihm die Hände auf die Schultern.

Sie würde jede Antwort verkraften. Sie war stark. Doch ihre Unterlippe begann zu zittern. Rasch rutschte sie von seinem Knie. Tränen traten in ihre Augen und kullerten die Wangen hinunter.

»Hey! Wo willst du hin?«, rief Danno und hielt sie fest.

»Auf einmal war einfach Funkstille …«

Inzwischen weinte Kylie bitterlich, und sie schämte sich ihrer Tränen.

Danno ließ die Arme sinken. Plötzlich wusste er weder aus noch ein. Einerseits blieb ihm nichts anderes übrig, als ihr die Wahrheit zu sagen, andererseits würde sie ihm sicher nicht glauben.

»Ich konnte nicht! Ich wollte zwar, aber ich konnte nicht.«

»Warum nicht?«, gab Kylie zurück.

»Dein Chef!«, entgegnete Danno mit angespannter Stimme.

Er erklärte ihr, dass Craig ihn angewiesen hatte, mit dem Briefeschreiben aufzuhören, und erzählte von den Unterschlagungsvorwürfen. Als er Kylies zunehmend eisige Miene bemerkte, wurde ihm ganz mulmig zumute.

Schließlich verschränkte Kylie die Arme.

»Nein, das ist ganz einfach nicht wahr! Craig wusste doch über die Briefe Bescheid. Wir haben am Abend noch darüber gelacht. Und er würde dir nie vorwerfen, dass du Hilfsgüter unterschlägst. Bestimmt hast du dich verhört. Immerhin kennt er dich.«

»Und außerdem ist er scharf auf dich!«

»Das ist doch albern.« Kylie fand diese Vorstellung so absurd, dass sie lachen musste. Sie schwamm zu Danno zurück.

»Heißt das etwa, dass du eifersüchtig bist?«, neckte sie ihn.

»Kann sein«, erwiderte Danno, dem klar wurde, dass sie die Wahrheit über Craig nicht hören wollte.

Er zog sie wieder an sich und hatte keine Lust mehr, über diesen hinterhältigen Mistkerl zu sprechen oder noch einen Gedanken an ihn zu verschwenden.

Kylie legte die Arme um Danno und verschränkte die Beine hinter seinem Rücken.

»Du warst allen Ernstes eifersüchtig auf Craig! Das ist wirklich komisch.«

»Der Typ steht auf dich. Männer merken so etwas.«

»Sicher, das glaube ich sofort«, antwortete Kylie mit einem Funkeln in den Augen. »Aber du hast mir immer noch nicht verraten, warum du mir nicht mehr geschrieben hast.«

Sie war fest entschlossen, eine Erklärung von ihm zu fordern.

»Vielleicht habe ich es ja wirklich falsch verstanden, aber ich hatte Angst, Craig könnte dir Ärger machen, wenn ich dir weiter schreibe. Und ich wollte auf jeden Fall verhindern, dass du Probleme bekommst, Kylie. Ich hatte Angst um dich ...«

»Du bist süß«, murmelte Kylie, die erfreut feststellte, dass sich in seinen Lenden etwas regte.

Sie sah ihm in die Augen und erschrak über die heftigen Gefühle, die seine Blicke ausdrückten.

»Hast du mich wirklich vermisst?«

»Es waren die längsten und einsamsten Wochen meines Lebens«, erwiderte Danno mit belegter Stimme und küsste sie sanft.

Zufrieden gab Kylie sich seinen Liebkosungen hin. Danno strich ihr mit dem Fnger über Wange und Lippen. Leidenschaft loderte aus seinen Augen.

»Ich liebe dich, Kylie. Ich glaube, ich liebe dich seit unserer ersten Begegnung, als du noch ein albernes Schulmädchen gewesen bist«, stieß er mit heiserer Stimme hervor.

»Und ich liebe dich auch.«

Kylie schnappte nach Luft, als Danno ihr Bikinioberteil öffnete und ihre Brust umfasste. Sie beschloss, dass sie keine Lust hatte, weiter über Entscheidungen nachzugrübeln, und gab sich den verwirrenden und köstlichen Gefühlen hin, die sie durchströmten. Dannos Hände glitten über ihren Körper und liebkosten ihre Taille, ihre Hüften, ihre Schenkel und ihre Brüste. Er küsste sie erneut, und ein Pulsieren begann zwischen ihren Beinen. Sie wurde von ungeahnten Gefühlen bestürmt.

Sie stöhnte auf, presste sich an ihn und versuchte zu begreifen, dass Danno, den sie liebte, seit sie sich erinnern konnte, sie tatsächlich begehrte und sich ebenso nach ihr sehnte wie sie sich nach ihm. Bei diesem Gedanken wurde sie von noch wilderer Leidenschaft ergriffen, und sie erwiderte voll Verlangen seine Küsse.

Plötzlich richtete er sich auf.

»Mir wird zu heiß. Warum gehen wir nicht aus dem Becken?«, schlug er vor und fuhr sich mit den Fingern durchs Haar.

Er zog sie an der Hand aus dem Wasser. Nachdem sie sich unter der Dusche abgekühlt hatten, wickelte er Kylie in ein Handtuch. Sie stieß einen leisen Freudenschrei aus, als er sie in die Arme nahm und hinauf in sein Zimmer trug.

»Wo sind denn die anderen? Ich dachte, sie wollten nachkommen?«, meinte Kylie kichernd, während er die Tür mit dem Fuß zustieß.

»Du stellst zu viele Fragen.« Wieder küsste er sie und setzte sie ab.

Es war dunkel im Zimmer, und nur durch das Panoramafenster fiel noch ein wenig Licht herein. Vor dem Kamin mit dem künstlichen Feuer lag ein dickes Schaffell. Die Berge unterhalb der Hütte waren von zarten Schatten umhüllt. Die Scheinwerfer der Pistenraupen, die bereits im Einsatz waren, tauchten die Hänge wie jeden Abend in einen gelblichen Schein. Ein einsamer Skifahrer sauste bergab.

Danno schaltete den Gaskamin ein. Hinter den künstlichen Scheiten züngelten Flammen empor.

Zärtlich zog er sie wieder in die Arme, und sie sanken, sanft gewärmt von Kaminfeuer, auf das weiche, cremefarbene Schaffell, während das flackernde Licht Schatten auf ihre Körper warf.

»Du bist wundervoll«, murmelte Danno wieder und strich mit den Fingern über ihre Haut.

Plötzlich bekam Kylie Angst, dass sie diesem Mann niemals genügen würde, dessen Hände ihre seidige Haut erkundeten und ungeahnte Gefühle in ihr auslösten. Danno, der ihre Verlegenheit spürte, liebkoste sie weiter, bis ihre Bedenken verflogen. Immer mehr erregte er sie, küsste sie und flüsterte ihr Liebesworte ins Ohr, bis sie sich, am ganzen Körper erbebend vor Lust, an ihn klammerte.

Kylie schwebte und ließ sich im Taumel der Begierde treiben. Ihre Beine begannen heftig zu zittern, und sie presste sich in wilder Leidenschaft an ihn. Doch dann erstarrte sie.

»Was ist mit ... ?«

»Irgendwo habe ich noch eins«, erwiderte Danno mit heiserer Stimme und nestelte ein Kondom aus seiner Brieftasche.

Rasch war der beklommene Moment vorbei, und er küsste sie wieder. Mit jeder Berührung steigerte sich Kylies Verlangen mehr, als sie es je für möglich gehalten hätte.

Er küsste sie immer weiter. Kylie war bereit, sich ihm ganz und gar hinzugeben. Ihre Finger krallten sich in seinen glatten Rücken, als sie sich ihm entgegenbäumte.

Sie wollte diesen Mann so sehr, seine Kraft und seine Liebe, die sie ganz und gar auszufüllen schienen. Für sie gab es nur noch die Gefühle, die in ihrem Körper pulsierten. Sie hielt ihn ganz fest und küsste ihn hingebungsvoll.

Ihr Atem ging stoßweise, und sie bemerkte, wie sich ihre Leidenschaft steigerte. Immer heftiger presste sie sich an ihn, und fast hätte sie die Zähne in seine Schulter geschlagen, so unbezähmbar war ihre Sehnsucht, den Höhepunkt zu erreichen.

Fast war sie da, fast ... Sie hielt den Atem an und spürte, wie sie kam. Gleichzeitig erschlafften ihre Körper.

Danno seufzte tief auf, küsste sie, betrachtete sie und verlagerte dann sein Gewicht, um ihr nicht die Luft abzudrücken.

»Du bist so schön.« Er lächelte zärtlich.

Dann rollte er sich von ihr herunter, kuschelte sich an sie und schloss sie in seine starken Arme.

»Wirklich?«, murmelte Kylie und strich über die Narbe an

seinem Arm, die von seiner Auseinandersetzung mit dem Schwein herrührte.

Sie genoss das wohlige Gefühl der Geborgenheit, das er ihr vermittelte, und fragte sich kurz, ob sie ihm nicht zu schnell nachgegeben hatte. Doch für diese Zweifel war es nun zu spät. Außerdem war es wunderschön gewesen. Sie küsste ihn wieder, diesmal leidenschaftlich und fordernd.

»Hey, gib mir ein bisschen Zeit, um wieder zu Kräften zu kommen, du Tigerin! Was haben sie auf dieser Insel nur mit dir gemacht?«, lachte Danno.

Er erwiderte ihren Kuss, und sie liebten sich erneut und ebenso feurig wie zuvor.

Danach lag Kylie lächelnd da und ließ sich auf einer Wolke angenehmer Gefühle treiben. Es war, als wäre er in jeden Winkel ihres Seins vorgedrungen.

Danno stand auf.

»Zeit zum Feiern!«

Er ging zu der kleinen Minibar und holte eine Flasche Champagner heraus. Er ließ den Korken knallen, sodass dieser an die Decke schoss, und füllte zwei Gläser. Der weiße Schaum quoll über den Rand und rann ihm die Finger hinunter. Er reichte Kylie ein Glas, setzte sich neben sie und fuhr mit den champagnerfeuchten Fingern über ihren Körper.

»Du bist der perfekte Anlass, um zu feiern«, meinte er lächelnd und trank einen großen Schluck.

Kylie nippte nur an ihrem Glas und spürte, wie der Alkohol sich mit dem Feuer mischte, das noch in ihr brauste. Noch nie war sie so glücklich und zufrieden gewesen. Dennoch konnte sie es kaum fassen, dass die Liebe, nach der sie sich so lange gesehnt hatte, endlich wahr geworden war.

»Bist du wirklich schon so lange in mich verliebt? Ich meine, seit der Schule?«

Danno nickte und betrachtete ihr wunderschönes und strahlendes Gesicht.

»Das ist ja schockierend«, kicherte Kylie.

Sie legte sich auf den Rücken, blickte zur Decke und versuchte, diese Vorstellung zu verdauen. Dann stützte sie sich auf den Ellenbogen.

»Warum hast du mich dann nie gefragt, ob ich mit dir gehen will?«, erkundigte sie sich zögernd.

»Weil ich nicht gedacht habe, dass du dich für mich interessierst. Ich wäre nie auf die Idee gekommen, dass du in mir mehr als einen Kumpel siehst. Selbst in Papua-Neuguinea war ich mir noch nicht sicher.« Danno griff nach der Champagnerflasche.

Sie sah zu, wie er ihre Gläser nachfüllte, und ließ den Blick über seinen muskulösen Körper mit den breiten Schultern, den schmalen Hüften und den kräftigen Beinen gleiten. Der bloße Anblick genügte, um ihre Begierde erneut zu entfachen.

»Du warst nicht sicher, ob ich auf dich stehe? Das ist verrückt. Du warst es doch, der mich nie eines Blickes gewürdigt hat!«, rief Kylie aus. »Schließlich bist du mit meiner Schwester gegangen. All die Jahre haben wir geglaubt, dass unsere Liebe sowieso nicht erwidert werden würde – was für eine Verschwendung.«

»Aber wir können das alles nachholen«, meinte Danno lachend, nahm ihr das Champagnerglas aus der Hand und legte sich sanft auf sie.

»Dagegen habe ich nichts einzuwenden«, erwiderte Kylie keck.

Unterbrochen von einem kurzen Schluck aus den Gläsern, Gelächter und spielerischem Herumgebalge, liebten sie sich noch einmal und lagen sich anschließend still vor dem Kaminfeuer in den Armen.

»Was ist mit Gwyn passiert?«, fragte Danno später.

Kylie zögerte, denn sie befürchtete, den Zauber des Augenblicks zu zerstören.

»Sie ist an einer Überdosis gestorben«, antwortete sie schließlich und sah ihm ins Gesicht.

Wenn ihre Beziehung eine Zukunft haben sollte, musste er alles erfahren.

»Wir waren in Aspen, und sie …«

Tränen traten ihr in die Augen, als alles aus ihr heraussprudelte: Wie sie ihre Schwester zum Bleiben gedrängt hatte, dass Gwyn vielleicht noch leben würde, wenn sie, Kylie, nicht so egoistisch gewesen wäre, wie hilflos sie sich an Gwyns schrecklichem Todestag vorgekommen war.

»Ich hasse diesen Mann. Michael war das alles völlig egal. Ihm ging es nur um seinen kostbaren guten Ruf. Er hat sogar versucht, mich zu bestechen, damit ich über diese schäbige kleine Affäre kein Wort verliere. Die widerliche Schnepfe, mit der er verheiratet ist, wusste bestimmt, dass er hinter jeder gut aussehenden Frau unter fünfunddreißig her war. Wie konnte ich nur so blind sein?«

Kylie versagte die Stimme.

»Es war ein Albtraum, und ich war völlig ratlos. Ich bin sicher, dass ich etwas hätte tun können, um sie zu retten … Entschuldige, dass ich so eine Heulsuse bin.«

Inzwischen liefen ihr die Tränen übers Gesicht, und ihr Körper wurde von Schluchzern erschüttert, als sich der so lange unterdrückte Schmerz endlich Bahn brach.

Erschrocken nahm Danno sie in die Arme, drückte sie an sich und streichelte sie, bis sie sich wieder beruhigte. Während er sie liebkoste, wünschte er sich, er hätte all den Schmerz und das Leid, das er in ihrem tränennassen Gesicht sah, wegwischen können.

»Wie entsetzlich. Ich hatte ja keine Ahnung«, sagte er leise und betrachtete sie zärtlich.

Kylie stieß einen zittrigen Seufzer aus.

»Danke, dass du gefragt hast.« Sie berührte seine Wange. »Ich liebe dich so sehr. Liebe mich noch einmal.«

Diesmal liebten sie sich sanft und zärtlich, und als sie danach schläfrig dalagen, war Kylie nicht sicher, wo ihr Körper endete und seiner begann.

Kylie wachte auf, in eine warme Decke eingemummt. Danno saß voll bekleidet auf einem Stuhl und beobachtete sie. Schläfrig schlug sie die Augen auf und sah auf die Uhr. Es war zwanzig nach neun.

Ruckartig fuhr sie hoch.

»Tut mir Leid. Offenbar war ich müder, als ich dachte.«

»Was tut dir Leid? Etwa die schönste Nacht meines Lebens?«

Sie lächelte ihn an. Seit sie über Gwyn gesprochen hatte, fühlte sie sich wie von einer Zentnerlast befreit. Die Decke über die Brust gezogen, stützte sie sich auf den Ellenbogen, sodass ihr das Haar über die Schultern fiel.

»Du bist verführerisch! Es könnte durchaus sein, dass ich dich anfalle.«

Im nächsten Moment stieß sie einen Schrei aus und hielt die Decke fest, die er ihr wegzuziehen versuchte.

»Später«, flehte sie und ließ sich in gespielter Erschöpfung zurücksinken.

»Zeit zum Aufstehen«, befahl Danno. »Sonst glauben die anderen noch, wir sind im Whirlpool ertrunken.«

Kylie stand auf, und Danno zog sie an sich und begann wieder, sie zu küssen.

»Hey, du bist angezogen und ich nicht. Das ist unfair«, protestierte sie, wehrte sich aber nicht.

»Du hast zwanzig Minuten. Ich habe keine Ahnung, warum du so lange gebraucht hast, dich zum Abendessen umzuziehen«, neckte er sie, versetzte ihr einen zärtlichen Klaps auf den straffen Po und ließ sie endlich los.

»Ich gehe – und zwar sofort!« Kylie wickelte sich ihr Handtuch um und marschierte zur Tür.

»Aber beeil dich. Ich habe Angst, du könntest verschwinden«, rief Danno ihr nach.

»Da kannst du lang drauf warten!«, erwiderte Kylie grinsend und blickte noch einmal zur Tür herein.

Eine halbe Stunde später saßen sie im gemütlichen Restaurant der Highpeak Lodge und taten sich an Glühwein und frischen Meeresfrüchten gütlich.

Im Kamin knisterte ein echtes Feuer, und die Gruppe debattierte angeregt über die Qualität der Pisten und die Skifahrkünste der Anwesenden und plante, die heutigen Leistungen morgen noch zu übertreffen.

Kylie lächelte Danno zu, und ihr floss das Herz fast über vor Liebe zu diesem Mann. Sie war so froh, dass er ihre Gefühle erwiderte, und erinnerte sich an den Kuss unter dem tanzenden Schnee-Eukalyptus.

Nie wieder würde sie so einen Baum ansehen können, ohne an Danno zu denken und sich über ihr Glück zu freuen.

19

Leider verging der Sonntag wie im Fluge. Kylie und Danno nützten die nächstbeste Gelegenheit, um sich von der Gruppe abzusondern und den Vormittag auf den Pisten von Perisher zu verbringen. Nur allzu deutlich waren sie sich dessen bewusst, dass ihnen bis zur Rückkehr nach Brisbane und zum Abschied nur noch wenige Stunden blieben.

»Ich schreibe dir«, beteuerte Danno, als sie vor der letzten Abfahrt dieses Wochenendes oben am Sessellift standen.

»Mach keine Versprechungen, die du nicht halten kannst«, erwiderte Kylie, die beim Gedanken an die bevorstehende Trennung mit den Tränen kämpfte.

»Ich will dich nicht wieder verlieren.«

Danno zog sie an sich, sodass sie zwischen seinen beiden Skiern zu stehen kam.

Kylie richtete sich auf.

»Schließlich werde ich nicht den Rest meines Lebens für eine Hilfsorganisation arbeiten. In ein paar Jahren möchte ich sesshaft werden und viele Kinder bekommen – also sieh dich vor.«

Sie presste die behandschuhten Hände gegen seine Brust und grinste ihn an.

»Lass uns die Sache praktisch betrachten. Momentan wollen wir beide weiter Hilfsdienst leisten, richtig? Unsere nächsten Einsätze werden jeweils vier bis sechs Monate dauern. Es gefällt mir zwar gar nicht, so lange von dir getrennt zu sein, aber es ist kein Weltuntergang. Vielleicht schaffen wir es ja, für denselben Einsatz eingeteilt zu werden. Du bist doch schon viel länger im Geschäft als ich. Kennst du da nicht ein paar Tricks?«

»Schön wär's«, seufzte Danno und küsste sie mit nachdenklichem Blick.

»Bestimmt fällt uns beiden noch etwas ein«, rief er ihr während der Abfahrt zur Hütte zu.

Die Busfahrt nach Canberra verlief ereignislos, doch der Abschied fiel den beiden sehr schwer. Mit den Tränen kämpfend, warteten sie am Flugsteig.

»Vergiss nicht, du bist und bleibst mein Mädchen, ganz gleich, was auch geschieht«, stieß Danno mit tränenerstickter Stimme hervor. Er nahm nichts weiter wahr als ihr strahlend schönes Gesicht.

Kylie nickte nur, denn sie brachte kein Wort heraus. Ein letztes Mal küsste sie ihn, und die Tränen kullerten ihr über die Wangen.

»Pass auf dich auf. Ich liebe dich«, flüsterte sie, machte kehrt und stieg in die Maschine.

Immer noch Dannos wegen in Hochstimmung, kam Kylie in Brisbane in den Besprechungsraum gestürmt, wo sie zu ihrer Freude feststellte, dass Beth und Dr. Chung Li wieder zum Team gehörten. Ihre Begeisterung legte sich rasch, als sie erfuhr, dass sie an der nordwestlichen Küste von Sri Lanka eingesetzt werden würden.

Die Region schwebte in der Gefahr, im weiterhin tobenden Bürgerkrieg durch tamilische Separatisten von der Außenwelt abgeschnitten zu werden. Die Tamil Tigers, wie die Gruppe sich nannte, hatte bereits mehrere Lastwagen mit Hilfsgütern auf dem Weg in den Norden abgefangen. Der dort eingeschlossenen Bevölkerung mangelte es mittlerweile am Notwendigsten.

Der Einsatzbefehl von Craigs Team lautete, Aufräumarbeiten nach einer Naturkatastrophe zu leisten. Nach wochenlangen Gewittern und sintflutartigen Regenfällen suchten heftige Überschwemmungen die Region heim. Dörfer und Straßen waren weggespült, Strom- und Telefonleitungen unterbrochen worden. Berichten zufolge hatten tausende von Menschen ihre Häuser verlassen und sich in Kirchen und Schulen geflüchtet.

Der Lehrgang war straff organisiert, und man legte besonderen Wert auf Sicherheitsmaßnahmen. Das Team lernte, Landminen zu erkennen und vor Heckenschützen auf der Hut zu sein. Außerdem wurden die Mitarbeiter über die örtlichen Sitten und Gebräuche aufgeklärt und erfuhren zudem, vor welchen einheimischen Pflanzen und Tieren man sich besser in Acht nahm.

Am dritten Tag des Lehrgangs debattierte Kylie gerade angeregt mit einem anderen Teammitglied, als sie plötzlich eine vertraute Stimme hörte. Sie fuhr hoch und drehte sich um. Ihr Herz begann heftig zu klopfen, und sie starrte ungläubig auf die Tür. Danno kam herein, mit Craig in ein Gespräch vertieft.

»Leute, hört bitte alle einmal her«, verkündete Craig ein wenig wichtigtuerisch. »Ich möchte euch ein neues Teammitglied vorstellen, das einige von euch bereits kennen – Danno O'Keefe. Danno ist Spezialist für Sri Lanka und hat Erfahrungen, die mir fehlen, wie ihr wisst. Es hat mich einige Überredungskunst gekostet, ihn von seinem ursprünglich vorgesehenen Einsatz loszueisen, damit er uns unter die Arme greift.«

Das stimmte nicht ganz. Craig hätte aber niemals zugegeben, dass man ihm Danno zugeteilt hatte, nachdem der Fachmann seiner Wahl wegen eines Notfalls in der Familie abgesprungen war.

»Wusstest du das?«, fragte Kylie Danno in der Pause.

»Ich hatte keine Ahnung. Ich habe es erst erfahren, als die Zentrale vor zwei Tagen anrief. Allerdings hatte ich nichts dagegen einzuwenden«, meinte er und versetzte Kylie einen sanften Rippenstoß.

»Und wie läuft es bei euch?«, war da plötzlich Craigs Stimme zu hören.

Er hatte sich von hinten genähert und klopfte Danno und Kylie auf den Rücken.

»Diesmal ist die Situation ganz anders, Kylie, und auch viel gefährlicher. Kommst du damit klar?«

»Natürlich. Ich bin zwar ein bisschen nervös, aber ich werde es schon schaffen.«

Kylie war Craig dafür dankbar, dass er in den vergangenen Tagen alles getan hatte, um ihr die Angst zu nehmen.

»Gut, dann lasse ich euch in Ruhe Pause machen.«

Danno lächelte ein wenig verkniffen.

»Du bist immer noch eifersüchtig«, flüsterte Kylie, als Craig außer Hörweite war.

»Warum auch nicht, solange du so verführerisch aussiehst?« Danno grinste zwar, doch sein Blick war ernst.

»Du verstehst sicher, dass es das Beste ist, wenn wir uns während des Einsatzes wie gute Kumpel benehmen«, meinte er und erinnerte sich an das unangenehme Gespräch, das er zuvor mit Craig geführt hatte.

Der Mann wäre ihn ganz offensichtlich am liebsten sofort losgeworden. Danno traute ihm durchaus zu, bei ihren Vorgesetzten gegen ihn zu intrigieren. Dennoch lächelte er strahlend.

»Aber wir holen alles nach, versprochen!«, murmelte er, ein spitzbübisches Grinsen im Gesicht.

»Können wir mit dem Nachholen nicht schon vor der Abreise anfangen?«, gab Kylie keck zurück.

»Vorher und nachher!«, antwortete Danno mit einem Nicken und sah sie sehnsüchtig an.

»Das ist ein ausgezeichneter Vorschlag.« Kylie schmunzelte.

Er musterte sie, und sie wurde von wohligen Schauern durchlaufen.

Sri Lanka unterschied sich völlig von Papua-Neuguinea. Auch wenn sie es mit einer ähnlichen Naturkatastrophe zu tun hatten, sorgten doch die örtlichen Sitten und Gebräuche sowie die ständige Gefahr eines Rebellenübergriffs für eine angespannte Stimmung.

Soldaten mischten sich, vorgeblich zum Schutz, unter die Mitarbeiter der Hilfsorganisationen, was bei den Beteiligten jedoch eher ein mulmiges Gefühl erzeugte.

Kylies Aufgaben waren mit denen in Papua-Neuguinea vergleichbar, nur dass Craig diesmal auf schärferen Sicherheitsvorkehrungen bestand. Er teilte ihr zwei Wachen zu, die sie auf Schritt und Tritt begleiteten.

Kylie hatte sich vorsorglich darauf eingestellt, dass man Danno in ein anderes Gebiet schicken würde, was in gewisser Hinsicht vielleicht sogar einfacher gewesen wäre. Doch wie sie zu ihrer Freude feststellte, beharrte Craig darauf, dass während dieses Einsatzes alle dicht beisammenbleiben mussten. Da Kylie inzwischen wusste, was sie erwartete, fiel ihr der Umgang mit den verzweifelten und traumatisierten Menschen, die ihr Zuhause verloren hatten oder ihre Angehörigen suchten, leichter als bei ihrem ersten Einsatz. Wie sie außerdem erkannte, blieb ihr kaum Zeit, über persönliche Dinge nachzugrübeln, denn sie musste Beth und Chung helfen, die ihre liebe Not damit hatten, den riesigen Ansturm der Kranken und Verwundeten zu bewältigen. Inzwischen um einiges selbstbewusster, kümmerte sich Kylie um Beschäftigungsmöglichkeiten für die Frauen und Kinder und versuchte zwischen den Kämpfen, ein zuverlässiges System für den Transport von Hilfsgütern aufzubauen.

Zu ihrem eigenen Erstaunen fühlte Kylie sich trotz des allgegenwärtigen Elends sogar recht zufrieden, als sie ihren Aufgaben nachging. Manchmal hatte sie ein richtiggehend schlechtes Gewissen deswegen, aber trotzdem wurden ihr jedes Mal die Knie weich, wenn sie Danno über den Esstisch hinweg zulächelte oder ihn beobachtete, wie er in seinen Lastwagen stieg.

Mit jedem Tag liebte sie ihn mehr, und ihre Versuche, sich

in der Öffentlichkeit wie »gute Freunde« zu benehmen, konnten ihre Teamkollegen nicht hinters Licht führen.

»Ihr beiden strahlt wie zwei Honigkuchenpferde«, verkündete ein Mitarbeiter, ein Brite, der lange Jahre in Australien gelebt hatte.

Beth nickte grinsend.

»Der Mann hat eindeutig Recht.«

Kylie errötete heftig und fing an zu lachen. Sie machte sich nur Sorgen, wenn Danno in den Norden fuhr, wo die meisten Unruhen herrschten.

Immer wieder trafen Berichte über nahezu ausgelöschte Dörfer und gefolterte und getötete Menschen im Lager ein. Vor kurzem war ganz in der Nähe sogar ein Armeelaster in die Luft gesprengt worden. Das Sicherheitsteam suchte zwar jedes Mal die Straßen nach Landminen ab, bevor die Laster das Lager verließen, doch es bestand immer die Möglichkeit, dass eine übersehen worden war.

Danno, der sich der Risiken seines Berufs bewusst war und sich besser in Sri Lanka auskannte als seine Kollegen, hatte währenddessen ganz andere Sorgen. Er traute Craig noch immer nicht über den Weg. Eines Tages beobachtete er ihn tatsächlich dabei, wie er im Vorratslager einem Wachmann einen Karton mit Medikamenten übergab. Obwohl daran eigentlich nichts Besonderes war, versteckte er sich, um zu sehen, was geschehen würde. Er konnte Craig nun einmal nicht leiden.

Die beiden Männer plauderten eine Weile. Danno, der anfing, sich zu langweilen, und schon befürchtete, an Verfolgungswahn zu leiden, wollte gerade gehen. Da überreichte der Wachmann Craig ein dickes Bündel Geldscheine – offenbar zerknitterte amerikanische Dollarnoten –, die dieser rasch in die Tasche steckte.

Danno hielt den Atem an. Das war doch nicht zu fassen! Und das, nachdem Craig in Papua-Neuguinea die wüste Verdächtigung ausgestoßen hatte, er, Danno, würde sich bereichern. Craig gab sich nicht einmal Mühe, sein Treiben zu verheimlichen. Offenbar hatte Danno mit seiner Vermutung Recht gehabt, dass dieser verlogene, heimtückische Mistkerl Dreck am Stecken hatte.

Zwei Tage später wurde Danno Zeuge, wie sich die Transaktion wiederholte. Aber er hatte keine Beweise, sein Wort würde gegen das von Craig stehen. Außerdem wusste er, dass sein Chef ihm eine Menge Schwierigkeiten bereiten konnte. So hielt er es für klüger zu schweigen. Wenn er Craig zur Rede stellte, würde er sich nur eine Kündigung einhandeln, und das wollte er nicht riskieren, solange Kylie im Team arbeitete.

An diesem Abend hatten Danno und Kylie zum ersten Mal Streit, und zwar wegen einer neuen Vorschrift, auf deren Einhaltung Craig im Lager bestand. In Dannos Augen handelte es sich um eine überflüssige Kleinigkeit, die deutlich zeigte, was für eine Krämerseele Craig in Wirklichkeit war, und er machte einige abfällige Bemerkungen über seinen Chef.

Kylie war müde und gereizt und verstand nicht, warum Danno nicht mit Craig zurechtkam.

»Fang nicht schon wieder damit an! Du verhältst dich ungerecht. Er steht genauso unter Druck wie wir alle.«

Sie beide hatten vergessen, dass das Grauen, das Danno auf seinen Fahrten in den abgeriegelten Norden gesehen hatte, allmählich an seinen Nerven zerrte.

Und so schaukelte sich die Auseinandersetzung rasch hoch. Kylie beharrte darauf, dass Danno unfair sei und Craigs gute Seiten nicht zu schätzen wisse. Danno dagegen verlangte von Kylie, sie solle endlich die Augen aufmachen und erkennen, dass nicht alle Menschen so gut seien wie sie.

Erschöpft, müde und traurig wegen des Streits, stand Kylie mit Tränen in den Augen auf und wollte davonstürmen.

Danno machte sofort einen Rückzieher.

»Tut mir Leid, ich wollte dich nicht aufregen. Wenn du dich gut mit Craig verstehst, meinetwegen. Bestimmt versucht er, das Richtige zu tun. Schließlich ist es nicht leicht, in so einer kritischen Situation eine Leitungsposition auszufüllen.«

Er zog Kylie in den Schatten und küsste sie. Es war ein langer und zärtlicher Kuss, der zwar zur Versöhnung führte, ihr Verlangen aber umso mehr entfachte.

»Ich liebe dich so sehr«, murmelte Kylie.

Dann griff sie in die Tasche und holte ihr kostbares geschnitztes Schwein heraus.

»Hier, nimm das. Du sollst wissen, dass ein Teil von mir immer bei dir ist. Es ist zwar kein Einhorn, doch mein wertvollster Talisman und das Symbol des Beginns unserer Liebe.«

Kurz huschte ein Lächeln über ihr Gesicht.

Wortlos steckte Danno den Glücksbringer ein und zog sie wieder in seine Arme.

Eines Tages mitten im Oktober stand Kylie wartend neben der Lastwagenkolonne, während Danno den Motor seines Fahrzeugs kontrollierte. Alles funktionierte bestens, denn die Wagen waren viel besser in Schuss als die Rostlauben, die er in Papua-Neuguinea hatte fahren müssen. Um zu verbergen, wie mulmig ihm zumute war, riss er einen Witz darüber. Er verabscheute die Touren in den Norden genauso wie die übrigen Männer.

Er klopfte auf die Seite des Lasters, auf der ein großes rotes Kreuz prangte, und zog Kylie rasch an sich.

»Ich zähle die Tage, bis ich dir die Kleider vom Leib reißen und dich leidenschaftlich lieben kann«, flüsterte er. Dann küsste er sie voll Verlangen auf den Mund.

»Aber für den Moment müssen wir uns damit begnügen. Vergiss nicht, dass du mein Mädchen bist und bleibst, ganz gleich, was auch geschieht!«

Er stieg ein und knallte die Wagentür zu.

»Wehe, wenn du mit fremden Frauen sprichst«, drohte Kylie mit einem Lachen. Mittlerweile hatte sich dieses Abschiedsritual zwischen ihnen eingespielt.

Danno lehnte sich aus dem Wagenfenster.

»Ach, da war noch etwas, das ich dir sagen wollte, nur für den Fall, dass du es vergessen haben solltest.« Er hielt inne und betrachtete zärtlich ihr Gesicht. »Ich liebe dich.«

Seine Worte brachten ihr Herz zum Singen. Sie blickte ihm nach, wie er als letzter der aus fünf Lastwagen bestehenden Kolonne davonfuhr.

Fünf Stunden später rief Craig mit bedrückter Miene das Team zusammen.

»Ich habe schlechte Nachrichten. Ich fürchte, Dannos Fahrzeug ist auf eine Landmine geraten. Er hat es nicht überlebt.«

Kylie musste sich festhalten, und sie wurde leichenblass. Beth fing sie auf, bevor sie in sich zusammensackte. Sie konnte nicht glauben, was Craig soeben gesagt hatte. Erst vor ein paar Stunden hatte Danno noch mit ihr gelacht und gescherzt. Er hatte sie geküsst.

»Was auch geschieht …«, hatte er gesagt.

Hatte er etwas geahnt?

Kylie bekam keine Luft mehr und spürte, wie Verzweiflung in ihr aufstieg.

»Wie konnte das geschehen? Sie sind doch mit Geleitschutz gefahren, verdammt. Hat denn niemand die Straße nach Minen abgesucht?«, rief sie.

»Kylie, beruhige dich. Ich weiß, wie schwer es für dich sein muss. Danno hat per Funk durchgegeben, dass er eine Reifenpanne hätte und er die anderen wieder einholen würde«, erklärte Craig.

»Wir konnten nicht ahnen, dass er eine Abkürzung nimmt. Er hatte Pech«, beendete er verlegen den Satz.

»Ich muss es selbst sehen … Ich muss es selbst sehen! Vielleicht liegt er verletzt am Straßenrand.«

Schon während sie das sagte, wusste sie, dass die Gegend

bereits gründlich abgesucht worden war. Sie konnte es einfach nicht fassen.

Craig legte den Arm um sie.

»Beruhige dich, Kylie. Sie haben die Leiche gefunden. Es ist für uns alle ein schwerer Schock.«

Er spürte, wie auch ihm die Tränen in die Augen traten. Obwohl er den Mann nicht hatte ausstehen können, wünschte er niemandem ein solches Schicksal, und außerdem hatte er gerade einen seiner wichtigsten Mitarbeiter verloren. Dennoch wurde er, als er Kylie betrachtete, von einem Gefühl ergriffen, dem er sich lieber nicht stellen wollte – Erregung.

Kylie gab nicht auf. Sie bestand darauf, sich die Stelle, wo Danno gestorben war, selbst anzusehen. Und nachdem alles nach Landminen durchkämmt worden war, fuhr Craig sie zum fünf Kilometer entfernten Unglücksort.

Die Mine hatte ein gewaltiges Loch in die Dschungelpiste gesprengt und eine kleine Brücke zerstört. Der Lastwagen, nun ein ausgebranntes Wrack, lag auf der Seite in dem kleinen Wasserlauf. Die Rettungsmannschaft hatte gemeldet, die Leiche sei bis zur Unkenntlichkeit verbrannt.

Kylie ging zum Rand der Brücke und starrte ungläubig auf das Fahrzeug. Der im Sonnenlicht funkelnde Bach schien sie mit seiner Schönheit verhöhnen zu wollen, wie er leise plätschernd und gurgelnd durch den Dschungel strömte. Die Situation fühlte sich unwirklich an.

Craig war ihr gefolgt.

»Wir können nichts mehr tun«, sagte er leise.

Voller Wut und Trauer drehte Kylie sich zu ihm um.

»Warum diese Hetze? Wenn er es nicht eilig gehabt hätte, wäre er noch am Leben. Warum konnten die anderen nicht auf ihn warten? Warum hast du das zugelassen?«

Ihre Stimme erhob sich zu einem hysterischen Kreischen. Im nächsten Moment stürmte sie auf Craig zu und schlug, Verwünschungen schreiend, auf ihn ein.

Er sei doch der Chef. Er sei für die Sicherheit der Mitarbeiter verantwortlich. Er hätte per Funk Anweisungen geben können. Alles sei nur seine Schuld. Sie sträubte sich, als Craig versuchte, ihre trommelnden Fäuste festzuhalten. Dann sank sie gegen seine Brust, und ihr Körper wurde von heftigen Schluchzern geschüttelt.

Craig drückte sie fest an sich und ließ sie sich ausweinen. Es kostete ihn Selbstüberwindung, sie nicht zu küssen, um ihr Leid zu lindern. Stattdessen tröstete er sie, bis sie sich beruhigt hatte.

»Tut mir Leid, das habe ich nicht so gemeint«, sagte Kylie schließlich und wischte sich die Nase mit dem Ärmel ab. »Danno hat sich selbst dafür entschieden.«

»Pssst«, erwiderte Craig leise. »Lass uns zurück zum Lager fahren. Ich denke, es ist Zeit für eine Teambesprechung.«

Am nächsten Tag fand eine kurze Trauerfeier für Danno statt. Anschließend packte Craig Dannos Sachen zusammen und fragte Kylie, ob sie an seine Familie schreiben wolle. Doch Kylie starrte ihn nur aus großen Augen an und schüttelte den Kopf. Obwohl sie wusste, dass es eigentlich ihre Pflicht gewesen wäre, schaffte sie es nicht, die Worte zu Papier zu bringen – nicht jetzt, da der Schmerz noch so frisch war.

In den nächsten beiden Wochen sprach sie kaum ein Wort und stürzte sich stattdessen verbissen in die Arbeit, um sich vom Gedanken an Dannos schrecklichen Tod abzulenken. Dennoch zuckte sie jedes Mal zusammen, wenn jemand sie ansprach, glaubte, seine Stimme zu hören, und konnte nichts dagegen tun, dass sie ihn immer wieder durchs Lager auf sich zugehen sah.

Schließlich nahm Craig sie beiseite.

»Pass auf, wahrscheinlich wäre es das Beste, wenn ich dir einen Flug nach Hause besorge. Ich verstehe, was du durchmachst. Das ganze Team fühlt mir dir.«

Mit hartem Blick sah Kylie ihn an. Wie konnte er auch nur

andeutungsweise die tiefe Trauer und den Verlust nachvollziehen, die sie empfand? Schließlich lächelte sie Craig unter Tränen an.

»Ich schaffe das schon. Ich will nicht nach Hause.« Sie zögerte. »Das würde ich im Moment nicht ertragen.«

Craig nickte, klopfte ihr mitfühlend auf die Schulter und ging davon. Kylie kehrte an ihre Arbeit zurück, fest entschlossen, ihm nie wieder einen Anlass zu einem solchen Vorschlag zu geben.

Nach einigen Tagen schien nach außen hin wieder alles in Ordnung zu sein, doch Kylie spürte weiter eine niederdrückende Trauer, die sich einfach nicht abschütteln ließ.

Während sie anderen Menschen half, die Trümmer ihres Lebens neu zu ordnen, verwandelte sich der Schmerz über Dannos Verlust allmählich in ein dumpfes Pochen. Die Arbeit gab ihr Kraft, und wenn die Trauer sie zu überwältigen drohte, hatte Craig stets ein offenes Ohr für sie. Mit der Zeit entwickelte sich eine gute Freundschaft zwischen ihnen.

Die Monate vergingen. Kylie arbeitete eng mit den einheimischen Frauen und Kindern zusammen, und die Liebe, die sie in den Augen der Mütter erkannte, half ihr, ihr eigenes Leid beiseite zu schieben.

Kylie überredete Craig, sie einige Tage allein mit ein paar Frauen in eine kleine Stadt im Südosten fahren zu lassen, um dort eine Schule zu gründen. Craig erlaubte ihr das zwar nur ungern, doch er wusste, dass ihr die Ortsveränderung gut tun würde.

Nachdem er sich winkend von ihr verabschiedet hatte, musste er den ganzen Vormittag lang an sie denken und malte sich aus, wie es wohl sein mochte, ihren Körper zu berühren und ihre festen jungen Brüste zu umfassen. Er wusste nicht, wie lange er es noch ertragen würde, in ihrer Nähe und ihr dennoch so fern zu sein.

Das Lager lag verlassen da, denn Beth und Chung halfen für ein paar Tage in einer anderen Klinik aus. Plötzlich wurde es Craig in der Hütte, die er als Büro benutzte, zu eng. Er brauchte dringend ein wenig Abstand. Selbst sein kleines Geschäft mit dem Wachmann begann ihn allmählich zu langweilen.

Während er den Berg von Formularen auf seinem Schreibtisch betrachtete, fiel ihm das Angebot eines wohlhabenden Gutsbesitzers ein, ein paar Tage in seinem Haus zu verbringen, um sich zu erholen. Der Mann wohnte nur wenige Autostunden vom Lager entfernt, und seine Einladung stand noch. Craig hatte bereits einige seiner Mitarbeiter zu einem Kurzurlaub dorthin geschickt. Vielleicht war das die Lösung. Außerdem würde die schöne Frau des Gutsbesitzers ihn sicher für ein paar Stunden von Kylie ablenken.

Also rief Craig seinen Stellvertreter Bill Meadows an und teilte ihm mit, er werde drei Tage Urlaub machen. Da die Lage derzeit ziemlich ruhig war, musste er nicht damit rechnen, sein Team zu gefährden. Außerdem hatte er vollstes Vertrauen in Bills Führungsqualitäten. Nachdem er ein paar Kleidungsstücke eingepackt hatte, nahm er seinen Schlüssel und verließ die Hütte.

Zwei Stunden später legte Craig eine kleine Pause ein, stieg aus und betrachtete die üppig grüne Landschaft und die in der Ferne aufragenden Berge. Rings um ihn im Dschungel raschelte es. Craig holte tief Luft und genoss die Schönheit der Umgebung, denn er wusste, dass in dieser Gegend keine Unruhen stattfanden.

In den Bäumen zwitscherten Vögel, der Wind rauschte in den Blättern, und Zweige hingen bis in einen Wasserlauf hinab. Craig setzte sich, lehnte sich an einen Felsen und lauschte mit geschlossenen Augen auf die Geräusche ringsherum. Er fühlte sich unbeschreiblich müde und freute sich darauf, diesem Land bald den Rücken kehren zu können. Das Gewehr, das er immer bei sich trug, über die Knie gelegt, hob er sein Gesicht zur Sonne und ließ die Wärme seinen erschöpften Körper durchdringen. Vielleicht würden Kylie und er zusammen Urlaub machen. Das Ziehen in seinen Lenden erinnerte ihn ständig daran, wie sehr er sie begehrte.

Er konnte förmlich spüren, wie ihre Hände sanft seine Brust berührten und wie ihre Hände über seine Hemdenknöpfe strichen. Ihre Finger streiften sein Gesicht, seine Augen, seine Lippen, glitten fast über … Er fuhr ruckartig und mit einem ziemlich beengten Gefühl in der Hose hoch.

Mit klopfendem Herzen griff er nach seinem Gewehr und beruhigte sich erst wieder, als er sah, dass die Straße menschenleer war. Seufzend rieb er sich die Augen, starrte geistesabwesend auf einen am Ufer eingeklemmten Baumstamm und sah zu, wie die Strömung mit dem Stamm spielte und daran zerrte. Gerade war dieser Stamm noch nicht da gewesen. Außerdem hatte er eine seltsame Form, fast wie ein menschlicher Körper. Im nächsten Moment war Craig hellwach. Es war tatsächlich ein Mensch!

Craig sprang auf und eilte zum Ufer, um die durchweichte Gestalt herauszuziehen. Da der Mann bewusstlos war, musste sich Craig einige Minuten lang keuchend und schwitzend abmühen, bis er es endlich schaffte, ihn ans Ufer zu zerren. Der Fremde schien dem Tod nah, doch Craig begann sofort mit der Mund-zu-Mund-Beatmung.

Schließlich übergab der Mann sich stöhnend und fing an zu husten. Auf den Fersen kauernd, betrachtete Craig den Fremden, während dieser sich noch einmal erbrach. Das Gesicht des Geretteten war von der Sonne dunkel verbrannt und mit Schlamm und getrocknetem Blut verkrustet. Ein struppiger Bart verbarg seine eingefallenen und schmerzverzerrten Züge. Der Körper unter der Kleidung war abgemagert. Außerdem war der Mann schmutzig, stank und hatte eine frische blutende Wunde auf der Stirn.

Craig musste zweimal hinschauen, bevor er seinen eigenen Augen traute.

»Danno?«, flüsterte er und fragte sich, ob seine Fantasie ihm nicht einen Streich spielte.

Danno war doch tot! Er zog ein fleckiges Taschentuch heraus und stillte mit zitternder Hand das Blut, das aus der Kopfwunde rann.

»Es ist alles in Ordnung, alter Junge«, stieß Craig erschrocken hervor.

Er half dem Verletzten beim Aufstehen und schleppte ihn zurück zum Wagen. Vorsichtig durchsuchte Craig Dannos Taschen nach Ausweispapieren. Doch er fand nur ein Taschenmesser und ein zerbrochenes Holzfigürchen. Craigs blieb fast das Herz stehen, denn das letzte Mal hatte er diese Schnitzerei in Kylies Hand gesehen.

Wie zum Teufel hatte Danno es bis hierher geschafft? Was wäre gewesen, wenn nicht Craig ihn gefunden hätte, sondern ein Einheimischer oder – noch schlimmer – einer seiner eigenen Mitarbeiter? Es war reines Glück gewesen, dass er beschlossen hatte, ausgerechnet an dieser Stelle Rast zu machen. Craig wurde flau im Magen, und er befürchtete schon, sich ebenfalls übergeben zu müssen.

»Alles wird gut, Kumpel«, sagte er und schloss die Beifahrertür.

Kurz blieb er stehen, betrachtete fluchend die friedliche Landschaft. Dann schleuderte er die Schnitzerei so weit wie möglich ins Gebüsch.

Anschließend sprang er auf den Fahrersitz, ließ den Wagen an und raste zurück zum Lager. Ein Stück von der Klinik entfernt parkte er, stürzte hinein und schnappte sich einen einheimischen Krankenpfleger. Zusammen versorgten sie so gut wie möglich Dannos Wunden und versuchten, ihn zu beruhigen, denn inzwischen regte sich der Verletzte und redete wirres Zeug. Craig befürchtete die ganze Zeit über, einer seiner Mitarbeiter könnte auftauchen und Danno erkennen, bevor er Gelegenheit hatte, ihn wegzuschaffen. Er suchte Dannos Pass und seine Habe zusammen, die er eigentlich nach Hause hatte schicken wollen, und fuhr ihn dann auf direktem Weg zum Flughafen.

Zwei Tage lang blieb er bei ihm, bis die nächste Maschine eintraf, und schwor die Sanitäter auf absolute Geheimhaltung ein.

»Passen Sie auf. Wenn er wirklich O'Keefe ist, woran ich zweifle, braucht er vor allem Ruhe und keinen Medienzirkus«, betonte Craig. »Ich will mich erst seiner Identität vergewissern, bevor wir seine Familie informieren, und außerdem möchte ich meinem Team keine falschen Hoffnungen machen.«

Die Männer nickten verständnisvoll, und Craig seufzte erleichtert auf, als das Flugzeug endlich startete. Die Beamten am Flughafen verfügten über sämtliche Papiere, die Dannos Fall betrafen. Und falls die Behörden vor Ort oder in Australien noch Fragen haben sollten, würden sie sich an Craig wenden. Deshalb war er sicher, den Zwischenfall vor seinen Mitarbeitern geheim halten zu können.

Zwei Tage später kam Kylie, ein Lächeln auf dem Gesicht, in sein Büro.

»Wir haben wieder ein paar Mütter mit ihren Kindern glücklich gemacht«, verkündete sie froh.

Ohne nachzudenken, zog Craig sie an sich und küsste sie auf den Mund. Als Kylie erstarrte, ließ er sie rasch los. Kurz standen sie da und sahen einander verlegen an.

»Also hat alles geklappt? Freut mich, das zu hören«, meinte Craig, räusperte sich und bemühte sich um einen alltäglichen Tonfall.

»Ja, bestens.«

Kylie wartete an der Tür, unsicher, ob sie gehen oder bleiben sollte. Dann lächelte sie Craig achselzuckend an.

»Nun, da ich wieder zurück bin, mache ich mich gleich an die Arbeit.« Sie drehte sich um.

Craig eilte ihr nach.

»Tut mir Leid, wenn ich dich mit meinem Kuss überrumpelt habe. Ich war nur so erleichtert, dass du wohlbehalten zurückgekommen bist. Du weißt doch, welche Sorgen ich mir mache, wenn ein Mitglied meines Teams …«

»Es war nicht weiter schlimm«, erwiderte Kylile rasch und küsste ihn auf die Wange. »Du warst so verständnisvoll zu mir.«

Craig steckte die Hände in die Hosentaschen.

»Kylie, ich muss dir etwas sagen. Ich …« Er sah ihr in die Augen. »Ich liebe dich.«

Als er Kylies Überraschung bemerkte, hob er die Hand.

»Ich weiß, dass es noch viel zu früh ist, aber ich kann es nicht länger für mich behalten. Ich schaffe es nicht mehr, so zu tun, als wäre ich einfach nur dein Chef …«

Kylie nahm seine Hand, wich aber seinem Blick aus.

»Du warst viel mehr als nur mein Chef«, meinte sie schließlich. »Du hast mich unterstützt und Verständnis für mich gehabt. Ich glaube, ohne dich hätte ich das nie durchgestanden.«

Sie hielt seine Hand, die sich warm und tröstend anfühlte, an ihre Wange. Langsam umfasste Craig ihr Kinn und küsste sie erneut. Diesmal wandte sie sich nicht ab. Er war so gütig und sanft. Nein, für eine Beziehung war sie noch nicht bereit, aber Danno war für immer fort. Vielleicht mit der Zeit …

Bill Meadows hüstelte und kam herein.

»Entschuldige, Boss, ich komme wieder, wenn du Zeit hast«, sagte er zu Craig, der hastig angefangen hatte, in einigen Papieren herumzukramen.

»Was gibt es?«

»Nichts, was sich nicht verschieben ließe«, erwiderte Bill und nickte Kylie zu.

»Wie du meinst, alter Junge«, erwiderte Craig und grinste Kylie an, während Bill hinausging.

In den letzten zwei Monaten ihres Einsatzes gewöhnte sich Kylie daran, dass Craig immer für sie da war, obwohl er zu ihrer Erleichterung keine weiteren Versuche unternahm, sie zu küssen. Sein Verständnis und seine Zuwendung linderten ihre Wut und Verbitterung über dieses Land ein wenig. Er beteuerte immer wieder, wie viel sie zum Gelingen der Arbeit beitrug.

Als sich die Zeit in Sri Lanka ihrem Ende zuneigte, bedauerte es Kylie wirklich, die Frauen und Kinder zurücklassen zu müssen, zu denen sie inzwischen ein enges Verhältnis entwickelt hatte.

In der Woche vor der Abreise lud sie Craig nach Dunk Island ein, und er nahm an.

Zu Hause war das Wetter ein Traum, und das Meer schimmerte türkisblau. Sie schlenderten die strahlend weißen Strände entlang, während schaumgekrönte Wellen über ihre Füße schwappten.

»Könntest du dir vorstellen, meine Frau zu werden?«, fragte Craig und warf Tiger, dessen Größe sich inzwischen fast verdoppelt hatte, lässig ein Stöckchen zu.

Kylie seufzte auf. Sie wusste, dass sie nie einen Mann so würde lieben können wie Danno. Nichts konnte die Erinnerung an diese Liebe auslöschen. Aber schließlich hatte sie noch ihr ganzes Leben vor sich. Auch wenn ihre Gefühle für Craig nicht leidenschaftlich waren, vermittelte er ihr dennoch Ruhe und Geborgenheit.

Kylie blickte zu ihm auf und griff dann nach seiner Hand.

»Ja«, sagte sie nur und ließ zu, dass er sie an sich zog.

Als er sie küsste, empfand sie kein Verlangen, nur freundschaftliche Wärme. Sie hoffte zwar, dass sich das irgendwann ändern würde, doch für den Moment genügte es ihr.

Nach Craigs Abreise begann Kylie, ihre Gedanken zu Papier zu bringen. Sie saß da und kaute an ihrem Bleistift, während ihr die Tränen übers Gesicht strömten. Sie wusste, dass sie Danno loslassen musste. Nachdem sie mit ihrer Niederschrift fertig war, kramte sie eine zerbeulte flache Blechschachtel aus einer Schublade hervor. Sie öffnete sie und klappte vorsichtig das vergilbte Seidenpapier auf, in dem die Haarlocke lag, die sie Danno an jenem Abend in Papua-Neuguinea abgeschnitten hatte. Sie nahm die Locke, strich darüber, und Tränen verschleierten ihren Blick, als sie jeden einzelnen der kostbaren Momente mit Danno Revue passieren ließ. Es war alles, was sie noch von ihm hatte. Sanft hielt sie sich die Haarsträhne an die Lippen.

»Lebewohl, mein Liebling«, flüsterte sie.

Sie legte die Locke vorsichtig zurück in die Verpackung, schloss den Deckel und verstaute die Schachtel in ihrem Versteck. Danach starrte sie aufs Meer hinaus, während sich die Trauer über sie senkte, und betrachtete die Worte, die sie geschrieben hatte.

Sie wusste, dass sie einen Weg finden musste, ihr Leben weiterzuführen. Aber vorher gab es noch etwas zu erledigen.

20

Mit einem Mietwagen fuhr Kylie zum Haus der O'Keefes in Lyrebird Falls und parkte auf der anderen Straßenseite. Wohl tausend Mal war sie ihre Ansprache in Gedanken durchgegangen. Sie wollte seinen Eltern sagen, wie tapfer Danno gewesen sei, welches Glück sie gehabt habe, ihn zu lieben und von ihm geliebt zu werden, und wie stolz sie auf seine Leistungen sein sollten. Doch je länger sie das Haus betrachtete, desto mehr kam sie zu dem Schluss, dass es ein schwerer Fehler gewesen war, überhaupt herzukommen.

Kylie schämte sich sehr, weil sie nicht den Mut gehabt hatte, Dannos Eltern nach seinem Tod zu schreiben. Sie drehte an dem Verlobungsring herum, den Craig ihr geschenkt hatte, und spielte ernsthaft mit dem Gedanken, einfach wegzufahren. Der Ring steckte fest. Doch Kylie zerrte weiter daran und benetzte ihren Finger mit Spucke, bis er sich schließlich abziehen ließ. Sie verstaute das Schmuckstück im Aschenbecher des Wagens, wo bereits einige Münzen lagen. Ihr Puls ging schneller, als sie die Autotür öffnete, sich die verschwitzten Handflächen an ihrem Baumwollrock abwischte und entschlossenen Schrittes über die Straße marschierte.

Es war ein freundlicher Herbsttag, und eine kühle Brise zerzauste ihr Haar.

In Lyrebird Falls war es immer kühl, dachte sie, und ihre Knie wurden weich, als sie die Vortreppe des Hauses hinaufstieg.

Sie wusste nicht, was sie sagen sollte, um Norman und Molly O'Keefe über den Tod ihres Sohnes hinwegzutrösten. Aber sie erhoffte sich von ihrem Besuch, dass es ihr danach gelingen würde, dieses Kapitel ihres Lebens endlich abzuschließen. Nervös betätigte sie zwei Mal den großen Türklopfer aus Messing, der die Form eines Löwenkopfes hatte.

Das Warten schien eine Ewigkeit zu dauern, dann jedoch hörte sie Schritte. Ihr Mund war trocken. Sie erkannte hinter der Milchglasscheibe eine schemenhafte Gestalt. Im nächsten Moment klickte das Schloss, und die Tür öffnete sich. Molly O'Keefe stand vor ihr.

Sie war eine gut aussehende Frau von Ende Fünfzig mit kurzem, braun getöntem Haar, strahlenden Augen und hohen Wangenknochen. Heute trug sie ein schickes beigefarbenes, knöchellanges Jerseykleid, elegante Goldohrringe und eine dicke Goldkette mit einem Kreuz mit Prägemuster.

»Hallo, Mrs O'Keefe«, begann Kylie ängstlich.

Ein erfreutes Lächeln breitete sich auf Mollys Gesicht aus.

»Kylie! Was für eine schöne Überraschung. Ich erinnere mich noch gut an Sie. Wie geht es denn Ihrer Familie? Wie läuft es auf Dunk Island? Ich habe viel Gutes über die Ferienanlage gehört. Ihr Wegzug hat in Lyrebird Falls eine große Lücke hinterlassen. Kommen Sie doch herein. Sind Ihre Eltern auch gekommen?« Neugierig blickte sie über Kylies Schulter.

Verdattert wegen dieser überschwänglichen Begrüßung, errötete Kylie und versuchte es dann erneut.

»Ich bin allein gekommen. Ich wollte sie wirklich nicht belästigen, Mrs O'Keefe, sondern Ihnen nur wegen Danno kondolieren …«

Kurz malte sich Verwirrung auf Molly O'Keefes Gesicht. Dann rief sie aus: »Aber nein, Daniel ist am Leben! Eigentlich ist es ein Wunder nach allem, was er durchgemacht hat. Jetzt erinnere ich mich wieder, dass er geschrieben hat, Sie beide seien sich zufällig in Übersee begegnet. Papua-Neuguinea, richtig? Ich glaube, dort ist es gewesen, nach der schrecklichen Überschwemmung. Kommen Sie doch bitte herein.«

Kylie starrte Mollie entgeistert an und traute ihren Ohren nicht.

»Er lebt?«, flüsterte sie.

Das konnte nicht wahr sein. Sie hätte doch sicher davon erfahren.

Mit einem aufmunternden Lächeln legte Molly dem zitternden Mädchen den Arm um die Schulter. Drinnen im Haus dröhnte Musik.

»Kommen Sie, und überzeugen Sie sich selbst. Daniel ist im Wohnzimmer und hört diese grässliche Rockmusik, die er immer viel zu laut aufdreht. Sie werden es ja selbst merken. Aber ich bringe es einfach nicht über mich, von ihm zu verlangen, dass er sie leiser macht!«

Kurz hielt sie inne.

»Ich muss Sie warnen, meine Liebe. Er war sehr, sehr krank und hat viel gelitten. Erschrecken Sie nicht, wenn er sich an nichts erinnert. Die Ärzte sagen, es könnte noch eine Weile dauern, bis sein Gedächtnis wiederkehrt. Ich werde nie begreifen, wie er all die Wochen im Dschungel überleben konnte.«

Sie zögerte.

»Außerdem, Kylie ...«

Aber Kylie hörte schon nicht mehr zu, denn sie hatte Danno entdeckt, der in einem Sessel mit Blick aufs Fenster im Wohnzimmer saß.

Mit klopfendem Herzen stürmte sie durch den Raum auf ihn zu, rief seinen Namen und konnte an nichts weiter denken als daran, dass Danno – ihr Danno – noch lebte.

Lachend und weinend schlang sie die Arme um ihn und fuhr entsetzt zurück.

Er wehrte sich und stieß einen markerschütternden Schrei aus.

»Danno, ich bin es, Kylie!«

Sie starrte den Mann an, den sie mehr als alles auf der Welt liebte, und bemerkte erschrocken, wie eingefallen sein Gesicht und wie abgemagert sein Körper war. Doch noch mehr entsetzte sie seine Reaktion.

»Alles ist gut, Daniel. Das ist eine Freundin von dir – Kylie«, sagte Molly mit Nachdruck.

Sie war rasch nähergetreten und streichelte seinen Arm.

»Du erinnerst dich doch an Kylie. Du hast mir erzählt, ihr hättet zusammengearbeitet.«

Danno wandte sich zu seiner Mutter um, und Kylie wurde grausam klar, dass er blind war.

»Steh auf und sag hallo«, beharrte Molly und stützte ihn unter der Achsel.

Schwankend erhob sich Danno und streckte die Hand in die Richtung von Mollys Stimme aus.

»Kylie?«, flüsterte er nach einer quälenden Pause.

Kylie wäre beinahe in Tränen ausgebrochen.

»Hallo, Danno. Ich habe gehört, dass du ziemlich viel mitgemacht hast«, sagte sie mit zitternder Stimme.

Am liebsten wäre sie ihm um den Hals gefallen, hätte sein armes liebes Gesicht gestreichelt und seine unrasierten Wangen geküsst. Aber etwas ließ sie innehalten, denn sein abweisendes Benehmen sorgte dafür, dass sich eine eiskalte Hand um ihr Herz legte.

»Es war interessant«, meinte er bemüht locker und stand noch immer stocksteif da. »Wo haben wir denn zusammengearbeitet? Mein Gedächtnis ist nicht sehr gut.«

Er verstummte.

»Doch vielleicht ist es das Beste so«, fuhr er mit einem verkniffenen Lächeln fort. Dann presste er sich Daumen und Zeigefinger an die plötzlich tränennassen Augen.

Kylie wusste nicht, wo sie hinschauen sollte.

»Aber, Daniel«, unterbrach Molly fröhlich, trat vor und führte ihren Sohn zurück zu dem Sessel.

»Manchmal wird er sehr emotional. Der Arzt sagt, das geht vorbei«, meinte sie zu Kylie. »Jetzt mache ich uns etwas zum Mittagessen. Meine Liebe, warum leisten Sie uns nicht

Gesellschaft? Das würde uns beiden gut tun. Wenn Daniel sein Mittagsschläfchen hält, können wir uns ein bisschen unterhalten.«

»Sehr gern«, erwiderte Kylie benommen.

»Daniel, sprich mit Kylie!«, wies Molly ihn an und ging hinaus.

Kylie setzte sich neben Danno. Eine kalte Hand krampfte sich fest um ihr Herz. Danno starrte mit blicklosen Augen ins Leere. All die Monate hatte sie ihn für tot gehalten, und nun erkannte er sie offenbar nicht wieder. Sie wagte nicht einmal, ihn zu berühren, da sie befürchtete, einen weiteren Ausbruch auszulösen.

Kylie sah sich in dem freundlichen, sonnendurchfluteten Raum mit den hübschen Blumenvasen und den großen Panoramafenstern um und hätte am liebsten geheult, so elend und hilflos fühlte sie sich.

Neben Danno lag ein Bücherstapel, und der Titel des obersten Bandes schrie ihr förmlich entgegen: *Blindenschrift für Anfänger*.

Sie griff nach dem Buch, schlug es auf und ließ den Finger über die winzigen erhabenen Punkte gleiten.

»Keine Ahnung, wie man das lernen soll«, sagte Danno, der ihre Bewegung gespürt hatte.

Kylie zuckte zusammen. Er tastete nach, ob sie auch wirklich das Braillebuch in der Hand hatte. Ihre Hände berührten sich kurz, und Kylie spürte es wie einen elektrischen Schlag. Mit klopfendem Herzen betrachtete sie ihn, überzeugt, dass er es auch gefühlt haben musste. Aber nichts wies darauf hin, dass etwas Außergewöhnliches geschehen war.

»Erinnerst du dich an unsere Zusammenarbeit in Papua-Neuguinea?«, fragte sie in bemühtem Plauderton.

»Wo soll denn das sein?«

»Papua-Neuguinea. Hast du unsere Fahrt über die Berge vergessen, als wir Fred, den verrückten Dänen, retten wollten? Und unseren Mondscheinspaziergang am Strand? Und den Geruch? Dieser Gestank wird mir immer im Gedächtnis bleiben.«

Sie überlegte, wie sie ihm auf die Sprünge helfen sollte. Allerdings wagte sie nicht, sein Verschwinden in Sri Lanka zu erwähnen, da sie befürchtete, ihn damit aufzuregen.

»Klingt ziemlich unappetitlich. Hey, ich kann in dieser Schrift schon meinen Vornamen lesen. Ich zeig es dir.« Er wollte nach dem Buch greifen, verschätzte sich, und sämtliche Bücher landeten auf dem Boden.

Sein Herumtasten und die Entschuldigungen machten die Lage auch nicht besser.

»Das macht doch nichts«, rief Kylie und ging rasch in die Knie, um die Bücher aufzuheben.

Tränen traten ihr in die Augen. Sie konnte ihn nicht erreichen, und er hatte nicht die Spur einer Ahnung, wer sie war. Mit zitternden Händen stapelte sie die Bücher wieder auf den Tisch.

Die Titel erschreckten sie. Die meisten befassten sich mit traumatischen Erfahrungen und mit Blindheit. Offenbar gehörten sie Molly.

Vielleicht las sie Danno daraus vor.

Da kam Molly herein und verkündete fröhlich, sie hoffe, dass alle ordentlich Hunger hatten. Sie hätte nämlich ein wahres Festmahl gekocht. Kylie lächelte gezwungen und stellte erschrocken fest, dass sie die Anwesenheit einer dritten Person als Erleichterung empfand.

Das Mittagessen verlief in steifer und gekünstelter Atmosphäre. Molly erkundigte sich nach Kylies Eltern und ihrem Beruf und half Danno, wenn er mit dem Zerkleinern des Essens nicht zurechtkam. Danno fragte Kylie höflich, wo sie beschäftigt sei. Er konnte sich weder an das Team noch an Namen und Orte erinnern. Kylie machte es traurig, wenn er bei ihrer Schilderung von Dingen, die sie früher gemeinsam getan hatten, nur beiläufiges Interesse zeigte. Ihr Mund war so trocken, dass sie das köstliche Lachs-Avocado-Sandwich und das selbst gebackene Blätterteigteilchen, das es zum Nachtisch gab, kaum hinunterbrachte. Nur ihre guten Manieren verhinderten, dass sie einfach aus dem Zimmer rannte.

Nach dem Essen bettete Molly Danno aufs Sofa – sie erklärte, die Ärzte hätten ihm viel Ruhe verordnet – und schlug vor, den Kaffee draußen auf der Veranda zu trinken. Kylie warf einen wehmütigen Blick auf Danno, der schon fast eingeschlafen war.

»Ihre Mutter hat immer dafür gesorgt, dass die Sunburst Lodge blitzblank ist. Gefällt es ihr noch in der Ferienanlage?«, fragte Molly, um höfliche Konversation bemüht, während sie den frisch aufgebrühten Kaffee in weiße Porzellantassen goss. Kylie lächelte mit zitternden Lippen.

Die bewaldeten Berge erhoben sich malerisch über die Hausdächer, und eine sanfte Brise liebkoste ihre Wangen.

»Ich weiß, es ist ein Schock, meine Liebe«, sagte Molly freundlich. Sie sah, dass Kylie mit den Tränen kämpfte. »Aber wir haben noch Hoffnung. Er macht langsam Fortschritte.«

Kurz hielt sie inne, denn sie hatte die Tragödie selbst noch nicht verkraftet.

»Die Ärzte sagen, dass sein Gedächtnis im Lauf der Zeit und mit gesunder Ernährung irgendwann zurückkehren müsste. Sein Zustand hat sich schon sehr gebessert.«

Molly schob Milchkännchen und Zuckerdose auf den Tisch hin und her.

Die Ärzte.

Sie wollten sich nie festlegen und waren mit ihren Vorhersagen überaus vorsichtig. Sie wusste selbst, dass sie sich an jeden Strohhalm klammerte, aber bis jetzt hatte niemand behauptet, dass Dannos Augenlicht je wieder zurückkehren würde.

»Das Gehirn ist ein erstaunliches Organ, das ausgefallene Bereiche ersetzen und sich mit ein wenig Geduld selbst heilen kann«, verkündete Molly, ein wenig zu laut und mit allzu fröhlich funkelnden Augen. »Der Himmel weiß, was der arme Junge durchgemacht hat. Aber erzählen Sie mir doch von sich.«

Sie griff nach ihrer Tasse.

»Wissen die Ärzte, ob er wieder sehen wird?«, fragte Kylie mit bebender Stimme.

Sie fürchtete sich vor der Antwort, doch sie musste es erfahren.

Molly hob ihre Tasse und hielt inne, ihre Miene verschlossen. Nachdem sie einen kleinen Schluck getrunken hatte, stellte sie Tasse und Untertasse neben sich auf den Tisch.

»Die Ärzte sind vorsichtig optimistisch«, antwortete sie. »Noch Kaffee?«

Kylie schüttelte den Kopf.

»Ich dachte, er wäre tot«, flüsterte sie, und die Tränen liefen ihr über die Wangen.

Sie kramte ein Taschentuch hervor und fühlte sich, als wäre soeben ihre ganze Welt in Stücke zersprungen.

Molly drückte rasch Kylies Hand.

»Ich weiß, meine Liebe, das dachten wir alle.«

Sie hielt inne, starrte ins Leere, spielte an ihrer Goldkette herum und erinnerte sich an den Tag, an dem Norman und sie die Nachricht von Daniels Tod erhalten hatten. Zunächst hatten sie es nicht glauben können, sich dann nächtelang damit gequält, indem sie sich seinen grausigen Tod ausmalten, und schließlich nur noch Wut und Trauer empfunden. Ein schlichter Gedenkgottesdienst hatte es ihnen irgendwann ermöglicht, loszulassen und ihr Leben weiterzuführen – bis es erneut auf den Kopf gestellt worden war, und zwar von einem Anruf, dass Daniel in einem Krankenhaus in Colombo mit dem Tod rang. Sofort waren sie nach Sri Lanka geflogen und hatten dort einen Daniel vorgefunden, den sie kaum wiedererkannten, so abgemagert war er. Und dann hatte man ihnen mitgeteilt, dass ihr Sohn an Gedächtnisschwund litt und blind war.

Nach ihrer Rückkehr versorgten sie ihn rund um die Uhr, und selbst die Ärzte waren verwundert, dass er überhaupt noch lebte. Sie diagnostizierten schwere Unterernährung und ein körperliches und seelisches Trauma. Außerdem schätzten sie, dass ein guter Monat vergangen war, seit er sich die Schulter ausgerenkt hatte.

Zum Glück waren die Albträume inzwischen seltener geworden. Die Erblindung war offenbar Folge eines Schlages auf den Kopf. Erstaunlicherweise war nur das Sehzentrum des Gehirns betroffen, was die Ärzte als Glück bezeichneten. Mit einer weiteren Prognose müsse man warten, bis die Schwellungen und Blutergüsse zurückgegangen seien. Obwohl niemand ausdrücklich gesagt hatte, dass er wieder sehen würde, klammerte Molly sich an diese Hoffnung.

Im ersten Monat nach seiner Entlassung aus dem Krankenhaus hatte Danno kaum ein Wort gesprochen und langsam gelernt, sich im Haus zurechtzufinden. Dann war er wütend geworden. Es war der Anfang eines völlig neuen und wenig erfreulichen Lebens gewesen, das nur durch die Liebe zu ihrem Sohn, der auf wundersame Weise lebendig zu ihnen zurückgekehrt war, einen Sinn erhielt. Vor kurzem hatte Molly einige Hörbücher und einen Braillekurs gekauft und Daniel mitgeteilt, er müsse zu lernen anfangen.

»Es geht langsam voran«, meinte sie.

Kylie wischte sich die Augen ab und steckte das Taschentuch rasch ein. Es war ihr peinlich, in Gegenwart dieser offenbar so starken Frau Schwäche zu zeigen.

»Es war wirklich ein Zufall, ihn ausgerechnet in Papua-Neuguinea zu treffen«, sagte sie mit einem gekünstelten Lächeln.

»Manche Dinge sollen eben so geschehen«, erwiderte Molly.

Sie wusste nicht, welches Verhältnis ihr Sohn zu diesem Mädchen gehabt hatte – und sie war zu diskret, um nachzufragen –, aber sie spürte, wie sehr Kylie Danno liebte, und sie war froh darüber. Dann erzählte sie Kylie, dass Daniel einmal wöchentlich in Melbourne zu einer Therapeutin ging.

»Die Psychologin ist sehr zartfühlend und rücksichtsvoll und hat schon mit vielen Traumafällen zu tun gehabt. Ihrer Ansicht nach ist er angesichts dessen, was er durchgemacht hat, erstaunlich ausgeglichen.«

Sie sah Kylie an und fragte sich, warum sie so offen mit dieser jungen Frau sprach, die sie doch eigentlich kaum kannte. Vielleicht erging es ihr ähnlich wie Menschen, die einem Fremden im Zug ihre Lebensgeschichte erzählen.

»Man lernt, auch die winzigste Veränderung zu schätzen.« Sie klang beinahe aufgeregt. »Heute hatte Daniel zum ersten Mal den Mut, mit mir zum Postamt zu gehen. Wir versuchen zu erreichen, dass er öfter das Haus verlässt. Drinnen findet er sich inzwischen ziemlich gut zurecht.«

Sie schüttelte den Kopf und dachte an die Mühe, die es kostete, ihn zum Einnehmen seiner Vitamine zu bringen, an die Streitereien wegen des Braillekurses und seine Erbitterung, weil er ständig auf Hilfe angewiesen war.

»Genug davon«, beendete sie mit Nachdruck den Satz.

Sie plauderten noch eine Weile über Susan und Geoff und Kylies Beruf und lachten sogar hin und wieder. Beim Sprechen erkannte Kylie Anklänge an Dannos Lebenskraft in seiner Mutter, was ihr das Herz noch schwerer machte.

»Wie lange wollten Sie denn in Lyrebird Falls bleiben?«, erkundigte sich Molly.

Die Frage traf Kylie völlig unvorbereitet. Zögernd erklärte sie, sie werde in Kürze heiraten und habe zuvor dieses Kapitel ihres Lebens abschließen wollen, indem sie endgültig Abschied von Danno nahm.

»Er und ich standen uns einmal sehr nah, und als ich ihn für tot hielt …«, stammelte sie und konnte die Tränen nicht unterdrücken.

»Ich verstehe Sie, meine Liebe. Es war wirklich sehr nett von Ihnen, dass Sie eigens hergekommen sind, um uns zu besuchen.« Molly tätschelte Kylie die Hand. »Und nun gehen Sie los, und fangen Sie mit Ihrem Mann ein wunderschönes neues Leben an.«

Sie stand auf und war wieder die beherrschte Geschäftsfrau, auf die Norman sich in allen Lebenslagen verlassen konnte.

Kylie erhob sich ebenfalls und bemerkte zum ersten Mal die dunklen Schatten unter Mollys Augen. Das Gesicht war müde und eingefallen, und ihr Lächeln wirkte eindeutig künstlich. Plötzlich fühlte sie sich erschöpft und so, als sollte sie abgewimmelt werden.

»Darf ich mich von Danno verabschieden?«, fragte sie zögernd.

»Aber natürlich, meine Liebe«, erwiderte Molly.

Danno war aufgewacht, hörte Musik und spielte mit einem glatten, runden Kieselstein herum. Es versetzte Kylie einen Stich ins Herz, als Molly ihr sanft den Arm um die Schulter legte.

»Kylie will auf Wiedersehen sagen, Daniel. Erinnerst du dich? Kylie hat in Papua-Neuguinea mit dir zusammengearbeitet«, wiederholte sie voller Hoffnung.

»Er hat Gedächtnislücken«, fügte sie hinzu und wünschte, sie hätte nicht so viel erklären müssen.

»Auf Wiedersehen, Kylie. Ich habe mich sehr über deinen Besuch gefreut«, sagte Danno höflich.

Kylie zuckte zusammen.

»Auf Wiedersehen, Danno.«

Mit klopfendem Herzen umarmte sie ihn, ohne auf seine ausgestreckte Hand zu achten, und spürte, wie er zurückwich, als sie ihn auf die Wange küsste.

»Ich liebe dich«, flüsterte sie und hoffte und betete, dass sich ein Funken der Erinnerung zurückmelden möge.

Er erwiderte unbeholfen ihren Kuss.

»Auf Wiedersehen«, wiederholte Kylie mit belegter Stimme und glühend roten Wangen.

Sie machte sich los. Tränen verschleierten ihren Blick, und sie ließ sich von Molly aus dem Zimmer führen.

»Danke für das Mittagessen und das Gespräch, Mrs O'Keefe. Wenn ich noch etwas tun kann ...«, stieß sie hervor.

»Es war mir ein Vergnügen, meine Liebe. Wir kommen schon zurecht. Vielen Dank«, entgegnete Molly mit Nachdruck.

Kylie ergriff die Flucht. Voller Trauer fuhr sie die Straße entlang, bog in die vertraute Hauptstraße ein und parkte neben dem Münzfernsprecher an der Bushaltestelle.

»Er lebt, Mum, Danno lebt!«, rief sie, als auf Dunk Island endlich der Hörer abgenommen wurde.

Sie fing an zu weinen. Schluchzend erklärte sie, dass Danno blind war und an Gedächtnisschwund litt und dass sie beschlossen hatte, sofort Craig zu Hause in Wagga Wagga aufzusuchen.

Susan hatte großes Mitleid mit ihrer Tochter.

»Bist du sicher, dass du es allein schaffst, mein Kind? Oder sollen Daddy und ich kommen, um dir zu helfen?«

»Nein, danke, Mum. Ich kriege das schon hin.«

»Ich liebe dich«, sagte Susan und wünschte, ihre Tochter hätte es im Leben ein wenig leichter.

»Ich dich auch«, antwortete Kylie und fühlte sich mit einem Mal sehr einsam.

Die Fahrt von Lyrebird Falls nach Wagga Wagga dauerte gut vier Stunden und gab Kylie genug Zeit zum Nachdenken. Mit jeder Stunde wuchs ihre Gewissheit, dass sie die richtige Entscheidung getroffen hatte. Sie bog auf den langen staubigen Fahrweg ab, die zu dem malerischen, alten und weitläufigen Anwesen führte, das nun schon seit vier Generationen im Besitz von Craigs Familie war.

Kylie wusste genau, was sie ihm sagen würde. Natürlich würde er bestürzt sein, und sie hatte ein schlechtes Gewissen, weil sie ihn so enttäuschen musste. Aber keinem von ihnen beiden war mit einer Ehe gedient, die von Anfang an zum Scheitern verurteilt war.

Ein Schwarm von Rosakakadus flog vom Straßenrand auf, und ihr lautes Gekreische hallte über die Landschaft. Kylie tröstete sich mit dem Gedanken über ihre Zweifel hinweg, dass Craig stets geschworen hatte, er wolle nur ihr Bestes. Also würde er Verständnis haben. Das war seine größte Stärke.

So schnell sie konnte, holperte sie über Schlaglöcher und Wurzelwerk und bog in die Auffahrt ein. Nachdem sie ausgestiegen war, streckte sie sich, lockerte ihre Muskeln und sah sich lächelnd um. Es war ein wunderschöner Tag, und das Haus war ein Traum. In den Gartenbeeten blühten Blumen, so wie Craig es beschrieben hatte.

Kylie eilte über die große Veranda ins Haus und rief nach ihm.

Craig kam ihr in Arbeitskleidung entgegengelaufen. Die freudige Überraschung stand ihm im Gesicht geschrieben.

»Wo zum Teufel kommst du denn her?«, rief er. »Ich habe nicht so bald mit dir gerechnet. Nicht, dass ich etwas dagegen hätte.«

Er zog sie an sich und küsste sie.

Kylie erwiderte seinen Kuss flüchtig. Bei dem Gedanken, dass sie gleich sein Glück zerstören würde, krampfte sich ihr Magen zusammen.

»Craig, wir müssen reden«, sagte sie und berührte verlegen seine Schulter.

»Oho, das klingt gefährlich. Aber dein Wunsch ist mir Befehl, mein Schatz …« Wieder versuchte er, sie zu küssen.

Kylie schob ihn mit beiden Händen weg.

»Nein, im Ernst. Ich komme gerade aus Lyrebird Falls.«

Craig erstarrte und ließ sie los.

»Ach ja? Bier, Wein oder Cola?«, fragte er, während Angst in ihm hochstieg.

Lässig drehte er sich um und ging zum Kühlschrank. Sie hatte seinen Ring nicht am Finger.

»Ein Bier wäre gut.«

Kylie folgte ihm in die Küche. Craig öffnete zwei Bierflaschen und reichte eine davon Kylie. Sie nahm einen raschen Schluck und bemerkte dann, dass er blass geworden war.

»Fühlst du dich nicht wohl?«

»Mir ging es nie besser, vor allem, seit du hier bist.«

Er trank durstig.

Kylie holte tief Luft.

»Ich komme gerade aus Lyrebird Falls. Danno lebt.«

Craig rührte sich nicht und starrte sie nur mit zusammengepressten Lippen an.

Erst als Kylie tief Luft holte, wurde ihr klar, dass sie die ganze Zeit den Atem angehalten hatte.

»Er lebt, Craig, er lebt!«, wiederholte sie. »Ist das nicht ein großes Wunder?«

Dann erzählte sie ihm unter Tränen die ganze Geschichte.

Craig fühlte sich wie nach einem Tiefschlag. Bisher hatte er gehofft, dass sie nie dahinterkommen würde. Steif trat er auf sie zu und wischte ihr mit zitternden Händen eine Träne weg.

»Liebste Kylie«, sagte er leise und musterte dabei unverwandt ihr Gesicht.

Allmählich beruhigte er sich ein wenig: Sie ahnte die Wahrheit offenbar nicht.

Kylie nahm seine Hand und küsste sie. Sie liebte ihn dafür, dass er so mitfühlend war.

»Das ändert natürlich alles zwischen uns, aber ich wusste, dass du das verstehen wirst. Ich wusste, dass du dich für mich … für uns … freuen wirst. Du bist einfach ein guter Mensch.«

»Ändern? Was sollte sich denn ändern?«, fragte Craig. Sein Tonfall war auf einmal barsch.

Kylie sah ihn verdattert an.

»Nun, du wusstest es doch. Ich meine, du warst über meine Gefühle für Danno im Bilde …«

»Ja, und ich bin froh für ihn und wünsche ihm alles Gute. Ich bin allerdings nicht sicher, ob es passend wäre, ihn zu unserer Hochzeit einzuladen – falls du das gemeint hast.«

Er zwang sich, sie anzulächeln und ruhig zu bleiben. Dann wollte er sie wieder küssen.

Kylie hinderte ihn daran.

»Hör zu, wir müssen darüber reden.«

Ihr Magen krampfte sich noch fester zusammen.

»Weißt du, ich muss ihm helfen …«

Craig war am Ende seiner Geduld angelangt.

»Du willst damit doch nicht etwa sagen, dass wir unsere gemeinsame Zukunft wegwerfen sollen, damit du dich als Märtyrerin an einen blinden Krüppel binden kannst, der sowieso keine Ahnung hat, wer du bist?«, brüllte er.

Entsetzt sah Kylie ihn an. Noch nie hatte sie Craig so gehässig erlebt.

»Du brauchst nicht gleich so zu schreien«, brüllte sie zurück; schon wieder traten ihr Tränen in die Augen.

»Tut mir Leid, entschuldige, Liebling. Vielleicht war ich ein bisschen grob. Ich bin schließlich ebenso erstaunt wie du. Ich verstehe dich ja, aber wir haben ein gemeinsames Leben vor uns. Wir haben Pläne.«

Craig hatte Mühe, seine Wut und seinen rasenden Hass auf diesen Mann zu unterdrücken, der ihm sogar noch als Halbleiche seine Position streitig machte.

»Mein Gott, ich hätte den Kerl krepieren lassen sollen«, murmelte er und wandte sich ab.

Aber es ging nicht an, dass er in Kylies Gegenwart die Beherrschung verlor. Er musste sich zusammennehmen. Offenbar war er gerade im Begriff, sie zu verlieren, und das durfte er nicht zulassen.

»Pläne können sich ändern …« Kylie erstarrte. »Was hast du da gerade gesagt?«

»Ich brauche noch ein Bier.« Craig stürmte zum Kühlschrank, griff nach einer Flasche, öffnete sie und schleuderte den Kronkorken ins Spülbecken.

»Soll das heißen, dass es aus ist zwischen uns? Du machst einfach so Schluss?«

Er konnte nicht mehr klar denken. Trotz all seiner Bemühungen würde dieser Mistkerl sie ihm ausspannen.

»Du wusstest es? Du wusstest es? All die Jahre wusstest du, dass Danno noch lebt?«, schrie Kylie mit funkelnden Augen.

Craig packte sie an den Schultern und musterte sie mit hasserfülltem Blick.

»Ja, ich wusste es, und ich wusste auch, dass alles kaputt gewesen wäre, was zwischen uns ist, wenn ich es dir erzählt hätte. Du hättest den Menschen, den du einmal zu lieben geglaubt hast, ohnehin nie zurückbekommen. Er ist fort, Kylie. Es gibt ihn nicht mehr. Ich habe es für dich getan, Kylie, für uns. Ich liebe dich, ich brauche dich, und du brauchst mich.«

Sein Tonfall klang wieder normal. Er lockerte seinen Griff und wollte Kylie an sich ziehen. Diese wich zurück.

»Du wusstest es die ganze Zeit!«, flüsterte sie.

All die vertrauten Momente, die sie miteinander geteilt hatten. Die tröstenden Worte, um die er nie verlegen gewesen war. Die tränenreichen Ausbrüche, die er sie hatte durchmachen lassen, obwohl ein einziger kurzer Satz von ihm ihr wieder Hoffnung gegeben hätte … Kylie ging auf ihn los. Sie wollte ihm wehtun, zerkratzte ihm das Gesicht, zerrte an seinem Hemd und schrie ihre Wut, ihre Verletzung und die Erniedrigung heraus, die es bedeutete, so getäuscht worden zu sein.

»Wie konntest du das tun? Wie konntest du behaupten, mich zu lieben, und es mir trotzdem verheimlichen? Warum? Warum?«

Die Nähe dieses Mannes war ihr auf einmal unerträglich.

Sie hielt es nicht länger aus, in einem Raum und in einem Haus mit ihm zu sein. Nie mehr wollte sie Craig wiedersehen. Mit beiden Händen wehrte sie ihn ab, als er sie in die Arme nehmen wollte, um sie zu beruhigen. Dabei sagte er immer wieder, dass sie einander doch liebten und eine Zukunft hatten, um die es sich zu kämpfen lohnte.

Kylie riss sich los und rannte zur Tür.

Craig versperrte ihr den Weg.

»Du willst den Grund wissen? Dann sage ich es dir«, brüllte er. »Der Dreckskerl hat sich immer um dich herumgedrückt, dich angehimmelt und dir sentimentalen Mist geschrieben. Glaubst du wirklich, es hat mir Spaß gemacht, das mitanzusehen?«

Während er weitertobte, wurde Kylie von eiskalter Ruhe ergriffen. Leise wartete sie ab, während Craig sich mit feuerrotem Gesicht in einer Hasstirade gegen den Mann erging, den sie liebte. Schließlich holte er tief Luft.

»So, nun kennst du die Wahrheit. Hoffentlich bist du nun zufrieden. Du kannst verschwinden. Los, hau ab!«

Der Hass in Craigs Blick war es, der Kylies Gelassenheit ins Wanken brachte. Sie begann, vor Angst zu zittern.

»Ja, jetzt kenne ich sie«, widerholte sie leise.

Craig wischte sich die Augen, und sie nützte die kurze Unaufmerksamkeit, um an ihm vorbeizuschlüpfen. Sie schnappte sich ihre Tasche, die im Wohnzimmer lag, hastete aus dem Haus, stürmte über die Veranda, sprang ins Auto und verriegelte die Türen.

Er folgte ihr und flehte um Verzeihung, während sie sich damit abmühte, den Zündschlüssel ins Schloss zu stecken. Dann trommelte er mit den Fäusten gegen die Fenster, zerrte am Türgriff, flehte sie an, zu warten und ihn anzuhören, und beharrte, er könne alles erklären und sie hätten noch eine Chance.

Endlich sprang der Motor an. Kylie gab Gas und floh mit rasender Geschwindigkeit und gefolgt von einer ockergelben

Staubwolke vor Craig und dem Albtraum, in dem sie gelebt hatte.

Sie zitterte so heftig, dass sie anhalten musste, sobald sie die Hauptstraße erreicht hatte. Schluchzend vor Trauer und Wut, wischte sie die Tränen weg, die ihr übers Gesicht strömten. Sie fühlte sich schmutzig und benutzt.

Erst als sie dreißig Kilometer von Wagga Wagga entfernt war, war sie endlich sicher, dass er ihr nicht mehr folgen würde.

21

Zurück auf Dunk Island, verbrachte Kylie die ersten Tage hauptsächlich mit Essen und Schlafen. Gegen Ende der Woche hatte sie sich zumindest so weit erholt, dass sie in die Bucht hinausfahren und zwischen den Schildkröten herumsegeln konnte. Manchmal nahm sie Tiger mit.

Mit ihren Eltern wechselte sie kaum ein Wort. Aber als sich die Wangen ihrer Tochter wieder ein wenig gerötet hatten, fand Susan es an der Zeit, die Mauer des Schweigens zu durchbrechen, die Kylie umgab.

»Du kannst nicht ewig so herumsitzen, sondern musst entscheiden, was du mit deinem Leben anfangen willst«, sagte sie eines Morgens. Kylie war noch im Pyjama, und sie saßen im Wohnzimmer. »Du machst es nur schlimmer, wenn du alles in dich hineinfrisst.«

Kylie, die aus dem Fenster gestarrt hatte, wandte sich müde um.

»Ich fresse nichts in mich hinein, Mum. Ich bin nur einfach so erschöpft, dass ich nicht weiß, was ich will.«

In den letzten Nächten hatte sie sich schlaflos hin und her gewälzt und sich mit ihren Grübeleien fast verrückt gemacht. Durch das Wiedersehen mit Danno war ihr klar geworden, wie sehr sie ihn immer noch liebte.

Irgendwann würde sein Erinnerungsvermögen zurückkehren, das hatte Molly schließlich gesagt. Was seine Blindheit betraf, nun, das würden sie schon gemeinsam durchstehen.

Das Problem war nur, dass Molly alles fest im Griff zu haben und nicht gewillt schien, eine Außenstehende an sich heranzulassen. Und Danno selbst ... Wenn er sich nur an ihre

Liebe erinnern könnte, anstatt sie höflich und wie eine gute Bekannte zu behandeln.

»Unentschlossenheit kann sehr kraftraubend sein«, meinte Susan und versuchte, sie aufzumuntern. »Wenn du wieder ein Ziel vor Augen hast, wird es dir gleich viel besser gehen. Möchtest du zurück in den Hilfsdienst?«

Ihr gefiel die Vorstellung zwar gar nicht, dass Kylie sich in möglicherweise gefährlichen fremden Ländern aufhielt, doch sie hatte bemerkt, wie viel Freude diese Arbeit ihrer Tochter machte.

Außerdem, so dachte sie, würde das Engagement für Notleidende Kylie von dieser schrecklichen Tragödie ablenken.

»Du musst ja nicht sofort wieder ins Ausland. Schließlich kannst du auch in Australien beim Roten Kreuz oder einer anderen karitativen Organisation arbeiten. Dort werden immer Leute gesucht.«

Kylie schüttelte den Kopf.

»Wenn ich wieder im Hilfsdienst anfange, dann richtig.«

Sie zupfte an der Sessellehne herum.

»Ich habe später im Jahr noch einen Einsatz, falls es klappt. Diesmal geht es nicht um direkte Katastrophenhilfe, sondern um Aufbauarbeit mit Kindern, die ihre Eltern verloren haben.«

Sie seufzte auf.

»Ich weiß nicht, Mum! Zurzeit kann ich mich einfach für nichts mehr so richtig begeistern.«

Susan musterte ihre Tochter forschend.

»Was ist es, was du wirklich tun willst, mein Liebes?«

Kylies Augen wurden feucht.

»Ich will bei Danno sein«, sagte sie schließlich und schluckte. »Ich habe nur keine Ahnung, wie ich das anfangen soll.«

Wieder seufzte sie, und ihre grünen Augen leuchteten riesengroß aus dem müden Gesicht.

»Molly war sehr nett zu mir, aber sie ist so … distanziert ... so, als schaffe sie alles allein und würde andere Menschen nur als Störung empfinden ...«

Ihre Stimme erstarb.

»Sei nicht so streng mit ihr. Sicher macht sie eine Menge durch«, erwiderte Susan rasch. »Sie und Norman haben die ganze Trauerphase durchlaufen und anschließend versucht, ihr Leben wieder in den Griff zu bekommen. Und dann erscheint der tot geglaubte Sohn plötzlich wieder auf der Bildfläche – schwer krank, blind und mit Gedächtnisschwund.«

Susan schüttelte den Kopf.

»Liebling, sie musste sich auf eine völlig neue Situation einstellen. Sicher fällt ihr das ganz und gar nicht leicht, und deshalb verhält sie sich so, wie sie es nach all den Jahren als Hotelbesitzerin gegenüber ihren Gästen gewöhnt ist: Sie spielt Theater. Ich vermute, dass es sie sehr schwer getroffen hat. Und Norman ebenfalls. Sie ist zwar eine sehr starke Frau, aber nicht unbedingt ein offener Mensch. Für ihr Durchhaltevermögen habe ich sie schon immer bewundert. Außerdem hat sie mit Norman sicher auch alle Hände voll zu tun, ganz zu schweigen davon, dass sie noch ein Hotel zu führen hat. Wir standen uns nie sehr nahe. Molly ist einfach nicht dieser Typ Frau. Aber hin und wieder, wenn es besonders hoch herging, hat sie sich mir anvertraut, und wir haben einander ein wenig geholfen.«

Kylie senkte reumütig den Kopf und erinnerte sich an die Erschöpfung, die sich in Mollys Gesicht abgezeichnet hatte. Vielleicht nahm sie die Situation doch nicht so gelassen, wie Kylie gedacht hatte. Mutter und Tochter saßen eine Weile schweigend da und hingen ihren Gedanken nach.

»Was wäre, wenn ich sie anrufen und sie fragen würde, ob ich ihr vielleicht helfen kann?«, meinte Kylie schließlich. »Glaubst du, sie würde es mir erlauben?«

Der Gedanke machte ihr Angst, da sie nicht wusste, wie sie mit einem blinden Danno zurechtkommen würde. Doch sie konnte das tatenlose Herumsitzen nicht mehr ertragen.

»Ich könnte für sie die Einkäufe erledigen, mit Danno Spaziergänge machen oder einfach nur mit ihm reden und ihm Gesellschaft leisten. Das kann doch nicht schaden. Molly meint, im Haus fände er sich inzwischen gut zurecht. Ich vermisse ihn so, Mum.« Der bloße Gedanke schnürte ihr die Kehle zu.

»Du weißt es erst, wenn du es ausprobiert hast, das haben Dad und du uns immer gesagt«, endete sie mit gepresster Stimme.

Susan bemerkte den kleinen Hoffnungsfunken in Kylies Blick, und es versetzte ihr einen Stich ins Herz.

»Liebes, vielleicht kehrt Dannos Augenlicht nie wieder zurück, und sein Gedächtnisschwund bleibt auch. Außerdem weißt du nicht, welche weiteren Schäden …«

»Bitte nicht, Mum!«

»Ich versuche nur, dir zu erklären, was im schlimmsten Fall geschehen kann. Du musst dir gründlich überlegen, worauf du dich einlässt«, meinte ihre Mutter sanft.

Nicht nur Danno hatte sehr gelitten. Kylie hatte so viel durchmachen müssen, dass Susan befürchtete, sie könnte sich überfordern. Am liebsten hätte sie sich schützend vor ihre Tochter gestellt und sie bedrängt, bloß nicht nach Lyrebird Falls zurückzukehren und stattdessen ein neues Leben ohne Danno anzufangen. Doch sie wusste, dass sie für Kylie dann auf die Seite der Gegner gehören würde, die ihr nur wehtun wollten. Sie musste ihren eigenen Weg finden.

»Ich kann dir die Entscheidung nicht abnehmen, Liebes. Du musst selbst wissen, was du aus deinem Leben machen willst. Tu das, was du für richtig hältst. Ich bitte dich nur, zuerst alle Fakten gründlich unter die Lupe zu nehmen, bevor du dich festlegst.«

Tiger kratzte winselnd an der Terrassentür.

»Ich glaube, tief in meinem Innersten kenne ich die Antwort, seit ich ihn wiedergesehen habe«, erwiderte Kylie stockend. »Ich will zurück nach Lyrebird Falls, um bei ihm zu sein, Mum, ganz gleich, was auch geschieht. Ich liebe ihn so sehr …«

»Wenn du das wirklich willst, dann tu es. Brich nur nicht sämtliche Brücken hinter dir ab.« Susan drückte Kylie fest an sich. »Du bedeutest mir so viel, mein Kind. Ich liebe dich sehr und könnte es nicht ertragen, wenn dir etwas zustieße.«

Sie küsste ihre Tochter auf die weichen Wangen, drängte die Tränen zurück und erinnerte sich daran, wie Kylie und Gwyn als kleine Mädchen kichernd herumgetollt waren. Sie vermisste das fröhliche Lachen im Haus. Vielleicht würde es eines Tages zurückkehren.

»Danke, Mum, dass du so verständnisvoll bist«, sagte Kylie. »Ich habe es mir genau überlegt.«

Ihr Tonfall war schon viel zuversichtlicher.

»Ich besorge mir eine Teilzeitstelle bei der Forstverwaltung in Lyrebird Falls. Da ich dort immer noch jede Menge Leute kenne, dürfte das nicht allzu schwierig sein. Ich breche nicht sämtliche Kontakte ab … Und da sich die Sache mit dem Hilfseinsatz erst in allerletzter Minute entscheidet, lasse ich in Ruhe alles auf mich zukommen.«

Sie erläuterte ihr Vorhaben und wurde immer selbstsicherer. Susan sah, dass die vor Tatendrang und Lebensfreude strotzende Kylie wieder zum Vorschein kam und ihre Zukunft in die Hand nahm. Susan war sehr stolz auf ihre mutige Tochter.

»Sehr gut, Liebes. Keine abgebrochenen Brücken, keine zugeschlagenen Türen«, wiederholte sie und umarmte sie noch einmal.

Kylie öffnete die Terrassentür und rief Tiger, der schwanzwedelnd auf sie zugesprungen kam. Als sie hinausging, war ihr Schritt wieder schwungvoll.

Susan blickte ihr nach und fragte sich, ob es richtig gewesen war, ihr zu einer Rückkehr zu Danno zu raten. Sie setzte sich ins Büro und versuchte, sich auf die anstehenden Aufgaben zu konzentrieren.

Nein, dachte sie, während sie seufzend nach einigen Papieren griff. Kylie war eine erwachsene Frau und musste selbst über ihr Leben entscheiden.

Drei Wochen später – Kylie hatte inzwischen durch Hartnäckigkeit eine Stelle bei der Forstverwaltung von Lyrebird Falls ergattert –, ging sie mit zitternden Knien die Vordertreppe von Dannos Haus hinauf und klopfte an die Tür.

Diesmal wurde sie von Molly O'Keefe erwartet. Kylie hatte sie angerufen und ihr gesagt, sie werde während der kommenden Monate in Lyrebird Falls arbeiten. Außerdem hatte sie gefragt, ob sie Danno regelmäßig besuchen dürfe, und sich erboten, alles in ihrer Macht Stehende zu tun, um zu seiner Genesung beizutragen. Kylie erklärte der Mutter, dass Danno und sie einander sehr nah gestanden hätten, sie ihn liebte und er ihre Liebe erwidert habe.

Nach dem Telefonat hatte Molly langsam den Hörer aufgelegt. Zum ersten Mal seit Dannos Rückkehr war sie zu Norman hinübergegangen, hatte die Zeitung weggeschoben, die er gerade las, sich auf sein Knie gesetzt und war in Tränen ausgebrochen. Doch als sie heute die Tür öffnete, war sie fröhlich wie immer, und nichts wies auf den Kampf hin, der täglich in ihrem Inneren tobte.

»Kommen Sie herein, Kylie, meine Liebe. Wir haben uns alle sehr auf Ihren Besuch gefreut. Daniels Gedächtnis hat sich sehr gebessert. Er hat mir gerade einige Dinge erzählt, die Sie zusammen in Papua-Neuguinea erlebt haben. Ach, du meine Güte, das war richtig abenteuerlich.«

»Das ist fantastisch!«, rief Kylie aus, und sie fiel Molly überschwänglich um den Hals. Molly musste sich abwenden und murmelte, sie habe etwas im Auge.

Mum hat Recht, dachte Kylie erleichtert. Diese Frau hat mehr Gefühle, als sie sich anmerken lässt.

»Wer ist es, Mum?«, rief da eine Stimme, und Kylies Herz machte einen Satz.

»Es ist Kylie, mein Junge. Gehen wir hinein«, meinte Molly und machte Kylie Platz.

Danno trat in den Flur, und Kylie bekam Herzklopfen. Wie er so mit dem Licht im Rücken dastand, hätte man fast vergessen können, was ihm fehlte. Er roch nach seinem normalen Rasierwasser – ein Duft, der sie an Papua-Neuguinea, an Perisher und an Sri Lanka erinnerte.

»Danno, wie geht es dir?«, fragte sie, unsicher, wie er auf sie reagieren würde.

»Gut, und dir?«, erwiderte Danno und entschuldigte sich dafür, dass er sie bei ihrem letzten Besuch nicht erkannt hatte.

Kylie unterbrach ihn, erzählte ihm, dass sie inzwischen in Lyrebird Fall arbeitete, und fragte ihn, ob es ihm recht wäre, wenn sie an ihren freien Tagen zu ihm käme.

»Das wäre sicher nett für euch beide«, sagte Molly, ein wenig lockerer. »Daniels Gedächtnis ist fast so gut wie früher. Er hat immer noch Lücken und ist auch weiterhin in Therapie, aber er macht jeden Tag neue Fortschritte.«

Kylie wünschte, sie würde nicht über ihn sprechen, als sei er nicht dabei. Sie standen noch immer beklommen im Wohnzimmer herum.

»Gut, am besten gehe ich jetzt in den Garten«, meinte Molly abrupt. Sie spürte, dass die beiden allein sein wollten, und eilte hinaus.

Kylie nestelte an ihrer Handtasche herum.

»Wie ich höre, hast du deiner Mutter von unseren Abenteuern erzählt«, meinte sie mit einem verlegenen Lächeln.

Danno tastete nach ihrer Hand.

»Aber nichts Privates«, erwiderte er in sanftem Ton. »Kylie, ich dachte …«

Seine Stimme erstarb. Er war noch immer sehr aufgewühlt und rang um Beherrschung.

»Ich dachte, ich würde dich nie wieder sehen. Mum berichtete mir von deinem Besuch, und ich wäre am liebsten im Erdboden versunken, so peinlich war mir mein Verhalten.

Ich erinnere mich nicht einmal mehr daran. Erst danach kam mein Gedächtnis zurück. Stück für Stück. Hoffentlich habe ich nicht zu viel Unsinn geredet.«

»Nur, dass du dich sehr über meinen Besuch freuen würdest und dass du keine Ahnung hättest, wie man Braille lernen könnte.«

Am liebsten hätte sich Kylie wegen ihrer Taktlosigkeit auf die Zunge gebissen. Wie hatte sie so mit der Tür ins Haus fallen und seine Blindheit erwähnen können!

»Ich kapiere es noch immer nicht, aber ich werde allmählich besser. Mum sitzt mir deshalb ständig im Nacken.« Er hielt weiter ihre Hand. »Ich habe noch immer viele Lücken und brauche deine Hilfe, um sie zu füllen. Doch ich erinnere mich gut daran, wie sehr ich dich liebe.«

Er tastete nach ihrem Gesicht und küsste sie ein wenig zögernd auf den Mund.

Kylie spürte, wie ihr ein gewaltiger Stein vom Herzen fiel, und Freude stieg in ihr hoch. Sie schmiegte sich in seine Arme und erwiderte seinen Kuss. Tränen der Erleichterung drängten unter den geschlossenen Augenlidern hervor, liefen über die Wangen und benetzten Dannos Hände.

»Hey, ich wollte dich glücklich machen«, flüsterte Danno.

Er umfasste ihr Gesicht mit den Händen und strich ihr sanft mit den Daumen über die Wangen, um die Tränen wegzuwischen. »Meine schöne, süße Kylie«, murmelte er.

Er küsste sie erneut, diesmal selbstbewusster. Ihr Duft hüllte ihn ein. Er vergaß für einen kurzen Moment, dass er blind war, als er ihren bebenden Körper an seinem spürte. Schließlich machte er sich los.

»Vielleicht sollte ich dir erst Gelegenheit geben, die Jacke auszuziehen, und dir etwas Kaltes zu trinken anbieten«, meinte er und tastete sich zum Tisch hinüber, wo Molly für ihn und Kylie Getränke bereitgestellt hatte.

Kylie lachte zittrig auf und griff rasch nach dem Krug. Ihre Hände berührten sich. Kylie hielt inne und hätte sich ohrfeigen können. Schließlich hatte Molly sie ausdrücklich gebeten, nicht zu viel zu helfen.

»Es klingt zwar herzlos, aber er muss sich an seinen Zustand gewöhnen«, hatte sie erklärt.

»Ich schaffe das schon«, sagte Danno, suchte die Gläser, gab, von Kylie mit Argusaugen beobachtet, mühsam Eis hinein und füllte sie mit Orangensaft.

»Bitte sehr«, verkündete er schließlich und hielt Kylie das Glas hin, allerdings in die falsche Richtung.

»Oh, es tut mir Leid, Danno. Ich wollte dich nicht wie ein kleines Kind behandeln«, entschuldigte sich Kylie.

»Vergiss es. Ich bin es gewöhnt, dass die Leute mich für absolut unfähig halten. Deshalb freue ich mich, dass du meine Privatkrankenschwester werden willst. Darum bist du doch gekommen, oder?«

Kylie war nicht sicher, was sie darauf antworten sollte.

»Kylie, das war nur ein Scherz! Was ist mit deinem Sinn für Humor passiert? Nein, offen gestanden meine ich es todernst. Mum hat mir erzählt, dass du kommst, und ich habe gehofft, du nimmst mir alles ab. Inzwischen finde ich mich zwar viel besser im Haus zurecht, aber die Möbel stehen ständig woanders. Ich habe es allmählich satt, mir die Schienbeine anzustoßen«, meinte er mit einem frechen Grinsen.

Kylie lachte auf und versetzte ihm einen freundschaftlichen Rippenstoß. Doch die Wut und die Hilflosigkeit, die in dieser scherzhaften Bemerkung mitschwangen, waren ihr nicht entgangen.

Sie trank ihren Orangensaft, nahm ihm das Glas aus der Hand und schmiegte sich wieder an ihn. Sie würden sich umgewöhnen müssen, und es hatte keinen Zweck, jedes Wort auf die Goldwaage zu legen.

»Du kannst dir gar nicht vorstellen, wie schön es ist, von dir umarmt zu werden«, flüsterte Kylie, nachdem lange Zeit Schweigen geherrscht hatte.

»Oh, doch«, gab Danno zurück und küsste sie wieder.

Kylie besuchte Danno, so oft sie konnte. Sie und Molly hatten beschlossen, dass es anfangs für alle einfacher sein würde, wenn sie woanders wohnte. Kylie wusste, dass sie beide ein wenig Zeit für die Umstellung brauchten, und war damit einverstanden. Jeden Abend auf dem Nachhauseweg überlegte sie sich, was sie beim nächsten Mal unternehmen konnten. Bevor Danno das Augenlicht verloren hatte, hatte er sich ausgezeichnet in der Gegend ausgekannt. Kylie war überzeugt, dass er wieder lernen würde, sich zu orientieren.

Außerdem war ihr klar geworden, dass sich ihr Verhältnis trotz der ausgetauschten Zärtlichkeiten seit Sri Lanka stark verändert hatte. Ja, er hatte sie geküsst und gesagt, dass er sie liebte, aber sie spürte dennoch eine unsichtbare Barriere. Fest entschlossen, sich in Geduld zu üben, verlor sie kein Wort darüber. Sie steckte ihre Kraft stattdessen in die Bemühungen, Danno dabei zu helfen, sich in der Außenwelt zurechtzufinden und seine Gedächtnislücken zu füllen.

»Hast du eigentlich unseren kleinen Talisman noch?«, fragte sie ihn eines Morgens, als sie in einem Café des Ortes vor ihren Cappuccinotassen saßen.

Sie blickte auf die hübsche, vom Bäumen gesäumte Dorfstraße hinaus, deren Blätter sich allmählich herbstlich bunt verfärbten, wohl wissend, dass Danno nichts von alledem sehen konnte. Verdutzt wandte er sich zu ihr um.

»Weißt du nicht mehr? Du hast für die Kinder wunderschöne Spielsachen geschnitzt und mir ein kleines geschnitztes Schwein geschickt.« Kylie nahm seine Hand. »Es war das Letzte, was ich dir gegeben habe, bevor du ... na ja, vorher eben. Es hat mir fast das Herz gebrochen, die Kinder lachend und ihre kleinen Spielzeuge schwenkend herumlaufen zu sehen und dabei zu glauben, du seist tot.«

Dannos Miene erhellte sich. Ein weiteres Puzzleteilchen landete an seinem Platz.

»Ich erinnere mich. Wir hatten ein Gespräch darüber, dass ich die Figuren im Holz ›sehen‹ kann. Wahrscheinlich hast du mich für einen ziemlichen Spinner gehalten. Du hast darauf bestanden, dass ich das Schwein mitnahm, als ich losfuhr, um ...« Er hielt inne.

»Wahrscheinlich ist es im Dschungel verloren gegangen«, schloss er abrupt.

Kylie lag die Frage auf der Zunge, was im Dschungel eigentlich genau geschehen sei. Doch etwas an seinem Gesichtsausdruck sorgte dafür, dass sie sich das verkniff. Stattdessen sprang sie auf und schlug einen Spaziergang am Bach vor, eine ihrer Lieblingsstrecken.

Mit der Zeit wagen sie sich immer tiefer in die Wildnis hinein. Danno lernte, sich zurechtzufinden und seinen weißen Stock einzusetzen. Im Dorf kannte er sich inzwischen gut aus, und die Stelle mit den im Winter schneebedeckten großen Felsen am Ufer des Bächleins war eine der malerischsten in der ganzen Umgebung.

»Warum gehen wir nicht wieder Ski fahren, wenn es schneit?«, meinte Kylie und lehnte sich an das Geländer der kleinen Brücke, unter der das Bächlein fröhlich dahinplätscherte.

»Spinnst du? Ich bin blind, falls du das vergessen haben solltest.« Ein Schauer lief Kylie den Rücken hinunter.

Es war das erste Mal, dass er in all den Wochen dieses Wort in den Mund nahm.

»Na und?«

»Ich wäre eine Gefahr auf der Piste und würde mir nicht nur den Hals brechen, sondern vermutlich auch noch den Großteil der Bevölkerung von Lyrebird Falls auslöschen.« Er lachte bei dieser Vorstellung.

Auch Kylie fing an zu lachen.

»Tja, meiner Ansicht nach wohnen hier sowieso zu viele Leute!«

Sie zog ihn an sich, küsste seine warmen Lippen und fühlte sich ihm in diesem Moment so nah wie noch nie seit ihrer Rückkehr.

An einem ungewöhnlich warmen Herbsttag schlug Kylie vor, oben auf dem Berg zu picknicken. Sie entschied sich für einen Platz, den sie schon in ihrer Kindheit geliebt hatte. Sie fuhren mit dem Auto die steile Bergstraße hinauf, die vom Kosciuzko-Pass abging und abseits der üblichen Touristenpfade lag. Oben war schon der erste Schnee gefallen, und die Landschaft war mit einer zarten weißen Schicht überzuckert.

Auf dem Weg den Berg hinauf beschrieb sie Danno, wo sie waren und wie das Tal aussah. Zu ihrer Freude fiel Danno ihr ins Wort, schilderte jede Biegung in der Straße und kündigte eine herannahende scharfe Haarnadelkurve an. Schließlich hatten sie den Gipfel des geheimen Ausgucks erreicht, wohin Kylie sich als Kind so oft geflüchtet hatte.

»Mit deinem Gedächtnis scheint fast alles wieder in Ordnung zu sein. Warum haben wir uns nie hier oben getroffen, wenn es auch dein Lieblingsplatz war?« Sie erklärte Danno genau, wo sie geparkt hatte, half ihm beim Aussteigen und reichte ihm seinen weißen Stock. Sie nahm ihn an der Hand, um ihn zu dem großen Felsen zu führen, von dem aus man einen Blick über das Tal und die dahinter liegenden Berge hatte. Die Sonne schien strahlend hell von einem kobaltblauen Himmel, die Eukalyptusbäume schimmerten dunstig blau und verströmten ihren unverkennbaren Duft.

»Es ist, als säße man auf dem höchsten Gipfel der Welt«, meinte Kylie mit einem Seufzer und genoss die frische Schönheit der Landschaft.

Danno roch den Eukalyptusduft und lauschte den unzähligen Geräuschen um sie herum. Seine Finger spielten mit einem vertrockneten Eukalyptusblatt, während er den Frieden des Waldes auf sich wirken ließ.

Sie packten an einer sonnigen und windgeschützten Stelle ihre Picknicksachen aus und ließen sich das köstliche Essen schmecken, das Kylie eigens vorbereitet hatte. Sie entkorkte den Champagner und versuchte, nicht an das erste Mal zu denken, als sie sich in der Highpeak Lodge im Perisher Valley geliebt hatten. Dann saßen sie da und unterhielten sich leise, während die Vögel in den Bäumen sangen.

Danno drehte sein Gesicht zum Wind, betastete die Flechten an den Steinen und genoss es, ihre raue Oberfläche unter den Händen zu spüren. Er berührte die kleinen Bergblumen und versuchte zu erraten, welche Farbe sie hatten.

»Erinnerst du dich an die da? Das mag ich am liebsten.« Kylie führte seine Hand über eine samtweiche violette Blüte, beschrieb die Farbe so gut wie möglich und bezeichnete sie als dunkel und ein wenig geheimnisvoll.

»Wie deine Augen. Nur mit dem Unterschied, dass die dunkelgrün sind«, meinte Danno lächelnd und betastete die zarten Blütenblätter.

Er drehte sich zu Kylie um. Sie hielt den Atem an, denn sie spürte die schlagartig veränderte Atmosphäre. Obwohl keiner von ihnen etwas sagte, dachten beide daran, dass er ihr nie wieder in die dunkelgrünen Augen blickten würde.

»Was ist damals im Dschungel passiert?«, fragte Kylie leise.

Danno schloss die Finger um die Blume und riss ihr versehentlich den Kopf ab. Nachdem er danach getastet und ihn gefunden hatte, drehte er ihn zwischen den Fingern. Dann begann er endlich zu erzählen.

»Am Anfang lief alles wie immer. Wir fuhren im Konvoi, ich war der Letzte. Plötzlich platzte mir ein Reifen. Ein Einheimischer kam und fragte, ob ich ihn mitnehmen könne. Wenn ich ihn in einem der Dörfer unterwegs absetzen würde, wolle er mir beim Reifenwechsel helfen. Ich war dem armen Teufel wirklich dankbar, denn die Schrauben an der Felge sitzen manchmal ziemlich fest bei diesen alten Rostlauben. Anschließend hielt ich Schlaumeier es für das Beste, eine Abkürzung zu nehmen, um die anderen einzuholen. Ich dachte, sämtliche Minen wären geräumt worden. Hätten wir nicht so viel Zeit für den Reifenwechsel gebraucht, wären wir niemals einen anderen Weg gefahren als der Rest der Wagenkolonne. Wir gerieten auf diese Mine, und der arme Teufel musste dran glauben. Ich wurde aus dem Fahrzeug geschleudert. Es war seine Leiche, die man gefunden hat.«

Das Schlimmste war, dass Danno einige Stunden lang halb bewusstlos nur wenige Meter neben der Straße gelegen hatte. Doch niemand suchte nach einem zweiten Opfer. Danno erinnerte sich nicht im Detail an alle Ereignisse nach der Explosion. Er wusste nur noch, dass er in der Hütte eines Dorfes mit pochenden Kopfschmerzen und einem stechenden Schmerz im rechten Arm aufgewacht war. Einige Frauen aus dem Dorf versorgten ihn und pflegten ihn gesund. Gerade kam er einigermaßen zu Kräften, fand sein Gedächtnis wieder und plante seine Rückkehr ins Basislager, da wurde das Dorf überfallen.

Danno hatte, immer noch geschwächt, in seiner Hütte geschlafen. Er erinnerte sich an erstickenden Qualm, im Gras züngelnde Flammen, die knisternd aus den mit Palmwedeln gedeckten Dächern aufloderten, an Angstschreie und in alle Richtungen auseinander stiebende Menschen. Schließlich wurde er von der Frau, die ihn gepflegt hatte, aus der Hütte gezerrt. Eine Gruppe von Männern griff ihn an, schlug mit Gewehrkolben auf ihn ein, trat und bespuckte ihn. Zu guter Letzt ließen sie ihn liegen, weil sie ihn für tot hielten. Danno kroch in den Dschungel bis zu einem Bach und verlor das Bewusstsein.

Als er aufwachte, hatte er keine Ahnung, wo er sich befand und wie er dort hingekommen war. Es dauerte schätzungsweise eine Woche, in der er nur die Kraft fand, sich zum Bach zu schleppen, um Wasser zu trinken, und ein paar Beeren zu pflücken, in der Hoffnung, dass sie nicht giftig waren. Er versuchte, seine Wunden zu reinigen, und wurde bei der kleinsten Bewegung von einem heftigen Schmerz durchzuckt. So stellte er fest, dass er sich die Schulter ausgekugelt hatte. Mühsam tastete er nach den Blutegeln, um sie sich vom Körper zu klauben, während er sich fragte, warum die Schlangen, die über seine Beine glitten, ihn niemals bissen. Er war kurz davor, endgültig aufzugeben.

»Ich habe ständig an deine Augen gedacht, an die Liebe, die in ihnen zu sehen war, und an dein wunderschönes Gesicht. Die Gedanken an dich haben mir das Leben gerettet.«

Danno hielt kurz inne. Ihm versagte die Stimme. Kylie umklammerte seine Hand und vergoss bittere Tränen. Dann begann er wieder zu sprechen, diesmal langsamer, und er berichtete er, wie er – geschwächt von Blutverlust, Nahrungsmangel und den ständigen Schmerzen – den Überblick über die Zeit verloren hatte. Als er es nicht mehr zum Bach schaffte, leckte er Flüssigkeit von den Blättern und sammelte in größeren Blättern Wasser. Zum ersten Mal war er dankbar für die tropischen Regenfälle. Eines Tages roch er endlich Rauch und Küchendünste, die verlockend durch die windstille Luft wehten. Mühsam rappelte er sich auf und schleppte sich zu dem Rand eines kleinen Abgrunds, von wo er Stimmen zu hören glaubte. Voller Zuversicht, dass sein Leidensweg nun ein Ende haben würde, kletterte er hinunter. Doch er verlor das Gleichgewicht, rutschte aus, schlug sich den Kopf an und stürzte in einen Bach. Die Strömung riss ihn mit.

»Sonst weiß ich nichts mehr, bis ich im Krankenhaus wieder zu mir gekommen bin. Dort habe ich gemerkt, dass ich blind bin. Dann holten Mum und Dad mich nach Hause.«

Danno legte sich hin, stützte sich auf den Ellenbogen und spürte die Sonne auf dem Gesicht. In den Baumwipfeln keckerte ein Kookaburra, einer der vertrauten und tröstenden Laute, nach denen er sich in seiner einsamen Lage und seiner Verzweiflung gesehnt hatte. Es half ihm, die schrecklichen Erinnerungen wegzuschieben, die ihn immer noch verfolgten.

»Kylie?«, fragte er erschrocken, als er bemerkte, dass sie die ganze Zeit geschwiegen hatte.

»Ich bin da, Danno.«

Immer noch entsetzt über das, was er erlebt hatte, ging sie zu ihm hinüber. Danno schloss sie in die Arme.

»Du hast mir das Leben gerettet«, wiederholte er und küsste sie leidenschaftlich. Dann vergrub er das Gesicht in ihrem Haar.

»In deinem Duft könnte ich ertrinken«, murmelte er.

Er streichelte ihr Gesicht, ihre Augen und ihre Lippen und küsste sie erneut mit einer solchen Zärtlichkeit, dass Kylie sich ihm ganz hingab.

»Liebe mich, Danno«, flüsterte sie.

Langsam und vorsichtig streifte Danno ihr die Kleider ab, liebkoste ihre warme, weiche Haut, genoss ihre Nähe und empfand ihre Schönheit so deutlich, als ob er sie sehen könnte.

Seine Hände zitterten, und seine Begierde steigerte sich ins Unermessliche. Mit geschlossenen Augen schmiegte Kylie sich in seine Umarmung, während ihr Tränen des Glücks über die Wangen liefen. Voller Verlangen ließ sie sich in einem wundervollen Wirbel der Gefühle treiben, der sie in ungeahnte Höhen emporhob und in tiefe Abgründe stürzen ließ, bis sie glaubte, vor Liebe zerspringen zu müssen.

Im nächsten Moment wurde sie von einem Taumel der Freude und Zufriedenheit ergriffen, als ihre Körper gleichzeitig erschlafften. Immer noch konnte sie kaum fassen, wie sehr sie liebte und geliebt wurde.

»Ich wusste nicht, dass die Liebe so sein kann«, flüsterte Kylie nach langer Zeit und kuschelte sich eng an ihn.

Inzwischen verlor die Sonne ihre Kraft. Danno rührte sich nicht.

»Schläfst du?«

Sie gab ihm einen kleinen Schubs, schlüpfte dann rasch in ihr T-Shirt und reichte Danno das seine.

»Du bist so still. War es zu viel für dich? Habe ich dich zu hart rangenommen?«, witzelte sie, obwohl sie ein wenig besorgt war. »Ich glaube, wir haben wieder einen Grund zum

Feiern. Ist noch Champagner übrig, oder haben wir schon alles leer getrunken?«

Danno griff nach der Flasche, verschätzte sich und stieß sie um. Die klargoldene Flüssigkeit ergoss sich über die Decke.

»Verdammt«, schimpfte er und versuchte vergeblich, die Pfütze aufzuwischen.

Lachend holte Kylie ein Geschirrtuch aus dem Picknickkorb und tupfte den Flecken auf.

»Lass mich mal ran! Du machst es nur noch schlimmer!« Ihre Finger berührten sich, und sie hielt inne. »Danno, ich liebe dich so sehr. Es ist mir egal, dass du blind bist. Wir können trotzdem das Leben führen, das wir uns erträumt haben. Ich werde dir die Augen ersetzen.«

Sie wollte nicht, dass die wundervolle Intimität verflog, und war erschrocken, weil er sich so plötzlich vor ihr zurückzog.

Mist! Sie hatte ihm schon wieder etwas abgenommen, und nun war er böse auf sie, dachte sie verärgert, während Danno nach der Champagnerflasche tastete und versuchte, ihr ein Glas einzuschenken. Immer diese Kleinigkeiten.

»Sie ist leer, Danno«, sagte sie leise.

»Das weiß ich selbst, ich bin schließlich nicht total verblödet«, zischte er und zog sein T-Shirt an. Doch schon im nächsten Moment entschuldigte er sich für seine Heftigkeit.

»Was habe ich falsch gemacht, Danno?«, fragte sie, während sie ihm beim Anziehen zusah und der Versuchung widerstand, ihm zu helfen.

»Nichts. Verzeih mir. Ich habe mich unmöglich benommen. Du bis die wunderschönste und liebenswerteste Frau, die ich je kennen gelernt habe«, erwiderte er leise, aber die Vertrautheit war fort. Auf unsicheren Beinen stand er auf.

»Lass uns nach Hause fahren. Es war ein toller Tag, aber nun bin ich wirklich müde.«

Nach diesem Ausflug begann es in ihrer Beziehung zu kriseln. Kyle verstand nicht, warum Danno sich scheinbar grundlos zurückzog und warum er sich weigerte, über sein seltsames Verhalten auf dem Berg zu sprechen. Sie führte es darauf zurück, dass er sich nicht mit dem Verlust seines Augenlichts abgefunden hatte, der schließlich, wie sie sich sagte, noch nicht lange zurücklag. Also beschloss sie, nicht darauf zu achten, einfach weiterzumachen wie bisher und so zu tun, als wäre nichts geschehen. Seine Stimmungsschwankungen nahm sie hin.

Der Herbst verging. Pappeln und Amberbäume ließen ihre hellgelben und orangefarbenen Blätter fallen, sodass ihre Äste kahl zurückblieben.

Kylie erinnerte sich, dass sie sich mit der Hilfsorganisation wegen des nächsten Einsatzes in Verbindung setzen musste. Da sie den Gedanken nicht ertragen konnte, Danno in dieser Situation allein zu lassen, traf sie eine spontane Entscheidung und teilte der Organisation mit, sie werde diesmal verzichten und sich wieder melden, sobald sie für einen neuen Einsatz bereit sei. Anschließend fühlte sie sich gleich wesentlich besser.

Am nächsten Tag unternahmen Kylie und Danno einen Spaziergang zu ihrem Lieblingsplatz. Das Wetter war kühl und sonnig. Es wehte ein ziemlich frischer Wind. Kylie schlenderte mit Danno zum Ufer und ließ die Finger durchs eiskalte Wasser gleiten.

»Hast du je daran gedacht, mit dem Töpfern anzufangen?«, fragte sie ihn aus heiterem Himmel.

Je länger sie darüber nachdachte, desto besser gefiel ihr der Gedanke. Danno war so geschickt mit den Händen, und das Schnitzen hatte ihm immer große Freude gemacht.

»Es gibt in dieser Gegend viele Töpfer, und der Ton soll sehr gut sein. Wenn man es richtig anstellt, kann man als Töpfer einiges verdienen …«

»Etwa so wie mit Korbflechtarbeiten für arme, bemitleidenswerte Krüppel«, zischte Danno. »Ich bin kein Behinderter, für den du eine Beschäftigung finden musst.«

»Das habe ich auch nie behauptet. Es war nur ein Vorschlag.«

»Gut, dann vergiss es.«

»Nein, verdammt noch mal.«

Die Meinungsverschiedenheit führte zu einem heftigen Streit, der damit endete, dass Kylie sich weigerte, überhaupt noch ein Wort mit ihm zu wechseln. Sie fragte sich, ob es sinnvoll war, länger in Lyrebird Falls zu bleiben. Sie bereute allmählich, dass sie die Teilnahme an dem Hilfseinsatz abgelehnt hatte.

Eine Woche später rief Danno sie an, entschuldigte sich und sagte, er habe sich unmöglich aufgeführt. Er vermisse sie schrecklich und wolle sich wieder versöhnen. Kylie legte den Hörer auf und brach in Tränen aus.

Es schneite – zum ersten Mal in diesem Jahr. Über Nacht wurde die Welt weiß, und die Temperaturen fielen. Die Saison hatte begonnen, und offenbar waren die Gebete der Hotelbesitzer erhört worden. Auch Dannos Stimmung besserte sich schlagartig.

Kylie kam bei den O'Keefes an und sah ihn zu ihrem Erstaunen im schneebedeckten Vorgarten stehen. Er hatte die Arme ausgebreitet und das Gesicht zum Himmel gereckt, sodass Schneeflocken auf seinen Wangen und Ärmeln landeten.

»Was machst du denn da?«, rief Kylie und lief auf ihn zu.

»Ich fange Schneeflocken«, erwiderte er, aufgeregt wie ein kleiner Junge.

»Du spinnst«, kicherte Kylie und stellte sich in derselben Haltung neben ihn, sodass Schneeflocken an ihren Wimpern kleben blieben. Sie war froh, ihn so glücklich zu sehen.

»Stimmt. Aber das interessiert doch sowieso niemanden.«

»Kommst du mit mir zum Skifahren?«, fragte Kylie, voller Angst, sie könnte ihm die gute Laune verderben.

»Was meinst du mit ›mitkommen‹? Hast du etwa vergessen, was für ein guter Skifahrer ich bin?«, gab Danno lachend zurück.

Er folgte dem Geräusch ihres Gelächters und jagte sie über den Rasen. Als er sie endlich erwischt hatte, schloss er sie in die Arme.

»Ist doch egal, wie wir es nennen. Hauptsache, wir fahren da hoch und machen die Pisten unsicher«, entgegnete Kylie, während sie sich spielerisch gegen seine Umklammerung sträubte.

»Tut mir Leid, dass ich so gemein zu dir war«, entschuldigte Danno sich leise.

Kylie küsste ihn auf die Nasenspitze.

Dann hakte sie ihn unter, und sie machten sich auf die Suche nach Skiern und Ausrüstung. Anschließend verbrachten sie die nächste halbe Stunde damit, Mollys Ängste zu zerstreuen. Kylie versicherte ihr, Danno müsse sich eigentlich genauso verhalten wie während eines Schneesturms. Da waren auch normalsichtige Menschen gezwungen, nach Gefühl zu fahren.

Als die beiden sich umgezogen hatten und abmarschbereit waren, hatte es aufgehört zu schneien, und die Sonne schien. Danno wirkte angespannt. Seine Lippen waren bleich. Sie stellten sich mit den frühen Saisongästen am Sessellift an.

Der Sessel bewegte sich so langsam auf sie zu, dass er beinahe stehen blieb, und Danno beruhigte sich ein wenig. Kylie nahm ihm die Skistöcke ab, half ihm beim Einsteigen und schloss rasch den Sicherheitsbügel, während der Sessel am Lift den Hang hinaufglitt.

Auf der Fahrt beschrieb sie ihm, wo sie sich gerade befanden. Unter ihnen auf der Piste sah man vereinzelt Skifahrer und Snowboarder.

Das Aussteigen erwies sich als nicht so einfach, wie Kylie gehofft hatte, und endete mit einer Beinahekatastrophe. Danno verlor auf der Rampe das Gleichgewicht und stürzte.

Sie musste ihn hastig aus dem Weg zerren, damit die nach ihnen ankommenden Skifahrer nicht stolperten.

Dieses Erlebnis versetzte seinem Stolz und seinem Selbstbewusstsein einen schweren Schlag. Nachdem er sich wieder aufgerappelt hatte, lotste Kylie ihn mit Anweisungen zu einer Piste, an die er sich von früher noch gut erinnerte. Dann griff sie nach dem Ende eines seiner Skistöcke.

»Stell dir vor, wir hätten einen Schneesturm. Beine ganz locker, beug dich leicht nach vorne und halt dich am Skistock fest. Wenn Skilehrer Kindern so etwas beibringen können, müssten wir das doch auch schaffen«, verkündete sie fröhlich. »Ich sage dir, ob es nach rechts oder nach links geht und ob uns jemand im Weg steht. Du musst nur dein Gleichgewicht finden.«

Sie lockte einen sehr ängstlichen Danno zum Anfang der wenig anspruchsvollen Piste, wartete, bis er bereit war, und fuhr los. Die ersten Versuche endeten mit weiteren Stürzen; zum Teil, weil Danno das Selbstbewusstsein fehlte, und zum Teil, weil er seit dem Unfall so gut hörte, dass er bei jedem Geräusch zusammenzuckte.

Er fühlte sich wie ein blutiger Anfänger, klammerte sich zu fest an den Skistock und prallte deshalb immer wieder mit Kylie zusammen, sodass sie manchmal beide hinfielen. Nicht einmal Kylies Kichern und die Küsse, wenn sie ihm beim Aufstehen half, konnten ihn trösten.

Er stürzte zum vierten Mal und wollte sich fluchend die Skier abschnallen.

»Was machst du da?«, rief Kylie und versuchte, ihn daran zu hindern.

Danno stieß sie weg.

»Kapierst du nicht, dass das absolute Zeitverschwendung ist? Ich verderbe dir nur einen wunderschönen Tag auf der Piste.«

»Ach, das arme kleine Opfer! Am besten buddelst du dir ein Loch und verkriechst dich darin, ist mir doch egal!« Auch

Kylie war wütend – teilweise auf sich selbst, weil sie ihn nicht besser geführt hatte.

»Sei nicht unfair, Kylie, und denk mal realistisch. Blinde fahren nun einmal nicht Ski!«

»Sehende fahren Ski, wenn die Sichtweite keine fünf Zentimeter beträgt, wo ist da der Unterschied?«, gab Kylie zurück, fest entschlossen, Danno aus seinem Selbstmitleid zu reißen.

»Glaubst du allen Ernstes, ich hätte Lust, mich ohne dich hier oben auf dem Berg rumzutreiben? Daniel O'Keefe, du bist ein absoluter Idiot und verstehst überhaupt nichts!«

Sie starrte ihn wütend an.

»Was ist aus dem fanatischen Skifahrer geworden, der geschworen hat, er könne mit verbundenen Augen auf Murphy's Run gegen mich gewinnen? So, jetzt hast du die Gelegenheit dazu.«

Danno verzog schuldbewusst das Gesicht. Er schnallte sich die Skier wieder um und ließ die Bindungen zuschnappen. Den hingehaltenen Skistock wies er zurück.

»Mit verbundenen Augen!«, rief er. »Aber du musst mich laut genug warnen.«

Mit diesen Worten fuhr er davon.

Entsetzt raste Kylie neben ihm her und wies ihn auf Kurven in der Piste und aus dem Schnee ragende Felsen hin. Sie sagte ihm, ob er sich nach links oder nach rechts lehnen sollte und ob er anderen Skifahrern ausweichen musste. Lachend und gleichzeitig zitternd wie Espenlaub kamen sie unten an. Danno stoppte so formvollendet, dass der Schnee von seinen Skiern aufstiebte. Erleichtert hielt Kylie hinter ihm an.

»Du hast mir einen ganz schönen Schrecken eingejagt«, keuchte sie.

»Darf ich morgen wieder zum Unterricht kommen? Bitte, Frau Lehrerin«, neckte Danno.

»Nur wenn du versprichst, dich zu benehmen«, gab Kylie grinsend zurück.

In der nächsten Woche gingen sie so oft wie möglich zum Skilaufen. Am vierten Tag war Danno schon fast wieder so selbstbewusst wie früher, sodass sie noch schneller fahren konnten. Seine Niedergeschlagenheit war längst vergessen. Manchmal fuhren sie im Tandem, wobei Danno Kylie von hinten um die Taille fasste, und glitten dann wieder nebeneinander her.

Danno war erstaunt, wie rasch seine Fähigkeiten zurückkehrten. Kylie selbst hatte sich nicht mehr so frei und glücklich gefühlt, seit sie wieder in Lyrebird Falls war, und sie genoss es sehr.

Der Freitag war ein wunderschöner Tag und ein Traum für jeden Skifahrer. Die ganze Nacht über hatte es geschneit, sodass eine dicke weiße Schicht die Berghänge bedeckte. Die Zweige der Schnee-Eukalyptusbäume bogen sich unter ihrer Schneefracht. Immer noch schwebten weiche Flocken durch die Luft, als Kylie und Danno mit dem Sessellift hinauf zu den Pisten fuhren.

In sanften Schwüngen glitten sie ihre Lieblingsstrecke hinunter. Kylie fuhr neben Danno. Als sie ihm gerade erklärte, wie stolz sie auf ihn sei und wie viel Spaß sie mit ihm habe, grinste er sie an und forderte sie zu einem Wettrennen heraus. Kylie sauste hinter ihm her und rief ihm zu, er solle anhalten. Doch er lachte nur und preschte, gelotst von ihren Anweisungen, weiter bergab. Schließlich stoppte er keuchend, stützte sich auf seine Skistöcke und strahlte übers ganze Gesicht.

»Ab sofort machst du, was ich sage!«, befahl Kylie und wies ihn an, sie von hinten um die Taille zu fassen.

»Du bist ganz schön dominant. Nicht, dass ich etwas dagegen hätte, dich so anzufassen«, erwiderte Danno. Er gehorchte und drückte sie kurz an sich.

»Das ist erst der Anfang«, entgegnete Kylie. Dann stiebte sie den Berg hinunter und hüpfte, nachdem sie Danno vorgewarnt hatte, über ein paar kleine Bodenwellen. Danno, der jedes Mal spürte, wenn sie zum Sprung ansetzte, machte die Bewegung mit, sodass sie die Unebenheiten im Gleichtakt überwanden.

Ihr Weg führte sie zwischen die Eukalyptusbäume. Danno merkte das daran, dass es kühler wurde. Dann blitzte plötzlich ein winziger Funken hinter seinen Augenlidern auf. Sein Herz machte einen kleinen Satz. Dasselbe war ihm schon einmal passiert. Er hatte manchmal den Eindruck, als lichtete sich allmählich der schwarze Schleier, der ihn umgab.

Kylie spürte sein Herzklopfen, und ihr Puls wurde schneller, während sie zwischen den Bäumen hindurchfuhren. Die Strahlen der Sonne, die immer wieder das Blätterdach durchbrachen, streiften ihre Kleider. Kylie wurde langsamer und stoppte zwischen zwei knorrigen Eukalyptusbäumen mit ineinander verschlungenen, schneebedeckten Ästen.

»Wir sind zwischen den Bäumen«, flüsterte sie und drehte sich zu Danno um.

»Ich weiß«, antwortete er leise. »Beschreib mir, wie es aussieht. Strömt der Sonnenschein durch die Bäume? Fängt sich das Licht in deinem wunderschönen roten Haar? Wirbelt der Wind rings um uns herum kleine Schneeflocken auf?«

Kylie glitt auf ihren Skiern auf Danno zu.

»Genauso ist es. Es sieht so ähnlich aus wie auf dem Berg, wo du mich zum ersten Mal geküsst hast. Ich liebe dich so sehr«, sagte sie.

Sie zog seinen Kopf zu sich hinab und küsste ihn lange und leidenschaftlich auf den Mund. Nach kurzem Zögern erwiderte er ihren Kuss so voll Verlangen und Sehnsucht wie an dem Tag, als sie sich auf dem Berg geliebt hatten. Sie genoss das Gefühl, das sie durchströmte. Sie spürte eine Kraft, die zwischen ihnen in der Luft lag, sodass sie am liebsten vor Freude geweint hätte.

»Das ist die Legende vom Schnee-Eukalyptus«, begann sie und musterte das Gesicht des Mannes, den sie so sehr liebte. »Wie heißt es dort? ›Wer sich unter Schnee-Eukalyptusbäumen küsst, deren knorrige Äste sich ineinander verschlingen … wird eine Liebe erleben, die stärker und leidenschaftlicher ist als alles andere auf der Welt…‹ Das könnte hinkommen, Mr O'Keefe! ›… und nur durch unbeschreibliche Opfer werden die Liebenden gemeinsam ihren Frieden finden.‹ Ich denke, das mit den Opfern hätten wir hinter uns, und ich habe mich noch nie zuvor so friedlich gefühlt.« Sie wollte ihn wieder küssen, aber er hielt sie zurück.

»Was ist?«, fragte sie lächelnd.

»Ich wünschte, du hättest das nicht gesagt«, entgegnete er barsch.

»Was? Meinst du die Legende? Das sind doch nur Worte. Romantische und poetische Worte. Ich weiß, dass du das alles für Unsinn …«

»Meine geliebte, wunderschöne Kylie. Ich liebe dich so sehr wie sonst niemanden auf der Welt, und ich glaube, ich werde nie wieder so lieben können.«

Nicht der Inhalt seiner Worte, sondern der Tonfall war es, der sie erschaudern ließ.

»Mit Ausnahme unserer Kinder will ich das auch schwer hoffen«, unterbrach Kylie.

»Lass uns verschwinden. Es ist unheimlich hier«, fügte sie hinzu, und der Zauber des Moments war mit einem Mal verflogen.

Warum hatte sie die alberne Legende nur erwähnt?

»Kylie, bitte … mach es mir doch nicht so schwer.«

»Was hast du?« Inzwischen bekam sie es richtig mit der Angst zu tun.

»Kylie, so geht das nicht …«

»Was geht nicht?«

»Das mit uns beiden!«

»Was habe ich denn nun schon wieder verbrochen? Los, raus mit der Sprache! Noch einmal lasse ich mich von dir nicht anschweigen!«, schrie sie ihn wütend an.

Danno nestelte an seinem Skistock herum.

»Ich weiß, dass ich in den letzten Wochen ziemlich schwierig war, und es tut mir wirklich Leid. Ich wollte dir nicht wehtun. Ich liebe dich so sehr, dass ich es kaum aushalte.«

»Und wo liegt dann das Problem?«, fragte Kylie voller Hoffnung.

»Als wir uns nach dem Picknick geliebt haben ... da ist mir klar geworden, dass es mit uns nie klappen kann. Mit dir zu schlafen war so wunderschön, so unbeschreiblich, und dann ...«

»Dann habe ich gesagt, ich würde dir die Augen ersetzen«, meinte Kylie und wünschte sich so sehr, sie könnte diese Worte zurücknehmen. »Aber das würde ich wirklich tun! Was ist denn so schlimm daran? Schließlich geht es in einer Beziehung doch darum, sich gegenseitig zu unterstützen.«

»Nein, daran lag es nicht. Mir ist nur klar geworden, dass ich dir das nicht antun darf. Ich kann nicht von dir verlangen, dein Leben für mich aufzugeben.«

Kylie wollte ihn unterbrechen, doch er sprach einfach weiter. Er hielt es für seine Pflicht, reinen Tisch zu machen.

»Eine Beziehung ist genau das, was du gesagt hast – zwei Menschen, die einander helfen. Bei uns wäre das Verhältnis nie ausgewogen, denn du wärst immer diejenige, die mir unter die Arme greifen muss. Ganz gleich, welche Hoffnungen Mum dir auch gemacht haben mag, vergiss es. Ich bin blind. Und das wird für den Rest meines Lebens so bleiben. Das ist die Wirklichkeit, und ich kann dir nicht zumuten, dein Leben mit einem Krüppel zu teilen. Du hast so viel zu geben, so gute Zukunftsaussichten ...«

»Soll das heißen, dass du mich nicht mehr liebst?«, fragte Kylie.

»Nein. Ich liebe dich sehr. Deshalb habe ich nur an mich gedacht und zugelassen, dass es zwischen uns weitergeht. Ich habe mich geweigert, weiter in die Zukunft zu blicken. Glaube mir, die Vorstellung eines Lebens ohne dich ist unerträglich für mich. Aber wenn ich dich bitten würde zu bleiben, würde ich damit alles zerstören, was zwischen uns ist. Wir dürfen einander nicht wiedersehen. Du musst dein Leben führen und ich meines.«

»Ach, jetzt wollen wir wohl den Helden spielen! Der arme Blinde opfert alles für seine große Liebe. Das soll doch wohl ein Scherz sein!«

Doch im nächsten Moment legte sich ihre Wut, und sie wurde von einer schrecklichen Vorahnung ergriffen. Er meinte offenbar bitterernst, was er gesagt hatte.

»Danno, bitte tu das nicht. Bitte, ich flehe dich an.«

Am ganzen Leibe zitternd, klammerte sie sich an ihn.

»Es wird klappen, wenn wir beide es nur wollen. Gemeinsam schaffen wir es. Bitte, Danno. Ich will dich nicht verlieren, und wenn du genauso empfindest, ist es doch albern ...«

Ihre Stimme versagte. Das durfte doch nicht wahr sein! Sicher träumte sie nur.

Sanft löste Danno ihre behandschuhten Hände von seiner Jacke und hielt sie fest. Beide bebten sie und kämpften mit den Tränen.

»Eine Weile ginge es vielleicht gut, mein Liebling, doch dann würde es uns trennen. Du würdest mich hassen, weil ich dir zur Last falle, und ich wäre zornig auf dich, weil ich von dir abhängig bin.«

Er hob ihr Kinn an und küsste sanft die salzigen Tränen weg.

»Es wäre so viel leichter, wenn ich dich nicht mehr lieben würde«, flüsterte er.

Kylie richtete sich auf.

»Gut, dann gibt es wohl nichts mehr zu erklären.«

Plötzlich war sie wütend, weil er so gar nicht auf ihre Gefühle einging.

»Wir lieben uns, Danno! Wie kannst du so grausam und egoistisch sein? Ist es dir denn egal, was ich empfinde?«

»Lass uns umkehren. Ich denke, es ist alles gesagt«, erwiderte Danno, beinahe erleichtert über ihre heftige Reaktion.

Kylie ließ erschöpft die Arme sinken. Sie konnte nichts ausrichten. Schließlich hatte er ihr unmissverständlich klargemacht, dass er keinen Wert mehr auf ihre Gesellschaft legte. Also drehte sie sich um und führte ihn durch die Bäume zurück in den Sonnenschein. Inzwischen war die Piste ziemlich belebt, weil viele Feriengäste das schöne Wetter und die guten Schneebedingungen nützten.

»Am besten hältst du dich am meinem Stock fest. So ist es weniger gefährlich«, meinte sie tonlos.

Mit Tränen in den Augen lotste sie ihn wohlbehalten den Berg hinunter und fuhr ihn anschließend nach Hause.

»Möchtest du überhaupt noch, dass ich dich morgen besuche?«, fragte sie und fühlte sich, als würde ihr das Herz brechen.

»Das liegt ganz bei dir. Ich könnte es verstehen, wenn du keine Lust mehr hättest«, antwortete Danno.

»Gut. Das war's dann also!«, entgegnete sie und fuhr davon.

Danno tastete sich die Vortreppe hinauf und schaffte es nach einigen Anläufen, den Schlüssel ins Schloss zu stecken und die Tür zu öffnen. Ein leeres Gefühl machte sich in ihm breit, denn er hatte gerade auf das einzige Glück in seinem Leben verzichtet.

Kylie parkte den Wagen vor ihrer Unterkunft, schaltete den Motor ab, schlug die Hände vors Gesicht und weinte bitterlich. Warum tat er ihnen beiden das an? Begriff er denn nicht, dass sie ihn mehr liebte als alles andere auf der ganzen Welt? Warum verstand er nicht, dass sie seine Blindheit nicht störte, dass ihre Beziehung eine Zukunft hatte und dass sie nur bei ihm sein wollte? Nun, offenbar erwiderte er ihre Gefühle nicht. Es war vorbei, und es war wohl das Beste, wenn sie sich so schnell wie möglich daran gewöhnte.

Kylie putzte sich die Nase, griff nach Jacke und Tasche, stieg aus und schloss das Auto ab. Sie wusste nur, dass sie sich nicht geschlagen geben durfte. Sie musste sich damit abfinden, dass es ihr nicht gelungen war, ihm klar zu machen, wie sehr sie ihn liebte, und ihn aus seiner sturen Verweigerungshaltung aufzurütteln. Schließlich hatte sie schon genug durchgemacht. Kurz hielt sie inne, blickte in den dämmrigen Abendhimmel hinauf und erinnerte sich an den Moment unter dem Eukalyptusbaum.

»Leb wohl, Danno, mein Liebling«, flüsterte sie und ging ins Haus. Sie musste einen Weg finden, ihr Leben weiterzuleben.

22

Vorsichtig, um ihren schlafenden Sitznachbarn nicht aufzuwecken, rutschte Kylie auf ihrem Flugzeugsitz herum, und warf einen Blick auf ihre Armbanduhr. In fünf Stunden würden sie in Brisbane landen, und mit ein wenig Glück konnte sie nachmittags auf Dunk Island sein.

Nachdem sie acht Wochen damit zugebracht hatte, Flutopfern zu helfen, war sie völlig erschöpft. Vorsichtig streckte sie sich, zog die dünne Decke um die Schultern und lehnte sich zurück, um sich zum dritten Mal auf dieser Flugreise denselben Film anzusehen.

Dabei dachte sie an Dunk Island, das leise Plätschern der Wellen am Strand und die kühle Brise – an alles, bloß nicht an Danno, denn das löste nur ein unerträgliches Gefühl der Leere in ihr aus. Sie hoffte, dass der einjährige Auslandseinsatz, zu dem sie sich soeben verpflichtet hatte, ihr helfen würde, ihn endlich zu vergessen.

Kylie nickte ein.

Als sie aufwachte, war sie völlig steif und fror. Sie kuschelte sich tiefer unter die Decke und schob die Fensterabdeckung ein Stückchen hoch. Sonnenlicht strömte herein, und die Wolken sahen so dicht und flauschig aus, dass man am liebsten hineinspringen wollte.

Sie erinnerten Kylie an Schnee und an Danno. Verdammt, alles erinnerte sie an Danno. Es nützte nichts, dass sie bis zur Erschöpfung arbeitete, denn die Trauer, die sie ständig begleitete, ließ sich einfach nicht verscheuchen. Die Trennung war für sie noch schwieriger zu verschmerzen als Gwyns Tod, denn damals hatte sie wenigstens nicht immer die Hoffnung gehabt, dass sich doch noch alles zum Guten wenden würde.

Sie nahm die beim Schlafen herausgerutschten Ohrhörer ab und griff nach der Tageszeitung, die beim Einsteigen verteilt worden war. Inzwischen servierten die Stewardessen Orangensaft, was hieß, dass das Frühstück nicht mehr fern war.

Kylie ließ sich den Becher reichen und begann, die Zeitung durchblättern. Sie nahm sich vor, mit dem Jetski hinauszufahren, wenn sie wieder zu Hause war. Außerdem wollte sie einen Ausritt zum rückwärtigen Teil der Insel unternehmen, um sich die riesigen alten Mangrovenbäume anzusehen, deren Wurzeln aus dem Boden ragten, während die Perlhühner durch das Unterholz flitzten.

Sie ließ den Blick über die Seiten der Zeitung gleiten. Dasselbe langweilige Zeug wie immer und dazu herablassende Kritiken. Dann jedoch bemerkte sie zwischen zwei Berichten über eine Ausstellung von Aktmalerei und eine avantgardistische Inszenierung der Australian Ballet Company einen winzigen Artikel.

»Am Wochenende wurde eine ganze besondere Schau eröffnet«, hieß es da, »um die Skulpturen und Töpferarbeiten des jungen blinden Künstlers Daniel O'Keefe vorzustellen. Seine hervorragenden Arbeiten haben nicht nur das Interesse von Galerien vor Ort geweckt, sondern ziehen landesweit Käufer an …«

Kylies Herz machte einen Satz. Das konnte doch nicht sein – nicht in so kurzer Zeit. Die Wörter verschwammen ihr vor den Augen, als sie las, wie Danno, angeregt durch den tragischen Verlust seines Augenlichts, sein künstlerisches Talent erkannt hatte.

Die Ausstellung fand im Rahmen der Feierlichkeiten anlässlich der Eröffnung eines neuen Flügels im größten Hotel der Familie O'Keefe statt.

»Darf ich Ihnen ein Frühstück servieren, Madam?«

Kylie sah verdattert auf, und der männliche Flugbegleiter wiederholte die Frage. Nickend nahm sie das Tablett entgegen. Sie musste an den Streit in Lyrebird Falls denken, bei dem Danno ihr vorgeworfen hatte, Töpfern sei doch nichts weiter als Beschäftigungstherapie für bedauernswerte Krüppel. Nun, bei ihm war es offenbar mehr gewesen, und er hatte – typisch Danno – keine Zeit verloren. Am liebsten hätte sie laut losgelacht.

Sie verspürte eine seltsame Mischung aus Trauer und Aufregung, als sie plötzlich eine Idee hatte: Vor ihrem nächsten Einsatz würde sie nach Lyrebird Falls fliegen. Und sie würde die Reise nur für sich machen, ohne Kontakt mit Danno aufzunehmen. Er brauchte nicht einmal zu erfahren, dass sie da gewesen war. Aber sie musste es tun.

Sie wollte mit eigenen Augen sehen, wie er es in so wenigen Monaten zu etwas gebracht hatte, und sich endgültig von dem Mann verabschieden, den sie liebte. In ihrem Elend und ihrer Wut über die abrupte Trennung hatte sie ihm nie wirklich auf Wiedersehen gesagt.

Er war blind. Solange sie also einen Bogen um ihn und alle gemeinsamen Bekannten machte, war ihr Geheimnis sicher. So würde er ihr nicht unterstellen können, sie sei zurückgekehrt, um ihn mit ihrer Trauer zu erpressen. Nein, das hatte sie mit ihrem Besuch wirklich nicht vor, und sie freute sich ehrlich über seinen Erfolg. Sie wollte nur einen letzten Blick auf den Mann werfen, den sie liebte, um dieses Kapitel ihres Lebens endgültig abzuschließen.

Tief in ihrem Inneren wusste sie, dass sie nur so den inneren Frieden und die Kraft finden konnte, die sie brauchte, um weiterzumachen und vielleicht irgendwann wieder glücklich zu werden. Je mehr sie darüber nachdachte, desto stärker wurde die Gewissheit, dass das die richtige Entscheidung war.

Kylie traf in Lyrebird Falls ein, und es tobte ein heftiger Schneesturm. Sie nahm sich ein Zimmer in einem kleinen Motel am anderen Ende der Stadt und verbrachte fast eine Stunde damit, ihrem Auto Schneeketten anlegen zu lassen.

Von Minute zu Minute wurde sie nervöser. Zum ersten Mal empfand sie Dannos Blindheit als Segen, denn solange sie nichts sagte und niemand ihren Namen aussprach, würde er nie erfahren, dass sie da gewesen war. Sie zog mit zitternden Fingern ihre Handschuhe an und fuhr die lange gewundene Straße hinauf zum Lyrebird Falls Resort.

Norman hatte ganze Arbeit geleistet, und der neue, in einem eleganten Winkel an die Hotelhalle angebaute Gebäudeflügel wirkte mit seinen großen, bis zum Boden reichenden Fenstern sehr beeindruckend.

Gegen den Wind gestemmt, marschierte Kylie zum Haus. Sie behielt die Kapuze auf, um nicht so schnell erkannt zu werden, und kaufte zunächst einen Ausstellungskatalog. In der Hotelhalle hielten sich zwar einige Menschen auf, doch Kylie war keinem von ihnen je begegnet.

Mit klopfendem Herzen trat Kylie in den Ausstellungsraum und sah sich um. Der ziemlich unansehnliche Metallhaufen und die Töpferarbeiten, die ihr zuerst ins Auge fielen, waren nicht von Danno. Sie ging weiter. Im Raum herrschte – wie meistens in Ausstellungen – ein fast ehrfürchtiges Schweigen, und die Menschen unterhielten sich nur im Flüsterton.

Kylie schlenderte weiter und fragte sich schon, ob sie den Zeitungsartikel vielleicht falsch verstanden hatte. Dann jedoch blieb sie stehen und schnappte erstaunt nach Luft. Da stand ihr Einhorn. Aus reinweißem Stein gehauen, erhob es sich stark und anmutig auf die Hinterbeine. Das kunstvoll ausgearbeitete Horn ragte in den Himmel, während seine sanften Augen die Welt betrachteten. Kylie spürte die Liebe und Lebenslust, die dieses Kunstwerk erst ermöglicht hatten. Tränen traten ihr in die Augen und liefen ihr übers Gesicht. Es waren Tränen der Trauer um das, was hätte sein können, aber auch Freudentränen über das Schöne, das Danno geschaffen hatte.

»Ausgezeichnete Arbeit«, murmelte ein kleiner dicker

Mann neben ihr, und sie bemerkte, dass sie eine Weile wie gebannt hingestarrt hatte.

»Bestimmt hat ihm jemand dabei geholfen. Wie soll ein Blinder sonst so ein Kunstwerk zustande bringen?«

Kylie sah den Sprecher verärgert an.

»Nein, das ist nicht möglich«, fuhr dieser fort. »Sicher hat ihm jemand geholfen. Das ist bestimmt nur ein Werbetrick, den sich sein Vater ausgedacht hat.«

Zornig drehte Kylie sich um.

»Wie können Sie es wagen, so gemeine Gerüchte in die Welt zu setzen! Natürlich ist die Arbeit von ihm. Der Künstler ist ein Genie.« Obwohl sie bemerkte, dass sie zu laut sprach, konnte sie nicht mehr an sich halten. »Warum sind Sie überhaupt hergekommen, wenn Sie doch nur ...«

»Kylie?«

Sie spürte eine Hand auf der Schulter und erstarrte. Der Mann verdrückte sich rasch. Langsam, wie in Trance, drehte Kylie sich um. Sie hatte den Mund zu weit aufgerissen – und Danno hatte sie erkannt.

Ihr Magen krampfte sich vor Angst zusammen – aber wovor fürchtete sie sich eigentlich? Sie wusste es nicht genau, vielleicht vor dem Wiedersehen mit dem Mann, den sie so sehr liebte und der ihre Gefühle nicht mehr erwiderte.

»Woher wusstest du von der Ausstellung?«, fragte Danno, als hätten sie sich erst gestern getroffen. »Was hältst du davon?«

Sprachlos starrte Kylie ihn an und überlegte, ob sie einfach die Flucht ergreifen sollte. Sie fühlte sich ertappt wie ein Kind, das die Schule geschwänzt hatte, und kam sich ziemlich albern vor.

»Ich war im Ausland und habe auf dem Heimflug in der Zeitung darüber gelesen«, erwiderte sie, als sie endlich die Sprache wiederfand. Dann lachte sie verlegen auf. »Ein seltsamer Zufall, ich weiß. Es war nur ein kleiner Artikel, in dem du über den grünen Klee gelobt worden bist. Ich war so aufgeregt, als ich es las. Und bevor ich wegen meines nächsten Einsatzes ein Jahr ins Ausland gehe, wollte ich mich hereinschleichen und es mir selbst ansehen. Ich wollte dich nicht belästigen.«

Schweigen entstand. Dann sagte Kylie: »Das Einhorn ist ein Traum. Ich bin stolz auf dich.«

Sie standen einander gegenüber. Kylie nestelte an ihrem karierten Schal herum.

»Es ist so schön, deine Stimme zu hören«, meinte Danno schüchtern.

»Wirklich?«, antwortete sie, starrte ihn an und war froh, dass er ihre feuchten Augen nicht sehen konnte. Ärgerlich wischte sie die Tränen weg.

»Du mit deiner dämlichen Beschäftigungstherapie bist an allem schuld«, fuhr Danno fort. »Ich war so sauer auf dich, dass ich dir beweisen wollte, wie falsch du liegst. Und dann wurde mir klar, dass ich Formen ›sehen‹ konnte, so wie früher. Und als ich erst einmal damit angefangen hatte, wollte Mum unbedingt eine meiner Skulpturen vor dem Hotel aufstellen. Damit fing der ganze Rummel an. Alles ging so schnell. Nun habe ich jede Menge Aufträge. Gestern sind sogar zwei aus Japan eingegangen. Ich fasse es immer noch nicht, und ich muss mich bei dir für mein neues Leben bedanken.« Er legte ihr die Hand auf den Arm.

Sie riss sich los, voller Angst, dass sie weich werden würde, wenn sie zuließ, dass er sie berührte.

»Dann hast du es also geschafft. Herzliche Glückwünsche, ich freue mich wirklich sehr für dich.«

»Ich habe ein neues Leben«, wiederholte er.

Sie standen reglos da, und die Spannung zwischen ihnen war mit Händen zu greifen.

»Danke, dass du gekommen bist, um dir meine Arbeiten anzusehen«, sagte Danno leise.

Er fand es unerträglich, sie in seiner Nähe und doch so fern zu wissen, und er fragte sich, wie er sich verhalten sollte. Wie konnte er erwarten, dass sie ihm nach allem, was er ihr angetan hatte, verzieh? Es stimmte, dass er mehr Raum für sich gebraucht hatte und dass er überzeugt gewesen war, seine Blindheit würde ihre Beziehung zerstören. Er hatte gewusst, dass er zuerst sein Selbstvertrauen zurückgewinnen musste.

Inzwischen sagte er sich Tag für Tag, dass sich wohl alles anders entwickelt hätte, hätte er nur geahnt, wie schnell sich der Erfolg einstellen würde. Doch nun war es zu spät. Die einzige Frau, die ihn hätte glücklich machen können, stand zwar vor ihm, aber er hatte sie für immer verloren.

Der Schnee prasselte gegen die großen Scheiben, und der Wind heulte ums Haus. Eine gewaltige Tanne schüttelte sich im Sturm, und die Flocken stoben in alle Richtungen.

»Die dämliche Legende stimmt also doch. Jetzt würde mich nur noch interessieren, was aus dem Frieden geworden ist«, meinte Kylie mit einem kläglichen Auflachen.

Wie gerne hätte sie sich in Dannos starke Arme geschmiegt und die Zeit zurückgedreht, damit all die Trauer sich in Luft auflöste. Sie glaubte, den Schmerz nicht länger ertragen zu können, und bereute schon, gekommen zu sein. Sie musste dringend verschwinden.

»Ich wünschte, wir könnten zusammensein, aber ich weiß, dass du das nicht möchtest, und ich respektiere deine Entscheidung. Ich wollte dich wirklich nicht belästigen«, begann sie.

Mit einem Mal jedoch sprudelte ihr die Wahrheit über die Lippen, ohne dass sie ihren Worten Einhalt gebieten konnte. »Das stimmt nicht! Das ist alles nur Theater! Natürlich habe ich gehofft, dass ich dir zufällig begegnen würde und dass du deine Meinung änderst und Vernunft annimmst. Ich will nichts weiter, als bei dir zu sein, Danno.«

Inzwischen sprach sie ziemlich laut, ohne sich darum zu kümmern, dass sie nicht allein waren. Die neugierigen Blicke der anderen Ausstellungsbesucher interessierten sie nicht, denn ihr kam es nur darauf an, dass Danno sie hörte und ihr glaubte. Da sah sie, wie er schmerzlich und peinlich berührt das Gesicht verzog.

»Es tut mir Leid, Danno, ich wollte dir nicht ... es tut mir Leid«, flüsterte sie und stürmte hinaus.

Sie war erleichtert über die beißende Kälte und den Schnee, der ihr ins Gesicht wehte. Der Wind trieb ihr die Flocken fast horizontal entgegen, und die Sichtweite betrug nur wenige Meter.

Mit gebeugtem Kopf stolperte sie über den verschneiten Rasen und rannte die mit Eis bedeckten Stufen hinab zu ihrem Wagen. Die Tränen strömten ihr über die Wangen. Immer schneller lief sie, rutschte und stolperte und war fest überzeugt, dass der scharfe Schmerz, der sie durchfuhr, erst nachlassen würde, wenn sie die Flucht ergriff.

Wie erstarrt stand Danno mitten im Raum. Nun hatte er noch eine letzte Chance erhalten – und wieder alles vermasselt! Wie konnte er nur so ein Idiot sein! Warum war er ihr nicht ins Wort gefallen und hatte seinen Stolz hinuntergeschluckt, um ihr die Wahrheit zu sagen – nämlich dass sein Leben ohne sie nichts wert war?

Weder Skulpturen noch Großaufträge konnten die Freude und das Glück ersetzen, die er in ihrer Gegenwart empfand, und die Leere vertreiben, die er ohne sie verspürte. Was war er nur für ein Sturkopf und Blödmann!

»Das war eine ganz schöne Szene«, meinte einer der anderen Töpfer lachend und klopfte Danno auf den Rücken.

Eine weitere Aufforderung war überflüssig. Vielleicht war es noch nicht zu spät.

So schnell er konnte stolperte Danno aus dem Gebäude, wobei er immer wieder mit Leuten zusammenstieß und sich entschuldigen musste. In panischer Hast eilte er über den Rasen und fuchtelte wild mit seinem Stock herum, um die Stufen zu finden. Dabei rief er verzeifelt nach Kylie und versuchte, das Heulen des Windes zu übertönen.

Plötzlich fühlte er eine sanfte Berührung am Ellenbogen. »Kann ich Ihnen helfen, junger Mann? Sie sind doch Daniel, der Bildhauer? Mir gefallen Ihre Arbeiten sehr gut …«

»Sie müssen sie aufhalten! Das Mädchen, das gerade dorthin gelaufen ist.« Hektisch deutete er in Richtung Straße. »Sie ist etwa so groß wie ich, schlank, rothaarig und sie trägt …«

Mein Gott, was hatte sie bloß an? Wie hatte es sich angefühlt?

»Einen braunen Wollmantel und einen karierten Schal? Ich sehe sie. Warten Sie. Hallo, entschuldigen Sie, Miss.«

Die Dame lief, rufend und ihren Regenschirm schwenkend, die Stufen hinunter. Währenddessen hatte auch Danno den Anfang der Treppe gefunden. Obwohl er den Weg gut kannte, war er einfach zu langsam.

Er hörte, wie ein Wagen ansprang, und die Angst schnürte ihm vor das Herz ab. Dieses Geräusch hätte er immer und überall wiedererkannt, denn Kylie trat heftig aufs Gas, bevor sie den Gang einlegte.

Eine Frau klopfte fordernd ans Autofenster. Kylie kurbelte es hinunter und sah die Fremde wütend an.

»Da ist ein sehr aufgeregter junger Mann, der Sie dringend sucht«, verkündete die Frau und deutete zurück zum Hotel.

»Ich weiß. Vielen Dank. Richten Sie ihm aus, dass ich wegmusste.«

»Aber er braucht sie«, beharrte die Frau mit Nachdruck und ohne die Hand vom Fenster zu nehmen, sodass Kylie es nicht schließen konnte.

»Ich glaube, er liebt Sie … Ach, du meine Güte«, schrie sie auf. Danno war auf den Stufen ausgerutscht, fiel hin, schlidderte weiter nach unten und schlug dabei mit dem Kopf auf den harten Stein.

Ohne auf den beißenden Wind zu achten, der an ihrem Mantel zerrte, sprang Kylie aus dem Wagen.

»Oh, mein Gott, was habe ich getan?«, schluchzte sie und eilte, so schnell die vereiste Straße es gestattete, auf ihn zu.

»Danno!«

Er kauerte auf den Stufen und hielt sich den Kopf. Als er ihre Stimme hörte, wandte er sich in ihre Richtung und rappelte sich mühsam auf.

»Kylie! Ich habe mich so schrecklich geirrt ... Das wollte ich dir schon drinnen sagen ... Ich liebe dich. Ich will dich heiraten!«

»Soll das ein Scherz sein?«, fragte Kylie errötend.

»Ich habe noch nie etwas ernster gemeint. Nach allem, was ich dir zugemutet habe, könnte ich es dir nicht verdenken, wenn du ablehnst. Aber bitte, bitte, sag, dass du meine Frau werden willst.«

Schweigen entstand.

»Antworte mir«, flehte er, weil er das Warten nicht mehr ertragen konnte.

Kylie zögerte.

Mit drei Schritten war Danno bei ihr, nahm sie in die Arme und wickelte ihren zitternden Körper in seine Jacke. Ohne auf ihren Widerstand zu achten, küsste er sie lange und leidenschaftlich. Kylie erwiderte seinen Kuss, während Tränen ihr unter den Lidern hervorquollen und ihr über die Wangen liefen.

»Du musst wirklich mit dem vielen Weinen aufhören, deine Küsse sind so nass«, neckte Danno mit belegter Stimme.

Er küsste sie erneut, diesmal mit all der Sehnsucht und dem Verlangen, die sich während so vieler Wochen in ihm aufgestaut hatten.

»Du bist ein solcher Sturkopf«, murmelte Kylie.

Nach seinem Kuss prickelte ihr ganzer Körper, und sie hatte keine Lust mehr, sich mit ihm zu streiten.

»Meine geliebte Kylie, möchtest du meine Frau werden?«, flüsterte Danno.

»Mein lieber, süßer, unmöglicher Danno, ja, ja, wenn du das wirklich willst.«

»Dann wäre das endlich geklärt«, meinte Danno mit einem Seufzer.

Er fuhr mit dem Finger über ihr Gesicht, ihre hohen Wangenknochen und ihre Lippen, die er so sehr liebte.

»In einem hast du Recht, ich bin ein dämlicher, sturer Idiot.«

Im nächsten Moment küsste er sie wieder, und Kylie wurde von einem Gefühl des tiefen Friedens ergriffen.

Über ihnen erzitterten die Äste eines riesigen Schnee-Eukalyptus, sodass sich ein Schneeschauer über sie ergoss. Doch sie waren so ineinander versunken, dass sie es gar nicht bemerkten.

Ein Stück entfernt stand, ganz allein, die Frau, die Kylie nachgelaufen war, um sie aufzuhalten. In ihren Mantel gekuschelt, dachte sie an die alte Legende, wischte sich seufzend die Augen, machte kehrt und schlenderte davon.

Kylie hakte Danno unter, und sie gingen zurück ins Warme. Als sie gerade über die Schwelle traten, fiel ihr plötzlich etwas auf: Danno schritt selbstbewusster aus und ohne sich mit seinem Stock voranzutasten. Die Veränderung war so unmerklich, dass sie es beinahe nicht wahrgenommen hätte. Ihr Herz machte einen Satz und sie sah ihn an, unsicher, ob sie etwas dazu sagen sollte.

»Mir gefallen dein brauner Mantel und dein karierter Schal«, meinte er.

Kylie hielt den Atem an.

»Das weißt du von der Frau, die an mein Autofenster geklopft hat«, erwiderte sie.

»Du hast Recht, sie hat es mir gesagt.«

Danno hielt inne. »Allerdings dachte ich, der Schal wäre einfarbig.«

Er erzählte ihr von den seltsamen Blitzen, die er seit einiger Zeit sah, und von dem Gefühl, dass sich das Schwarz um ihn herum lichtete. In letzter Zeit waren auch kleine Funken dabei gewesen, und heute, nach dem Sturz, hatte er bemerkt, wie eine schattenhafte Gestalt auf ihn zueilte. Anfangs hatte er geglaubt, dass seine Fantasie ihm einen Streich spielte. Doch er hatte wirklich gesehen – und sah immer noch.

Kylie lauschte und traute ihren Ohren kaum, während er ihr von dem merkwürdigen Gefühl an dem Tag berichtete, als er ihr unter den Eukalyptusbäumen auf der Piste gesagt hatte, dass es aus zwischen ihnen sei. Damals sei ihm klar geworden, dass er sich zu große Hoffnungen gemacht habe, weshalb er umso mehr entschlossen gewesen sei, sie freizugeben.

»Es gibt eine, wenn auch nur sehr kleine Chance, dass ich mein Augenlicht vielleicht zurückbekomme ...«

Kylie legte ihm die Finger auf die Lippen, um ihn zum Schweigen zu bringen.

»Ich liebe dich, Danno. Ich liebe dich so sehr. Natürlich ist das eine wundervolle Nachricht, und es wäre zu schön, um wahr zu sein. Aber es kümmert mich nicht, dass du blind bist. Mir ist nur wichtig, mein Liebling, dass ich den Rest meines Lebens mit dir teilen will.«

Wortlos nahm Danno sie in die Arme, küsste sie noch einmal und fragte sich, womit er nur eine solche Liebe verdient hatte.

Und draußen nickten die Schnee-Eukalyptusbäume und tanzten im Wind.